Kommunikation denken

Werner Pfab

Kommunikation denken

Anregungen für ein angemessenes Verständnis sozialer Kommunikation

Werner Pfab
Fulda, Hessen, Deutschland

ISBN 978-3-658-35264-6   ISBN 978-3-658-35265-3   (eBook)
https://doi.org/10.1007/978-3-658-35265-3

Die Deutsche Nationalbibliothek verzeichnet diese Publikation in der Deutschen Nationalbibliografie; detaillierte bibliografische Daten sind im Internet über http://dnb.d-nb.de abrufbar.

© Der/die Herausgeber bzw. der/die Autor(en), exklusiv lizenziert durch Springer Fachmedien Wiesbaden GmbH, ein Teil von Springer Nature 2021
Das Werk einschließlich aller seiner Teile ist urheberrechtlich geschützt. Jede Verwertung, die nicht ausdrücklich vom Urheberrechtsgesetz zugelassen ist, bedarf der vorherigen Zustimmung des Verlags. Das gilt insbesondere für Vervielfältigungen, Bearbeitungen, Übersetzungen, Mikroverfilmungen und die Einspeicherung und Verarbeitung in elektronischen Systemen.
Die Wiedergabe von allgemein beschreibenden Bezeichnungen, Marken, Unternehmensnamen etc. in diesem Werk bedeutet nicht, dass diese frei durch jedermann benutzt werden dürfen. Die Berechtigung zur Benutzung unterliegt, auch ohne gesonderten Hinweis hierzu, den Regeln des Markenrechts. Die Rechte des jeweiligen Zeicheninhabers sind zu beachten.
Der Verlag, die Autoren und die Herausgeber gehen davon aus, dass die Angaben und Informationen in diesem Werk zum Zeitpunkt der Veröffentlichung vollständig und korrekt sind. Weder der Verlag noch die Autoren oder die Herausgeber übernehmen, ausdrücklich oder implizit, Gewähr für den Inhalt des Werkes, etwaige Fehler oder Äußerungen. Der Verlag bleibt im Hinblick auf geografische Zuordnungen und Gebietsbezeichnungen in veröffentlichten Karten und Institutionsadressen neutral.

Planung/Lektorat: Eva Brechtel-Wahl
Springer ist ein Imprint der eingetragenen Gesellschaft Springer Fachmedien Wiesbaden GmbH und ist ein Teil von Springer Nature.
Die Anschrift der Gesellschaft ist: Abraham-Lincoln-Str. 46, 65189 Wiesbaden, Germany

Inhaltsverzeichnis

1 Einführung   1

2 Zwei Erfahrungsweisen von Kommunikation: Erleben und Erinnern   7
   2.1 Wie wir Kommunikationsereignisse erleben   9
   2.2 Wie wir über Kommunikation nachdenken   14
   2.3 Zusammenfassung   16

3 Sechs Vorurteile über Kommunikation   17
   3.1 „Es geht um die Sache"   18
   3.2 „Der Inhalt zählt"   20
   3.3 „Erst denken, dann sprechen"   22
   3.4 „Gefühle spielen keine Rolle"   24
   3.5 „Es gibt doch schließlich Regeln"   25
   3.6 „Zuhören geht von selbst"   27
   3.7 Zusammenfassung   29

4 Vier kurze Geschichten zur Entstehung von Kommunikation, wie wir sie kennen — 31

- 4.1 Am Hofe — 36
  - 4.1.1 Höflichkeit: die Verkörperung gesellschaftlicher Ordnung — 38
  - 4.1.2 Esprit: Sprachkunst als Karriereweg — 41
  - 4.1.3 Bei Hof – bei Höll: die Adelung von Täuschung und Verstellung als Grundmomente von Kommunikation — 46
- 4.2 Im Kaffeehaus — 51
  - 4.2.1 Die Umschreibung der Leidenschaft — 53
  - 4.2.2 Schriftlichkeit wird zum Prototyp von Kommunikation — 62
  - 4.2.3 Die Ökonomisierung von Kommunikation — 66
- 4.3 Auf der Straße — 70
  - 4.3.1 Auf dem Boulevard – die Flüchtigkeit der Begegnung — 72
  - 4.3.2 In der Tram – die Regulierung von Nähe und Distanz — 76
  - 4.3.3 An der Kasse – die Versachlichung interaktiver Beziehungen — 78
- 4.4 Am Apparat — 81
  - 4.4.1 Das Netz – die Vorstellung einer kommunikativen Ordnung der Welt — 83
  - 4.4.2 Die Karriere des Informationsbegriffs und der Mythos der Rationalität — 85
  - 4.4.3 Ganz Ohr – ein Fremd-Körper im Kommunikationsbewusstsein — 86

4.5	Statt einer Zusammenfassung: Von Heute – Tiefenbohrungen im Boden der Kommunikation	92
5	**Sechs kulturelle Verzerrungen**	**95**
5.1	Individualismus	96
5.2	Instrumentalität	98
5.3	Rationalismus	100
5.4	Optimismus	102
5.5	Dialogizität	106
5.6	Produktivität	109
5.7	Zusammenfassung	114
6	**Vier Ebenen sozialer Interaktion**	**115**
6.1	Unmittelbare Verbundenheit	116
	6.1.1 Kommunikativer Realismus	118
	6.1.2 Relationale Psychoanalyse	124
6.2	Die moralische Ordnung sozialer Interaktion	129
	6.2.1 Die Interaktionsordnung	130
	6.2.2 Gerechtigkeit in nahen Beziehungen	135
6.3	Spiel oder Ernst? – Die poetische Dimension sozialer Interaktion	141
	6.3.1 Der Inszenierungscharakter sozialer Interaktion	143
	6.3.2 Die wirklichkeitsschaffende Kraft interaktiver Veranstaltungen	152
6.4	Gesellschaftlichkeit als Gegenstand und Bedingung sozialer Interaktion	156
	6.4.1 Kommunikationsformate	163
	6.4.2 Veränderungen im Kommunikationsarsenal: Moden und Programme	172
6.5	Zusammenfassung	183

7 Vier einfache Wahrheiten über Kommunikation — 185
- 7.1 Ob uns etwas gelingt, hängt von den Anderen ab — 186
- 7.2 Wie wir etwas verstehen, ist an den Kontext gebunden — 191
- 7.3 In Kommunikation sind wir stets mit allen Sinnen beteiligt — 199
- 7.4 Wir sind in Gespräche verstrickt — 208
- 7.5 Zusammenfassung — 216

8 Fünf kommunikative Anforderungen — 219
- 8.1 Umgang mit Abhängigkeit — 220
- 8.2 Umgang mit Fremdheit — 223
- 8.3 Umgang mit Täuschung — 226
- 8.4 Umgang mit Komplexität — 228
- 8.5 Umgang mit Paradoxien — 238
- 8.6 Zusammenfassung — 242

9 Neun rote Fäden im Stoff des Buches — 245
- 9.1 Der existentielle Charakter von Kommunikation — 245
- 9.2 Die Wiederentdeckung der Unmittelbarkeit — 246
- 9.3 Die Nützlichkeit des Philosophierens — 246
- 9.4 Die Ehrenrettung der Täuschung — 247
- 9.5 Die Gesellschaftlichkeit des Kommunizierens — 247
- 9.6 Der Reichtum der Geschichte — 248
- 9.7 Die Bedeutsamkeit des Erlebens — 248
- 9.8 Der poetische Zauber des Sprechens — 249
- 9.9 Der Charme der Interaktivität — 249

Literatur — 251

1
Einführung

In diesem Buch geht es um Kommunikation, um Momente unseres Lebens also, in denen wir mit anderen Menschen zusammen sind. Solche Momente sind existenziell für uns – wir würden ohne sie nicht leben können. In Kommunikation erleben wir Momente des Glücks und der Trauer, der Bewegung und der Lähmung, des Triumphs und der Niederlage, des Glanzes und der Beschämung, der Verachtung und der Verehrung, der Verständigung und der Trennung, des Erfolgs und des Scheiterns. Durch solche Momente verorten wir uns in unserer sozialen Umgebung und finden heraus, wer wir sind. Ein fundiertes Verständnis zwischenmenschlicher Kommunikation auf psychologischer und kulturwissenschaftlicher Grundlage trägt maßgeblich zu gelingender Kommunikation bei – und damit zu positiven Begegnungen und Gesprächen.

Die Gedanken dieses Buches sollen Sie bei einer persönlich bereichernden Gestaltung dieser Momente zwischenmenschlicher Begegnung unterstützen. Dieses Buch wurde geschrieben auf der Grundlage jahrzehntelanger Forschung, Ausbildung und Beratung zu Themenbereichen zwischenmenschlicher Kommunikation.

In diesem Buch geht es um die Vorstellungen, die wir uns über Kommunikation machen, die wir für selbstverständlich, normal, anständig oder natürlich halten und die uns in Fleisch und Blut übergegangen sind. Solche Vorstellungen liegen unseren Wahrnehmungen und Bewertungen des Verhaltens unserer Gegenüber in Kommunikation zugrunde und leiten unser eigenes Verhalten an. Es lohnt sich daher, sich mit ihnen zu beschäftigen. Sie sollen in diesem Buch auf der Grundlage wissenschaftlicher Erkenntnisse betrachtet und in ihrem Zustandekommen erklärt werden und andere, alternative Sichtweisen sollen vorgestellt werden.

Das Buch will auf Aspekte aufmerksam machen, die z. B. bei einem sehr simplen Verständnis von Kommunikation, etwa „Kommunikation ist der Austausch von Mitteilungen" zu kurz kommen. Es will erklären, warum wir Phänomene wie Selbstdarstellungen, Inszenierungen und Täuschungen in Kommunikation für abwegig halten – und, warum sie gleichwohl genuine Momente zwischenmenschlicher Kommunikation sind. Es will aufzeigen, dass unser Nachdenken über Kommunikation – zwangsläufig – auf einer kognitiven Ebene erfolgt – und, dass unser eigenes *Erleben* in Kommunikationssituationen sich dieser Ebene entzieht und eines anderen Zugangs bedarf. Es will erzählen, wie der Gesichtspunkt von Sachlichkeit für unser heutiges Kommunikationsverständnis so dominant geworden ist. Es will zeigen, dass die Vorstellung ‚Sprecher-Hörer' der Komplexität von Kommunikation nicht gerecht wird. Es geht also um Denkanstöße für ein vertieftes Kommunikationsverständnis. Dadurch können Sie Ihr Wissen erweitern, andere Perspektiven einnehmen,

1 Einführung

liebgewonnene Annahmen und Überzeugungen überdenken, Herausforderungen, Chancen und Möglichkeiten von Kommunikation erkennen und insgesamt sich selbst in ihrer Rolle als Kommunikationsteilnehmerin besser verstehen. Und aus diesem gewonnenen Verständnis heraus handeln.

Im ersten Kapitel geht es um zwei sehr unterschiedliche Zugangsweisen zu Kommunikation. Dazu wird zwischen einem erlebenden Selbst und einem reflektierenden Selbst unterschieden und die Qualitäten der beiden Zugangsweisen werden herausgearbeitet. Unsere Reflexion und unser Nachdenken über unsere Kommunikationserfahrungen werden von einer Vielzahl von Annahmen, Überzeugungen und Maximen über Kommunikation angeleitet. Manche von ihnen sind irreführend und „verhexen" uns. Mit einigen dieser irreführenden Vorurteile soll in Kap. 3 aufgeräumt werden, um den Blick auf Kommunikation freizubekommen. Unser Blick heutzutage ist geprägt von dem, was sich im Verlauf der Geschichte an Vorstellungen über Kommunikation angesammelt und aufgeschichtet hat, unser Verhalten aber auch von dem, was im kollektiven Bewusstsein verdrängt worden ist. Dem soll in Kap. 4 nachgegangen werden. Diesen uns so selbstverständlich erscheinenden Vorstellungen tut es gut, wenn sie mit Gegenströmungen und Vorstellungen über Kommunikation kontrastiert werden, manche aus anderen Kulturkreisen. Das erfolgt in Kap. 5. Anschließend werden in Kap. 6 die zentralen Dimensionen von Kommunikation ausführlich erläutert. Damit werden Sie gut vorbereitet sein auf vier einfache Wahrheiten über Kommunikation, die Ihnen in Kap. 7 vorgestellt werden, um Ihnen verlässliche Orientierung für Ihr kommunikatives Handeln zu geben. Was Ihnen für Ihr Handeln in kommunikativen Situationen an besonderen Anforderungen abverlangt wird, wird in Kap. 8 erläutert, bevor dann im letzten

Kapitel noch einmal Gedanken und Themen, die sich wie rote Fäden durch das Buch ziehen, zusammengefügt werden.

Die Gedanken dieses Buches beruhen auf ausgewählten Erkenntnissen aus einer Vielzahl von Wissenschaftsbereichen – Kommunikationswissenschaft, Psychologie, Soziologie, Sozialphilosophie, Kulturgeschichte. Diese Erkenntnisse werden hier allerdings in Hinblick auf die Handlungspraxis unseres kommunikativen Alltags vorgestellt, nicht in Hinblick auf akademische Erörterungen. Für die Abfassung habe ich mich an der Textform des Essays orientiert - der Gegenstand des Buches wird aus unterschiedlichen Perspektiven mit Bezug auf alltägliche Kommunikationserfahrungen betrachtet. Für die Lektüre der hier vorgestellten Gedanken brauchen Sie daher keine wissenschaftlichen Vorkenntnisse. Es geht um Erkenntnisse von Wert für praktisches Handeln. (Daher werden manche Wissenschaftsbereiche, die sich zwar mit Kommunikation beschäftigen, aber sich in praxisfernen Selbstkonstruktionen versteigen oder Banalitäten reproduzieren, in diesem Buch keine Rolle spielen.)

Dieses Buch ist also mehr ein selektives Lesebuch als ein umfassendes Lehrbuch zum Thema zwischenmenschliche Kommunikation.

Um den Lesegenuss nicht durch -In, *, /, - etc. zu beeinträchtigen, wird in diesem Buch mit der Aufgabe geschlechtssensibler Schreibweise in folgender Weise umgegangen: Die Kapitel sind abwechselnd jeweils dem femininen bzw. maskulinen grammatischen Genus vorbehalten. Es beginnt mit dem femininen Genus in diesem, ersten, Kapitel, im zweiten herrscht dann das maskuline Genus, usw. Mehr als Fragen der geschlechtssensiblen Schreibweise treibt mich allerdings die Feststellung um, dass der ganz überwiegende Teil der zitierten Autoren in diesem Buch in der Tat Autoren sind und nicht Autorinnen. Die Frage, ob es sich bei den hier vorgestellten Überlegungen und Anregungen zum Nachdenken über Kommunikation um männlich geprägte Anregungen handelt, müssen allerdings Andere beantworten.

Es bleibt zu wünschen, dass die Darstellungen in diesem Text Sie darin fördern, Ihre Begegnungen mit anderen Menschen bereichernd zu gestalten.

2

Zwei Erfahrungsweisen von Kommunikation: Erleben und Erinnern

Der israelisch-US-amerikanische Psychologe und Wirtschafts-Nobelpreisträger Daniel Kahneman beschreibt in seinem Buch „Schnelles Denken, langsames Denken" eine Studie mit einem irritierenden Ergebnis (2012): Er bat Patienten, die sich einer schmerzhaften Untersuchung zu unterziehen hatten, während des Untersuchungsprozesses die Intensität des erlittenen Schmerzes auf einer Skala zu markieren. Aufgrund unterschiedlicher Gegebenheiten ergaben sich auch unterschiedliche Kurven des erlittenen Schmerzes. Bei Patient A dauerte die Untersuchung nur recht kurz, allerdings wurde sie zu Beginn und Ende von diesem als äußerst schmerzhaft empfunden; bei Patient B dauerte die Untersuchung wesentlich länger, hatte ebenfalls einen Höhepunkt (in der Mitte der Untersuchung) und gegen Ende ließ der Schmerz nach.

Das Gesamtschmerzerlebnis war bei Patient B deutlich stärker als bei Patient A. Nach Abschluss der Untersuchungen wurden die Patienten gebeten, an diese

Gesamtheit der Schmerzen zu denken und sie einzuschätzen. Erstaunlicherweise schätzen die Patienten des Typs B ihre Schmerzen als wesentlich geringer ein als Patienten des Typs A. Für die nachträgliche Einschätzung spielte offenbar das Gesamterleben nicht die ausschlaggebende Rolle, sondern andere Gesichtspunkte: So wurde die Dauer des Schmerzerlebens nicht berücksichtigt und zugleich eine Art „Höchststand-Regel" benutzt: „Die globale Einstufung in der Rückschau wurde von der durchschnittlichen Schmerzintensität im schlimmsten Moment des Experiments und an seinem Ende gut vorhergesagt" (Kahneman, 2012, S. 468). Kahneman zieht aus dieser und vielen anderen Untersuchungen den Schluss, dass in uns offenbar zwei Selbste existieren, die relativ unabhängig voneinander sind und uns zwei unterschiedliche Erfahrungsräume schaffen: ein erlebendes Selbst und ein erinnerndes Selbst.

Dies gilt auch für das Thema Kommunikation.

Wir verfügen über zwei unterschiedliche Erfahrungsmodi für Kommunikation – den Erfahrungsmodus des Erlebens, der aktiviert ist, wenn wir uns in Kommunikation befinden, und den Erfahrungsmodus des Erinnerns bzw. Reflektierens, wenn wir einen Kommunikationsprozess distanziert betrachten. Ein Beispiel, das jeder kennt, ist die Zeitwahrnehmung: „Wie, schon am Ende?", sagen wir, wenn ein Gespräch, z. B. eine Prüfung, „gut läuft", während wir ein Gespräch gleicher Länge, bei dem wir keine gute Figur machen, als quälend langsam erleben.

Es ist immer wieder faszinierend, in welchem Maße Menschen in ihrer Erinnerung Gespräche, an denen sie teilgenommen haben, umstrukturieren und die Bedeutung einzelner Momente anders gewichten als in jenem Moment, in dem sie das Gespräch erlebt haben, insbesondere wenn sie sicher sind, dass bestimmte Ereignisse stattgefunden haben bzw. nicht stattgefunden haben.

Die Theorie der zwei Selbste erklärt auch, warum die Ergebnisse von Kommunikationsschulungen so schwer „in der Praxis" umsetzbar sind. Einsichten in Kommunikation werden Bestandteil des reflektierenden Selbst. Das erlebende Selbst bleibt davon, eben weil es getrennt ist, unberührt. Gleichwohl ist es möglich, diese beiden Aspekte zusammenzuführen.

2.1 Wie wir Kommunikationsereignisse erleben

Im Erfahrungsmodus des unmittelbaren Erlebens gehen wir im Kommunikationsprozess auf, wir erleben uns als Teil des Prozesses und reagieren instinktiv, impulsiv, routiniert und vorbewusst, vergleichbar einem Skifahrer, der die Abfahrt meistert, oder einem Tänzer, der sich gleichsam traumwandlerisch synchron mit seinem Partner übers Parkett bewegt. Dieser Modus des Erlebens ist stark geprägt von Empfindungen – der Empfindung des Wohlgefühls oder des Unbehagens, des Angenommen-Seins und Beschützt-Werdens oder der Ablehnung, der Spannung, Erregung und Verführung oder der Langeweile, Müdigkeit und Ungeduld, der Konfusion oder Klarheit, der Verzauberung und des Rausches, der Verachtung, der Hilflosigkeit, des Triumphes, des Gelähmtseins, der Souveränität, der Kränkung oder der Bewunderung, der Angst oder der Wut. So elementar und wichtig diese Erlebnisse für uns als Kommunikationsbeteiligte auch sind – die Kommunikationswissenschaften haben sich mit dieser Erfahrungsweise von Kommunikation nur selten beschäftigt. Die Kommunikationswissenschaften beschäftigen sich lieber mit dem Sprachlichen und dem Wissen, mit den bewussten Konstruktionen, die im Nachdenken und in der Interpretation kommunikativer Ereignisse entwickelt und gehandhabt werden. Prototypisch ist der Ansatz des „Kommunikativen Konstruktivismus" (Keller et al., 2013): Diesem Ansatz zufolge ist kommunikatives Geschehen durch Deutungen (Konstruktionen) dieses Geschehens durch die Kommunikationsbeteiligten bestimmt. Diese Deutungen spielen sich auf der Ebene des Bewusstseins der Beteiligten ab. Es gilt als ausgemacht, dass diese Konstruktionen die ausschließlichen Kategorien zur Erfassung sozialer Wirklichkeit sind. Vorbewusste oder gar unbewusste Prozesse spielen in diesem Ansatz keine Rolle. Gelegentlich finden sich allerdings Risse in dieser hermeneutischen Matrix, Textstellen, an denen die Autoren – geradezu verlegen angesichts ihrer Feststellungen – auf kommunikative Phänomene aufmerksam machen, die einer auf Sinn und subjektive Konstruktionen fixierten Betrachtungsweise gerade entgegenstehen, aber vielleicht doch von Relevanz sein mögen – Phänomene, die auf vorsymbolischer Ebene liegen. In diesem Sinne strebt auch Soeffner in expliziter Abgrenzung vom Konzept der Konstruktion eine „[...] Theorie [...] der vorsprachlichen Sinnes- und Leib/Körper-basierten Konstitution (nicht Konstruktion!) von Intersubjektivität" an (Soeffner, 2012, S. 461). Das folgende Zitat von Eberle zeigt jedoch, wie mit solchen Beobachtungen umgegangen wird: „Ob nicht-kommunizierte Erfahrungen zuweilen nicht doch wesentliche Aspekte der subjektiven Handlungsorientierung ausmachen, sei hier nicht weiter diskutiert." (Eberle, 2000, S. 239).

Dabei wurden bereits in den 20er Jahren des letzten Jahrhunderts Konzepte entwickelt, dieses *Erleben* von Kommunikation wissenschaftlich zu erfassen, Konzepte, die dann allerdings der nationalsozialistischen Wissenschafts- und Wissenschaftlervernichtung zum Opfer gefallen sind. In den letzten Jahren wurden sie wiederbelebt. Dazu gehören die Arbeiten der Soziologen und Philosophen Max Scheler (1973, urspr. 1922) und Helmuth Plessner (1980, urspr. 1923) und die des Psychologen Erwin Straus (1978, urspr. 1935). „Die Erlebniswelt in ihrer ganzen konkreten Fülle" (Straus, 1978, S. 62) und in „ihrer sinnlichen Pracht" (Straus, 1978, S. 116), so seine Forderung, muss Gegenstand kommunikationswissenschaftlicher Forschung sein. „Die Beschreibung der Struktur der Erlebniswelt, ihres Aufbaues, ihrer Wandlungen, die Ordnung ihrer mannigfaltigen Arten bei den verschiedenen Individuen, bilden die erste Aufgabe der psychologischen Forschung." (Straus, 1978, S. 63)

Das Erleben kommunikativen Geschehens ist ein Erleben aus unmittelbarer Betroffenheit und der Involviertheit in die kommunikative Situation (der US-amerikanische Soziologe Erving Goffman nennt dies „Engagement" (Goffman, 1973, S. 42)), aus der Atmosphäre einer Begegnung, der Feinseligkeit einer Vernehmung, der Peinlichkeit eines *faux-pas,* der Berührung einer Trauerfeier, der Befangenheit in der Begegnung mit einem Fremden, der Gelöstheit einer Unterhaltung, der Attraktivität des Gegenüber, dem Klangzauber seiner Stimme, dem Beziehungsmuster des Geschehens (Rivalität, Eskalation, Unterstützung, Abhängigkeit), etc.

Im Erleben erfolgt auch eine spezifische Weise des Verstehens, die durch Unmittelbarkeit, Evidenz, Fraglosigkeit, Vertrautheit und Gewissheit gekennzeichnet ist. Im Erleben gilt: „Wir sind uns unserer Sache sicher" (Straus, 1978, S. 128 f.). Der Kommunikationsforscher Werner Nothdurft (1998) schreibt von der „Treue des Verstehens", der Soziologe Stephan Hirschauer von „leiblichen Spuren und intuitiv verstandenen Zusammenhängen" (2001, S. 443, Fn 25), der Psychiater Oliver Sacks von „gedankenloser Leichtigkeit" (1997, S. 375). Dieses Erleben erfolgt unmittelbar. Fragen der Richtigkeit oder Falschheit, Angemessenheit oder Unangemessenheit stellen sich auf der Ebene des Erlebens nicht. Sie werden nur auf der Ebene der Reflexion relevant. Die Unmittelbarkeit des Erlebens bedeutet auch nicht „Ursprünglichkeit" oder „Echtheit" oder „Natürlichkeit" in einem objektiven Sinne. Erleben erfolgt stets auf der Grundlage sozio-kulturell tradierter Muster des Erlebens, denen – aus Beobachterperspektive – durchaus deformierende oder verzerrende Wirkung diagnostiziert werden kann. Die fraglose Gewissheit des unmittelbaren Erlebens bleibt davon aber unberührt (es sei denn, solche Diagnosen könnten – sei es aus Einsicht, aus Angst oder aus veränderten kulturellen Gewohnheiten – zu Musterveränderungen führen.) Dies ist eine andere Weise des Verstehens als das deutende Verstehen, bei der man aus dem Erleben heraustritt und – gleichsam von außen – aus einer Bewusstseinshaltung heraus sich fragt, was eine Äußerung, eine Geste, wohl bedeuten mag.

„Im Betroffensein entscheidet sich die Wirklichkeit der Erlebnisse. Wirklichkeit ist ja kein Moment, das in irgendeiner Weise an dem Erlebnisgehalt erst abgehoben wird. Sinnliche Wirklichkeit wird nicht im Nachdenken erschlossen, sie wird nicht an irgendwelchen Kennzeichen abgelesen, sie wird nicht als gesetzmäßige Ordnung des Geschehens beurteilt, sie ist nicht ein nachträglicher Zusatz zu Sinnes-Daten, sie ist ein ursprüngliches und unabtrennliches Moment des sinnlichen Erlebens selbst. Sinnliches erleben und Erleben von Wirklichem sind eines und dasselbe. Erschlossen wird die Unwirklichkeit, der Schein, die Täuschung. Die Negation ist eine Leistung der kritischen Besinnung, die aber erst nachträglich in der Abstraktion, in der Lösung von der Unmittelbarkeit des sinnlichen Erlebens vollzogen wird. Sie richtet sich auf die Ordnung und Zusammenhänge der Dinge und beurteilt von dort her die Gültigkeit der Erlebnisse. Im sinnlichen Erleben aber handelt es sich nicht um die Gültigkeit nach allgemeinen Regeln. Die Wirklichkeit des sinnlichen

Erlebens bedarf keiner nachträglichen Rechtfertigung. Sie ist vor dem Zweifel. Ihr Ausweis ist das sinnliche Erleben selbst, d. h. mein Betroffensein, die Zugehörigkeit eines Ereignisses zu meinem Dasein." (Straus, 1978, S. 139 f.)

Allerdings – wenn auch die Dimension des Erlebens zentral für Kommunikation ist, so gilt dennoch: „[...] unmittelbares Erleben ist leider stumm" (Straus, 1980, S. 154). Erleben spielt sich auf einer vorsprachlichen Ebene ab. Die wissenschaftliche Herausforderung besteht gerade darin, dieses Erleben als Erleben zur Sprache zu bringen, in den Worten des deutschen Philosophen Edmund Husserl: „[...] die reine und sozusagen noch stumme Erfahrung [...] zur reinen Aussprache ihres reinen Sinnes zu bringen." (Husserl, 1995, S. 77). In der Regel lässt die Wissenschaft das Erleben auf sich beruhen und wendet sich den handhabbareren Konstruktionen zu. Es fehlt ihr weitgehend an Beschreibungsweisen für solche Erlebnisse und Empfindungen, die es ermöglichen würden, sich „[...] im Ereignis wieder einzurichten" (Merleau-Ponty, 1984, S. 34). Dieses Feld überlässt man lieber der Literatur und der Kunst. Eine seltene Ausnahme von dieser Regel stellt der Versuch des amerikanischen Säuglingsforschers Daniel Stern (2009) dar, die Welt eines Kleinkindes aus dessen Erlebnisperspektive zu schildern, ein Versuch, der sich auf die entwicklungspsychologischen Erkenntnis der Säuglingsforschung stützt, diese aber – und das ist die besondere Leistung – in gleichsam literarische Texte transformiert. Zur Erfassung der Erlebnisqualität von Kommunikation bedarf es eines großen Repertoires stilistischer Darstellungsmittel, z. B. beim Schreiben von „Interaktionsgeschichten" (Pfab u. Klemm, i.V.). Die Auffassung, literarische Stilmittel seien unwissenschaftlich, verkennt, dass ohnehin literarische Momente in wissenschaftlichen Texten präsent sind, wie der

Ethnologe Clifford Geertz (1990) für die Ethnologie und der Historiker Hayden White (1994) für die Geschichtswissenschaft nachgewiesen haben.

2.2 Wie wir über Kommunikation nachdenken

Unsere Erfahrung von Kommunikation verändert sich in dem Moment, in dem wir uns ihr reflexiv zuwenden – sei es im nachträglichen Nachdenken über ein selbsterlebtes Kommunikationsereignis, sei es, dass wir im Kommunikationsprozess selbst für einen Moment „aussteigen" und das Geschehen aus einer Haltung innerer Distanz betrachten („was passiert hier eigentlich gerade?", „will ich mir das gefallen lassen?"). In solchen Momenten reflexiver Zuwendung vollzieht sich eine Verwandlung in uns. Jeder kennt folgende Situation: In einem Gespräch ist man aufgrund der Kaltschnäuzigkeit und Dreistigkeit des Gegenübers eingeschüchtert und gelähmt. Später, lange nach Gesprächsabschluss, fallen einem auf einmal die passenden Worte ein, mit denen man souverän hätte parieren können. Wir wären also im Prinzip in der Lage gewesen, souverän zu reagieren, aber in der Haltung des Erlebens in der Kommunikationssituation stand uns diese Schlagfertigkeit nicht zur Verfügung.

Das Erleben kann zum Gegenstand, zum Objekt reflexiver Zuwendung gemacht werden. Diese Zuwendung erfolgt in kognitiven Konstruktionen (Zuschreibungen, Deutungsmustern, Typisierungen), Verbalisierungen allemal. Max Scheler hat die Tücken solcher Konstruktionen als „Quellen der Selbsttäuschung" eingehend beschrieben (1955). Das Erleben wird dabei entsprechend der Ordnung der Konstruktionen transformiert (analog wie ein Traum in einer

2 Zwei Erfahrungsweisen von Kommunikation: ...

Traumerzählung transformiert wird). „Kundgabe wird zu Bedeutung" (Straus, 1925, 24) – eine Art Rationalisierung. Aufgrund der kognitiv bedingten Verfügbarkeit und der kulturell präferierten Ordnung der Konstruktionen mit ihren Attributen (Rationalität, Analyzität, etc.) erhält das so transformierte Erleben einen spezifischen Wirklichkeitsstatus.

Ein Mensch allerdings, der *nur* auf der Basis der Prüfung von Bedeutung kommunizieren würde, ist gar nicht vorstellbar. Ein Mensch, der *vorwiegend* auf der Basis der Prüfung von Bedeutung kommunizieren würde, ist empirisch der Fall eines Paranoikers oder eines Autisten. Oliver Sacks (1997) hat die Tragik einer solchen Patientin aus deren Erinnerung dargestellt:

> „Da ging etwas vor zwischen den anderen Kindern, etwas Flüchtiges, Subtiles, etwas, das sich ständig änderte – ein Austausch von Bedeutungen, ein so blitzschnelles Verstehen, daß sie sich manchmal fragte, ob sie alle in telepathischer Verbindung stünden. Jetzt weiß sie, daß es diese sozialen Signale gibt. Sie könne sie mit dem Verstand erschließen, sagt sie, doch selbst wahrnehmen könne sie sie nicht, könne selbst an dieser magischen Kommunikation nicht unmittelbar teilhaben, [...]. Intellektuell weiß sie das, und so tut sie ihr Bestes, es zu kompensieren und verwendet ungeheure intellektuelle Anstrengungen und Rechenkapazität auf Dinge, die andere mit gedankenloser Leichtigkeit verstehen. Und genau darum fühlt sie sich so oft ausgeschlossen, als Fremde" (Sacks, 1997, S. 375).

„Welches Selbst sollte zählen?" fragte sich Daniel Kahneman, und so können auch wir uns im Bezug auf Kommunikation fragen. Für Zwecke von Lehrmaterialien liegt es auf der Hand, sich vorrangig mit dem erinnernden und reflektierenden Selbst zu beschäftigen. Zum einen begreifen wir uns wesentlich auf dieser Grundlage („So seltsam es auch erscheinen mag, ich bin mein erinnerndes Selbst, und das erlebende Selbst, was mein Leben lebt, ist für mich wie ein Fremder." (Kahneman, 2012, S. 481) und zum zweiten unterliegen Erinnerung und Reflexion einer Reihe von Vorurteilen, Fehlannahmen und Simplifizierungen, die einem angemessenen, souveränen Umgang mit Kommunikation im Wege stehen und die sich mithilfe kommunikationstheoretischer Grundkenntnisse identifizieren lassen.

Dies ist eine notwendige Voraussetzung für die Entwicklung einer angemessenen Haltung gegenüber kommunikativem Geschehen. Deshalb soll in einem ersten Schritt mit einigen dieser Vorurteile aufgeräumt werden. Eine Garantie für gelingende Kommunikationspraxis kann dies freilich nicht sein – aus Gründen, die selbst mit dem Phänomen Kommunikation zu tun haben. (Dazu mehr in Abschn. 7.1.)

2.3 Zusammenfassung

Wir erfahren Kommunikation in zwei unterschiedlichen Weisen: als erlebendes Subjekt im Verlauf eines Kommunikationsereignisses und als reflektierendes Subjekt im distanzierten Nachdenken über selbst erfahrene Kommunikationsereignisse. Beide unterscheiden sich fundamental: für das Erleben gilt Unmittelbarkeit, Vor-Sprachlichkeit und Ganzheitlichkeit. Für das Erinnern gilt Reflexion, Analyse, Konstruktion und Sprachlichkeit. Diese beiden Erfahrungsweisen wurden in ihren Besonderheiten und Qualitäten erörtert und Konsequenzen für eine angemessene Betrachtungsweise von Kommunikation aufgezeigt. Ein angemessenes Erfassen kommunikativer Wirklichkeit umfasst beide Ebenen.

3

Sechs Vorurteile über Kommunikation

Wir alle haben Gedanken dazu, wie wir anderen Menschen begegnen und mit ihnen umgehen. Diese Gedanken speisen sich aus unseren Kommunikationserfahrungen, Erzählungen anderer Menschen über Kommunikationsereignisse, aufgetragenen Empfehlungen von Menschen, deren Einschätzung uns wichtig ist, angelesenem Wissen –aus welchen Texten auch immer, kulturellen Selbstverständlichkeiten, festsitzenden Überzeugungen über „die Menschen" und „die Welt" und vielem anderen mehr.

Diese Gedanken bilden die Grundlage unserer Reflexionen über eigene Kommunikationserfahrungen und unserer Überlegungen und Pläne für zukünftige kommunikative Vorhaben. Viele dieser Gedanken haben sich praktisch bewährt und sich als stimmig mit unseren anderen handlungspraktischen Überzeugungen über uns selbst und über die Welt erwiesen. Es kann allerdings auch sein, dass Gedanken und Überzeugungen darunter sind, die irreführend, einseitig, verkürzt oder in anderer

Weise der Wirklichkeit von Kommunikationsereignissen nicht angemessen sind – die mit anderen Worten Vorurteile über Kommunikation sind, die uns daran hindern, uns angemessen in Kommunikationsereignissen zu verhalten und sie verständig zu reflektieren und zu durchdenken. Manche dieser Vor-Urteile über Kommunikation sind kulturell verbreitet und mit einigen von ihnen soll in diesem Abschnitt „aufgeräumt" werden. Wir fangen also gleich mit dem Schwersten an – der kritischen Auseinandersetzung mit liebgewonnenen Vorurteilen sowie in Fleisch und Blut übergangenen Annahmen. Wie auch bei anderen Vorurteilen macht es allerdings wenig Sinn, über sie einfach ein Denkverbot zu verhängen – da es immer gute Gründe für die Entwicklung von Vorurteilen gibt, gilt es, diesen auf die Spur zu kommen und sich mit ihnen auseinanderzusetzen. Hinzu kommt, dass das Bedenkliche an Vorurteilen ist, dass sie nicht vollständig unzutreffend sind – also muss es darum gehen, den Charakter ihrer Begrenzung genau zu bestimmen. Dies soll im Folgenden auch mit einigen Vor-Urteilen über Kommunikation erfolgen. Dies sind im Einzelnen:

- „Es geht um die Sache"
- „Der Inhalt zählt"
- „Erst denken, dann sprechen"
- „Gefühle spielen keine Rolle"
- „Es gibt doch schließlich Regeln"
- „Zuhören geht von selbst".

3.1 „Es geht um die Sache"

Eine festsitzende Überzeugung über Kommunikation ist, dass es in Kommunikation um die Sache geht, die Anlass oder Thema der Begegnung ist. Wird man nach einem

Gespräch von einer unbeteiligten Dritten aufgefordert, von dem Gespräch zu berichten, leitet man dies häufig ein mit „Es ging um…". Die Überzeugung, es ginge um die Sache, prägt in starkem Maße unsere Gesprächserinnerung (allerdings nicht deswegen auch unser Gesprächserleben, s. o.). Diese Überzeugung hat ihren – guten – Grund darin, dass Kommunikation in der Tat ein Thema braucht, einen gemeinsamen Bezugspunkt und Fokus, zu dem die Beteiligten etwas beitragen können. Daher wird Kommunikation auch als fokussierte Interaktion gekennzeichnet (Goffman, 1973).

Aber diese Überzeugung zeichnet ein einseitiges Bild von Kommunikation, denn in Kommunikation geht es immer auch um die Beziehung zwischen den Beteiligten, ja man kann sagen, dass es primär um die Beziehung zwischen den Beteiligten geht und die Beziehung an der jeweils angesprochenen Sache oder am Thema entwickelt und ausgearbeitet wird. Dies hat seinen Grund darin, dass wir in jedem Kommunikationsereignis existentiell beteiligt sind und es deswegen primär um uns selbst geht. Daher ist die Aufforderung „Nun nehmen Sie das doch nicht persönlich" in vielen Fällen so unsinnig. Eine Folge dieser so einseitigen Konzentration auf das Thema ist, dass in vielen Fällen von Kommunikation Anstrengungen an der falschen Stelle erfolgen. In Teambesprechungen z. B. kann man immer wieder engagierte, zuweilen verbissene Debatten zwischen Teammitgliedern über den richtigen Weg oder die nächsten Arbeitsschritte beobachten, die ihren eigentlichen Grund nicht in gegenseitigen Auffassungen der Beteiligten haben, sondern in einem Rivalitätsverhältnis, das verhindert, der Kollegin zustimmen zu können. Hier sind sachliche Argumente oder thematisch bezogene Beiträge wenig hilfreich – die wesentlichen Dinge spielen sich auf der Beziehungsebene ab. Auseinandersetzungen zwischen Eltern und ihren pubertierenden Sprösslingen sind ein weiteres typisches Beispiel.

Es muss also darum gehen, die Überzeugung „In Kommunikation geht es um die Sache" zu ergänzen um die Überzeugung, „In Kommunikation geht es um die Beziehung zwischen den Beteiligten" und in vielen Fällen dieser zweiten Überzeugung sogar den Vorrang einzuräumen.

3.2 „Der Inhalt zählt"

Dieses Vor-Urteil besagt, dass das Wesentliche in Kommunikation in dem besteht, *was* gesagt wird – in den Wörtern und ihrer Bedeutung. Auch hier ist wieder der Gedächtnistest instruktiv: Werden wir aufgefordert, den Gesprächsbeitrag einer Gesprächsbeteiligten wiederzugeben, werden wir dies einleiten mit den Worten „Sie hat gesagt…" und dann kommt eine Inhaltsangabe ihrer Äußerung.

Die Neigung, Kommunikation unter den Gesichtspunkt der geäußerten Inhalte zu betrachten, ist verständlich, weil Inhalte sich wesentlich leichter erfassen und bestimmen lassen als viele andere Momente in Kommunikationsereignissen, die auf der non-verbalen Ebene ablaufen – leichter jedenfalls bei einer kognitiv-rationalen Grundhaltung, die uns in unserem Kulturkreis als Haltung Kommunikation gegenüber nahegelegt wird. (In Kap. 5 wird dies näher ausgeführt.) Dieses Vorurteil gründet sich auf eine lange europäische Denktradition seit der Aufklärung, der zufolge das Wesen von Kommunikation im Austausch von Inhalten oder Botschaften besteht. Viele Wörterbuch- und Lexikoneinträge über Kommunikation bestärken diese Auffassung. Aber die Haltung „der Inhalt zählt" ist eine einseitige Haltung, sie blendet die Bedeutung non-verbaler Momente in Kommunikation aus. Eine mögliche physiologische

3 Sechs Vorurteile über Kommunikation

Erklärung dieser Einseitigkeit hat schon 1935 der deutsche Physiologe Kurt Goldstein geliefert. Goldstein stellte bei seinen Forschungen einen „[...]Antagonismus in Hinsicht auf die Energieverteilung zwischen den sensorischen und den Denkleistungen hin, der in der geringen Stärke unserer Sinneserlebnisse, unserer Unachtsamkeit ihnen gegenüber beim Denken seinen Ausdruck findet." (Goldstein, 2014, S. 46). Bei bestimmten, sozio-kulturell etablierten Aufmerksamkeitspräferenzen wird eine Sensibilität auf andere Bereiche des Erlebens erschwert. Man kann mit dem französischen Philosophen Maurice Merleau-Ponty zwischen dem Ereignissinn im Erleben und dem verfügbaren Sinn im Erinnern unterscheiden (1984, S. 31). Wir unterliegen der Tendenz, den verfügbaren Sinn mit dem zu identifizieren, was sich in der Kommunikation ereignet hat und erheben diese Tendenz auch noch zum Ideal: Wir glauben, dass es die Aufgabe von Kommunikation, namentlich von Sprache ist, Ereignisse, Sachverhalte, Gedanken darzustellen, etwas auszusagen. „Wir verehren alle heimlich dieses Ideal einer Sprache, die uns in letzter Konsequenz von ihr selbst befreit, indem sie uns den Dingen überläßt." (Merleau-Ponty, 1984, S. 27). Zwei Folgen dieser Haltung sind besonders problematisch: zum einen übersieht man in einer solchen Haltung eine Vielzahl von Momenten, die für eine angemessene Wahrnehmung des kommunikativen Geschehens wesentlich wären, zum zweiten akzentuiert und konturiert man diese Momente in der durch das Vorurteil geleiteten Wahrnehmungshaltung. Erstens sind „Signale" komplexe Gebilde, die ihren Charakter als Signal erst aufgrund gesellschaftlicher Festlegung erhalten; zweitens – und bedeutsamer – sind „Signale" stets ein Ausschnitt aus einem Gesamt in dem jeweiligen Moment präsenter verbaler, nonverbaler und materialer Aktivitäten, die bei der Rede von Signalen nicht miterfasst werden – für das kommunikative Geschehen aber relevant sind. Und zum anderen löst man das wörtliche Gesagte aus seinem kommunikativen Kontext. Wir alle kennen Fälle, in denen jemand die Gesprächsäußerung einer Teilnehmerin einer Dritten gegenüber wiedergibt – reduziert auf den Wortlaut, und wir dann versucht sind, diesem Wortlaut eine Bedeutung zu verleihen, ohne den non-verbalen und interaktiven Kontext zu kennen, z. B. ohne zu wissen, in welchem Tonfall die Äußerung gesprochen wurde. Wesentliche Momente zwischenmenschlicher Kommunikation spielen sich aber gerade auf der paraverbalen und non-verbalen Ebene ab, ja man kann sagen, dass auf dieser Ebene überhaupt erst die Grundlagen für das Verstehen wörtlicher Bedeutung gelegt werden (siehe Abschn. 6.1, 7.3). Eine angemessene Haltung Kommunikation gegenüber müsste eine Sensibilität für non-verbales Geschehen einschließen.

3.3 „Erst denken, dann sprechen"

Ein weiteres Vor-Urteil betrifft den Zusammenhang von Sprechen und Denken. Wir haben die Vorstellung, dass alles, was gesagt wird, zuvor gedacht worden ist – oder jedenfalls sein sollte. Diese Vorstellung liegt der Ermahnung zugrunde „Vor Inbetriebnahme des Mundwerks Gehirn einschalten!". Die humorvoll gemeinte Analogie von Sprechen mit einem technischen Prozess hat einen realen Hintergrund, denn in der Tat stellt man sich in dieser Auffassung das Sprechen als ein durch das Gehirn gesteuerten Produktionsprozess vor. Psychologische Modelle des Sprechens unterstützen diese Vorstellung, ebenso wie das (ursprünglich technisch orientierte) Modell von Sender und Empfänger. Auch in diesem Modell wird die Bedeutung als im Kopf der

3 Sechs Vorurteile über Kommunikation

Senderin vorgedacht vorgestellt und dem Kommunikationsprozess wird im Grunde nur eine Hilfsfunktion der Übermittlung zugedacht. Diese Vorstellung beruht auf der Wertschätzung von Planung, Planbarkeit und Kontrolle in unserer Kultur, was die Prominenz dieser Vorstellungen erklärt. Dennoch hat diese Vorstellung nur für Ausnahmefälle von Kommunikation Geltung, nämlich für solche Kommunikationssituationen, in denen wir uns sehr genau überlegen, was wir sagen – bevor wir etwas sagen. Für den überwiegenden Teil unserer Kommunikationspraxis gilt, dass wir intuitiv oder aus Gewohnheit handeln. Eine Analogie des Sprechens zur non-verbalen Geste kann dies deutlich machen: Wir haben nicht die Vorstellung, dass wir eine Geste erst denken. bevor wir sie ausführen. Warum sollte dies bei einer sprachlichen Geste anders sein?

Das Vor-Urteil „Erst denken, dann sprechen" wird zunehmend durch eine Reihe von Studien relativiert, die eine Gleichzeitigkeit von Denken und Handeln nahelegen (z. B. Schön, 1983; Joas, 1992). Dies gilt sogar für grammatikalische Aspekte beim Sprechen, die aus dem Sprechvorgang selbst improvisatorisch konstruiert werden, wie Sprachforscher in letzter Zeit herausgefunden haben (z. B. Breyer, Ehmer & Pfänder 2011). Hinzu kommt, dass es sich beim Sprechen um eine Art Rückkopplungsprozess handelt derart, dass wir uns selbst sprechen hören. Das führt zu einem Prozess, den die Psychologie als Selbstattribuierung kennt: Wir hören uns selbst sprechen und schreiben nachträglich unserer Äußerung eine Bedeutung zu (Langfeldt & Nothdurft, 2015). So gesehen ist die Frage berechtigt: „Wie soll ich wissen, was ich meine, bevor ich höre, was ich sage?". (In Abschn. 5.5 wird uns diese Thematik wiederbegegnen.)

3.4 „Gefühle spielen keine Rolle"

Diese Haltung wird vor allem beim Nachdenken über Kommunikation im beruflichen Kontext wirksam, Gefühle mögen im Privatbereich ihren Platz haben – Kommunikation am Arbeitsplatz aber hat sachbezogen, rational und vernunftorientiert zu sein und Gefühle stören dort nur. Wird die Kommunikation, z. B. in Auseinandersetzungen, doch einmal „emotional", erweist sich die Mahnung „Nun bleiben Sie doch sachlich, Frau Kollegin" als wirkungsmächtiges Korrektiv. Dies hat auch damit zu tun, dass Kommunikation am Arbeitsplatz in der Regel in organisatorischen Zusammenhängen stattfindet und Organisationen sich über Zweckrationalität und Vernunft definieren und diese Selbstbeschreibung auch auf die Vorstellungen über Kommunikation „abfärbt". Dies gilt im Ausmaß sicher noch einmal branchenspezifisch bzw. –abhängig von der jeweiligen Arbeitskultur (vgl. Pfab, 2020b). Die Haltung ist zugleich auch „Ableger" einer generellen, kulturell verankerten Einstellung, der zufolge die Äußerung von Emotionen an die Sphäre der Privatheit gebunden ist und Emotion und Öffentlichkeit sich tendenziell ausschließen. Insgesamt (und damit auch in privater Kommunikation) erfüllt dieses Vor-Urteil die wichtige psychologische Funktion der Angstreduktion: Da wir die Vorstellung haben, dass Gefühle etwas zutiefst Privates und Persönliches sind, befürchten wir, mit der Äußerung von Gefühlen unser „Innerstes" zu „öffnen" und damit angreifbar und verletzlich zu werden. Die Haltung „Gefühle spielen keine Rolle" verhilft uns dazu, dieser vermeintlichen Gefahr auszuweichen. Gleichwohl sind Gefühle ein ständiger Bestandteil unseres kommunikativen Erlebens und ein wirkungsmächtiger zudem. Gefühle sich selbst und Anderen gegenüber als nicht-existent zu erklären ist daher kontraproduktiv, weil diese Haltung dazu führt, mit ihnen nicht angemessen umgehen zu können. Die amerikanischen Verhandlungsforscherinnen Stone, Patton, u. Heen haben dies einmal auf die Formel gebracht: „Have your feelings (or they will have you)" (2010, S. 85). Und in der Tat kennen wir alle Momente, in denen wir „geplatzt" sind und in der Folge nicht mehr Herr unseres Handelns gewesen sind. Souveränes kommunikatives Handeln sieht anders aus.

So gibt es denn auch eine Vielzahl von Hinweisen in den Sozialwissenschaften, sich aktiv mit dem Moment der Emotionalität von Kommunikation auseinanderzusetzen. Die Empfehlung „Störungen haben Vorrang" stellt das oben genannte Vor-Urteil auf den Kopf – und damit auf die Beine.

3.5 „Es gibt doch schließlich Regeln"

Wir neigen dazu, uns Kommunikation als regelgeleitetes Handeln vorzustellen und berufen uns in Situationen auf deren Gültigkeit. Der Appell „Lass mich bitte ausreden" unterstellt die Gültigkeit einer entsprechenden Regel als allgemein anerkannt.

Für einige formalisierte Typen von Kommunikation gibt es in der Tat so etwas wie regelhafte Zusammenhänge und Abfolgen (Liturgie). Indes überschätzen wir den Geltungsbereich von Regeln für Kommunikation. Im überwiegenden Teil dessen, was wir in Kommunikation tun, tun wir dies nicht auf der Grundlage von Regeln, sondern aufgrund von Gewohnheit oder aus Veranlassung durch das, was gerade passiert, oder wir improvisieren. Die Arbeitsforscherin Lucy Suchman (1987) hat festgestellt, dass „Regeln" in Arbeitsabläufen weitgehend als nachträgliche Erklärungen und Rechtfertigungen für Verhaltensweisen und Entscheidungen dienen und nicht etwa als Veranlassung für Verhalten. Darüber hinaus zeigt sie in ihren Studien, dass Verhalten keineswegs nur rational auf solche Zwecke und Ziele ausgerichtet ist, die planmäßig verfolgt werden. Veränderungen im Handlungskontext, insbesondere das Verhalten der Kommunikationspartnerinnen, erfordert stets situative Anpassungen und Improvisation „aus dem Stand" (s. Abschn. 7.4).

Psychologisch ist die Vorstellung der Regelhaftigkeit von Kommunikation verständlich: sie verleiht uns Sicherheit für Begegnungen, insbesondere im Falle von Unsicherheit. Umso stärker werden wir „auf dem falschen Fuß" erwischt, wenn wir in Kommunikationssituationen feststellen, dass plötzlich die Voraussetzungen für die Anwendung der Regeln nicht mehr gegeben sind. Dies gilt übrigens auch für Regeln für Kommunikation, die in Gesprächsschulungen vermittelt werden. Regeln sind aufgrund ihres Status als rationale, kognitive Anweisungen in unserem reflektierendem Selbst angesiedelt und daher „unpraktisch", nämlich nicht Bestandteil unseres erlebenden Selbst. In der „Hitze des Gefechts" vergessen wir regelmäßig, was wir in unserem reflektierenden Selbst für vernünftig und klug halten.

Menschen, die für die Arbeit in Call-Centern eingearbeitet werden, werden oft Formulierungsanweisungen an die Hand gegeben. Wenn aber die Gesprächsbeiträge des Gegenübers so erfolgen, dass die vorgegeben Formulierungen nicht mehr „passen", sind diese Menschen irritiert, verunsichert und aufgeschmissen. Auch in der Kommunikationswissenschaft hat man lange den Stellenwert von Regeln überschätzt, indem man Kommunikation in Analogie zu einem Spiel (insbesondere Schach) gesehen hat. Zunehmend setzt sich aber in der Kommunikationswissenschaft die Auffassung durch, dass Regeln für Kommunikation nicht eine solche Relevanz besitzen, wie man früher angenommen hatte – sie mögen Kommunikationsprozesse regulieren, aber es geht auch ohne sie.

Kommunikation ist im Verlauf und Ergebnis im Wesentlichen unvorhersehbar (eine Wundertüte – man weiß nie, was drinsteckt) und bedarf daher Fähigkeiten der Improvisation und des kreativen Umgangs mit stets neuen Konstellationen und überraschenden Wendungen (vgl. Pfab, W., 2019).

3.6 „Zuhören geht von selbst"

Das Zuhören ist der arme Verwandte der Kommunikation – ihm wird keine große Aufmerksamkeit zuteil. Kommunikation wird in unserer Kultur wesentlich mit Sprechen identifiziert. Zuhören betrachten wir demgegenüber als etwas, das gleichsam von selbst passiert und nichts anderes ist als die Reproduktion des Gesagten – eine Art Blaupause des Sprechens. Die Tücke dieses Vor-Urteils über das Zuhören besteht darin, dass dadurch dem Zuhören keine Aufmerksamkeit geschenkt wird. Dabei ist Zuhören ein überaus komplexer Prozess. Alle entsprechenden Untersuchungen zeigen, dass Zuhören ein selektives und konstruktives Geschehen ist. Das bedeutet, dass das, was wir hören, von unseren eigenen Filtern (Selektion) und von unseren Erfahrungen (Konstruktion) beeinflusst wird.

Man kann sich den Vorgang des Zuhörens vorstellen wie die Konstruktion eines Dreiecks anhand der Vorgabe von drei Punkten:

Wenn uns jemand einen Zettel gibt, auf dem drei Punkte folgendermaßen angeordnet sind:

•

•   •

so neigen wir dazu, auf dem Zettel ein Dreieck zu sehen:

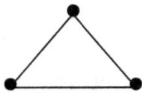

Die *Seiten* jedoch sind von uns ergänzt. So ist es beim Zuhören auch: Wir neigen dazu, auf der Grundlage dessen, was wir hören (Punkte), einen Zusammenhang herzustellen (Dreieck) und vergessen dabei, dass das meiste von diesem Zusammenhang (die Seiten) von uns selbst hinzugefügt worden ist.

Sehr schön kann man dies zeigen, wenn man Menschen eine Geschichte vorliest mit der Instruktion, die Geschichte danach so genau wie möglich schriftlich wiederzugeben. Die Resultate sind aufschlussreich: Dass Bestandteile der vorgetragenen Geschichte nicht erinnert werden, ist vielleicht erwartbar, dass in den Erinnerungen jedoch Facetten auftauchen, die in der Vorlage *nicht* enthalten waren, stimmt doch nachdenklich. Offensichtlich basteln wir uns beim Zuhören eine Version des Gesagten, die vor allem einem Kriterium Genüge tun muss: Sie muss stimmig mit uns als Zuhörerin sein, stimmig mit unseren Hörerwartungen, unseren eigenen Überlegungen, unserem Bild von uns selbst und von der Sprecherin, der wir zuhören.

Eine andere Konsequenz des Vor-Urteils „Zuhören geht von selbst" ist, dass wir uns Zuhören als Daueraktivität vorstellen; wir sind, so die Vorstellung, dauerhaft auf Empfang geschaltet – und es wird von uns auch erwartet. „Der gute Ton verlangt erbarmungslos, daß wir aufmerksame Zuhörer sind" (Schramm, zit. in Linke, 2008, S. 41), steht bereits 1898 in einem Benimmbuch, und diese erbarmungslose Forderung gilt heutzutage, in Zeiten der Selbstoptimierung des eigenen Kommunikationsverhaltens, nicht minder. Dem korrespondiert die Haltung „Du musst doch gehört haben, dass ich gesagt habe …" – gefolgt von der schuldbewussten Reaktion des Bedauerns beim Gegenüber.

Da tut es gut zu erfahren, dass in anderen Kulturen eine entspanntere Haltung zum Zuhören beobachtet werden kann. Die japanische Praxis des Sekundenschlafs – für die Beteiligten nicht nur eine selbstverständliche Erscheinung in Kommunikation, sondern für die Sekundenschläferinnen selbst eine stärkende Ressource – würde bei uns allerdings als starke Unaufmerksamkeit empfunden und Reaktionen von Irritation bis Empörung hervorrufen, s. o. erbarmungsloses aufmerksames Zuhören. Dies hat auch damit zu tun, dass in unserer Kultur Zuhören mit Anerkennung und Wertschätzung verbunden ist. (Im bekannten Klischee des ignorierenden Ehemanns wird dessen Zeitungslektüre beim ehelichen Frühstück von der Gattin als Ausweis fehlender Aufmerksamkeit gewertet.). „Gute Zuhörerinnen" sind dies vor allem deshalb, weil wir uns von ihnen wahrgenommen und gewürdigt fühlen. Dies allerdings gelingt nicht im Dauerbetrieb. Der US-amerikanische Theaterwissenschaftler Richard Schechner (1988, S. 222) spricht denn auch von „selektiver Aufmerksamkeit".

3.7 Zusammenfassung

Unser Verhalten in Kommunikation ist geleitet von einer Reihe von Vor-Urteilen (die Konzentration auf Inhalte und Sachlichkeit, die Priorisierung des Sprechens gegenüber dem

Hören, die Trennung von Sprechen und Denken, u. a. m.). Das Zustandekommen dieser Vor-Urteile ist nachvollziehbar. Sie schränken unsere Haltung in Kommunikation jedoch ein. Kommunikationswissenschaftliche Erkenntnisse bieten die Chance, diese Vor-Urteile zu relativieren und zu einer realitätsgerechteren Haltung Kommunikation gegenüber zu gelangen.

- Es geht um die Sache
- Der Inhalt zählt
- Gefühle spielen keine Rolle
- Es gibt doch schließlich Regeln
- Zuhören geht von selbst.

Die – begrenzte – Vernunft dieser Vor-Urteile wurde herausgearbeitet und alternative Betrachtungsweisen wurden skizziert.

4

Vier kurze Geschichten zur Entstehung von Kommunikation, wie wir sie kennen

Wenn wir mit anderen Menschen kommunizieren, orientieren wir uns handlungsleitend, erlebend und sinnstiftend stets auch an Vorstellungen darüber, wie man kommunizieren sollte, was es zu beachten gilt, was sich gehört und was nicht. Solche Vorstellungen, Standards und Muster haben für uns den Charakter von Selbstverständlichkeiten und sie erscheinen uns völlig natürlich und normal. Sie sind jedoch in zweifacher Weise kontingent: sie sind kultureller Natur – sie unterscheiden sich von Kultur zu Kultur, und sie sind das kulturelle Erbe geschichtlicher Entwicklungen. In diesem Kapitel soll es darum gehen, in einer kommunikationsgeschichtlichen Betrachtung das Zustandekommen gegenwärtig bedeutsamer Vorstellungen und Standards von Kommunikation nachzuverfolgen. Alle diese Standards haben sich irgendwann entwickelt und durchgesetzt, teils in Zuge sozialer Kämpfe und Auseinandersetzungen, teils als Ergebnis ökonomischer, technologischer oder militärischer Entwicklungen und sie haben in diesem Kontext ihren spezifischen Sinn. Dies gilt es besonders für Aspekte kommunikativen Verhaltens zu betonen, die in unseren gegenwärtig vorherrschenden Vorstellungen eine „schlechte Presse" haben, die als ungebührlich, verwerflich oder unschicklich gelten. Eine historische Betrachtung kann helfen, solche Aspekte besser zu verstehen und mit ihnen ins Reine zu kommen.

Als erstes soll ein Blick auf die Geschichte des Wortes „Kommunikation" geworfen werden:

> „‚Kommunikation' hat in der europäischen Kultur eine bemerkenswerte Karriere hinter sich, die die Vokabel bis ins Arsenal gesellschaftlicher Leitbegriffe geführt hat. Dass dies so ist, liegt wesentlich daran, dass diese Vokabel im Verlauf der letzten zwei Jahrhunderte mit äußerst machtvollen gesellschaftlichen bzw. zivilisatorischen Prozessen assoziiert war, die ihr im Zuge ihrer Durchsetzung gleichsam Bahn ins gesellschaftliche Bewusstsein gebrochen haben." (Nothdurft, 2007a, S. 25). „Bemerkenswert ist allerdings, dass die Feststellung der Bedeutungsvielfalt des Ausdrucks Kommunikation keine neue Erscheinung ist – ‚Kommunikation – ein Ausdruck mit einer großen Anzahl von Bedeutungen', so beginnt 1753 Diderot seinen Artikel in der Enzyklopädie." (Nothdurft, 2007a, S. 34). „Der Begriff ‚Kommunikation' ist eine zutiefst westliche Erfindung und an den kulturellen Diskurs, in den er eingebettet ist, gebunden. In anderen Kulturkreisen ist der Ausdruck erst aus dem westlichen Diskurs heraus übernommen worden. Krippendorff stellt in Bezug auf Japan fest: ‚Das Wort ‚Kommyu-ni-ke shon' ist erst kürzlich in die japanische Sprache eingeführt worden. Viele Japaner können es zwar lesen, benutzen diesen Ausdruck aber nur selten. Überlieferte japanische und chinesische Schriftzeichen, in die der westliche Begriff der Kommunikation übersetzt wird, sind rein spezifischer Natur und erfordern genaue Bezugnahmen auf die konkreten Objekte, die

gegeben, empfangen oder ausgetauscht werden.' (Krippendorf, 1990, S. 23)" (Nothdurft, 2007a, S. 29). „Der Ausdruck Kommunikation spielt eine erhebliche Rolle im Diskurs bürgerlich-emanzipatorischer Ökonomie des freien Handels, etwa bei Adam Smith. Die Bedeutung des Ausdrucks unterscheidet sich durchaus von der heutigen Gebrauchsweise – in diesem Diskurs ging es, wenn von Kommunikation die Rede war, um Wege und Brücken, später auch um Eisenbahnen. Dabei stand der Ausdruck Kommunikation als Sammelbegriff für eine Infrastruktur freier Wege an strategisch bedeutsamer Stelle – galt doch die Befreiung des Handels von feudalen Beschränkungen als wesentliche Bedingung der Entfaltung gesellschaftlichen Fortschritts, persönlicher Freiheit und menschlichen Glücks. Kommunikation war ein Projekt. Somit war der Ausdruck in die europäische Moderne mit einer Art Fortschritts-Vorschuss und Optimismus eingeführt worden, von dem er im weiteren Verlauf seiner Karriere profitieren sollte." (Nothdurft, 2007a, S. 25).

In früheren Epochen wurde das, was wir heutzutage als „Kommunikation" bezeichnen, u. a. als „Umgang miteinander" oder „Verkehr untereinander" bezeichnet.

Die Vorstellungen, die in früheren Epochen über den Umgang miteinander herrschten, lassen sich ermitteln über zeitgenössische Dokumente wie Anstands- und Benimmbücher, Anweisungen, Empfehlungen, notierte Beobachtungen und Reflexionen – und auch Theorien über Kommunikation, so z. B. im 20. Jhdt. „Verhaltenslehren der Kälte" (vgl. Lethen, 1994). In ihnen ist niedergelegt, was man die Kommunikationsmentalität der jeweiligen Zeit nennen kann. Eine solche Mentalität umfasst (vgl. Nothdurft, 2013, S. 304 ff.):

- Kommunikationsideale – wie Kommunikation sein sollte (schön, effektiv, anmutig, raffiniert, …)

- Ein System von Moralvorstellungen mit entsprechenden Präferenzen – was besser zu tun ist (ehrlich zu sein ist besser als zu lügen, sachlich zu sein ist besser als unsachlich zu sein, sich zu verstellen ist besser als offen zu sein, ...)
- Bewertungen – wie etwas zu bewerten ist (Ein schönes Beispiel für eine *wissenschaftliche* Bewertung von Kommunikation stellt die deutsche Germanistik in ihrer Betrachtung der Kommunikation zur Barockzeit dar: „Noch im 20. Jahrhundert übernimmt die deutsche Literaturwissenschaft Bewertungsmaßstäbe der Aufklärung: Eitelkeit, Charakterlosigkeit, Servilität, Unnatur, Gedankenarmut unterstellte man einer ganzen Epoche." (Beetz, 1990, S. 23)
- Modelle – wie Kommunikation funktioniert (als Transport, Magie, Empathie, ...)
- Regeln – was man darf und was nicht (den Sprecher unterbrechen, schreien, murren, Widerworte geben, ...).

Eine solche Mentalität ist kollektiv geteilt, omnipräsent, selbstverständlich und dominant. Sie korrespondiert stets dem jeweiligen Zeitgeist, wie er sich in philosophischen Doktrinen, Lebenshaltungen, Geschmacksbildungen etc. konkretisiert.

Bei der Untersuchung solcher Kommunikationsmentalitäten spielen ideengeschichtliche und kulturgeschichtliche Perspektiven eine wesentliche Rolle (vgl. auch Linke, 2008).

„Das Programm der *Metapragmatics* (Lucy, 1992) interessiert sich für die alltagssprachlichen Vorstellungen von Mitgliedern einer Kommunikationsgemeinschaft über ihr Reden beziehungsweise interaktives Handeln. [...]. Das Programm der *linguistic ideology* (zum Beispiel Irvine & Gal, 2000) untersucht die politischen und moralischen Impulse, Haltungen und Interessen, die in die gesellschaftlich dominante Auffassung über Sprache und Kommunikation eingehen beziehungsweise diese bestimmten, zum Beispiel die Rolle der Sprachenpolitik im Zuge der Nationalstaatenbildung." (Nothdurft, 2013, S. 306).

Einige wesentliche Gesichtspunkte für die nachfolgende historische Betrachtung von Kommunikationsmentalitäten seien betont: Erstens: „nichts geht verloren". Dieser Gesichtspunkt ist deswegen wichtig, weil es im Wechsel der Mentalitäten neben der Einführung neuer Gesichtspunkte immer wieder auch zu semantischen Umschichtungen, Umschreibungen und Reduktionen kommt, die teilweise ehemals relevante Aspekte zum Verschwinden bringen (sollen). Es gilt daher, besonders auf solche Verdrängungen zu achten und ihren Gehalt zu bewahren. Ebenso wichtig wird der Gesichtspunkt sein, Kontinuitäten sichtbar zu machen und den Suggestionen einer Selbstbeschreibung als "modern" zu widerstehen (vgl. Latour, 1995). Ein weiterer Gesichtspunkt wird sein, die Entwicklungen in ihrer Eigendynamik darzustellen und damit der Vorstellung, solche Entwicklungen seien „funktional" für die Gesellschaft, entgegenzuwirken (eine solche Vorstellung ist selber Bestandteil einer bestimmten Ideologie über Kommunikation).

Eine historische Darstellung hat immer den Charakter einer Erzählung (vgl. White, 1994) und folgt deren Eigengesetzlichkeit. Dazu gehören auch Gestaltschließung, Homogenisierung und Vereinheitlichung. Verständlichkeit und Dichte werden um den Preis gewonnen, dass Differenzen verloren gehen und Diskontinuitäten überblendet werden.

Gegenstand der folgenden Darstellung sind die verschiedenen Mentalitäten, nicht die historische *Praxis* der

Kommunikation (dazu gibt es interessante Einzelstudien, z. B. Föllmer, 2004a; Lindenberger, 1995, Owzar, 2006). Die nun folgende Darstellung der Entwicklung von Kommunikationsmentalitäten legt diese nicht auf historische Epochen fest, sondern siedelt sie an für die Entwicklungen charakteristischen Orten an: am Fürstenhof, im Kaffeehaus, auf der Straße, am Apparat. Es handelt sich um imaginäre Orte, die die Mentalitäten in prägnanter Weise verkörpern. Es handelt sich im Folgenden also um Ortsbesichtigungen. Mit dieser Orientierung an Orten soll auch, der Geschichtsphilosophie Walter Benjamin (1990) folgend, einer Vorstellung von Kommunikationsgeschichte als kontinuierlicher Entwicklung oder gar Entwicklungsfortschritt entgegengewirkt werden.

4.1 Am Hofe

In feudal geprägten Gesellschaften bildet der Ort, an dem der Landesherr residiert – oder sich zeitweilig aufhält, naturgemäß das Zentrum feudaler Macht. Dies ist der Hof. Im Absolutismus wird der Hof vollends zum unübersehbaren Fluchtpunkt gesellschaftlichen Lebens, zu Stein geworden in den zentralistischen Anlagen fürstlicher Schlösser wie Versailles, und in Städten wie Mannheim, Karlsruhe oder Richelieu.

Im Anschluss an die Theorie sozialer Räume des französischen Soziologen Henri Lefebvre (1991) kann man unterscheiden zwischen

- dem Hof als geplanten, gestalteten, konzipierten und organisierten Ort, als Kulisse und Schauplatz von Macht- und Prachtentfaltung,

- dem Hof i.S. gelebter sozialer Praxis derjenigen, die zum Hof gehörten und an ihm lebten, – dem Hofleben der Höflinge, der Schranzen, der Kreaturen, der Parvenues, der Fürsten also, und
- dem Hof als mythischen oder magischen Ort, als Anziehungspunkt eines idealisierten, imaginierten, gefeierten und glorifizierten Ortes, als Gegenstand schriftlicher Instruktionen und Ratgeber für ein angemessenes Hof-Verhalten, und als Sujet einer seit dem Mittelalter kontinuierlich betriebenen Hofkritik.

„In sich selbst waren Hof und höfisches Leben daraufhin organisiert, die Stellung des Fürsten als des politischen Souveräns gegenüber dem gesamten Untertanenverband zu überhöhen und die Position der ihn umgebenden Hofgesellschaft als der politisch-sozialen Führungsgruppe eines Landes zu stabilisieren, wie dies aus der Untersuchung von Norbert Elias hervorgeht." (Kiesel, 1979, S. 2)

Aufgrund des propagierten Vorbild-Charakters des Hofes sind die am Hof geltenden Standards für den Umgang miteinander *die* Standards für den Umgang schlechthin.

„[...] die Institution ‚Hof' als Sitz des Regenten und als Aufenthaltsort der Hofaristokratie [war] ein gesamteuropäisches Phänomen [...], so trug die Hofkultur trotz aller Unterschiede von Land zu Land und von Hof zu Hof – einen europäischen Charakter oder tendierte wenigstens dazu. Symptomatisch dafür ist insbesondere die Verbreitung von Castigliones normativem ‚Libro del Cortegiano' über ganz Europa, seine vielfachen Übersetzungen in die verschiedenen Nationalsprachen und in das universale Latein; faktisch wurde die tendenzielle Einheitlichkeit der höfisch-aristokratischen Umgangsformen und Kultur durch die internationale Verflechtung und

Betätigung des Adels wenigstens bis zu einem gewissen Grad gewährleistet." (Kiesel, 1979, S. 4).

„Die absolutistische Hofkultur, hervorgegangen aus der Entmachtung und Pazifizierung des Feudaladels älterer Prägung, ist eine Kultur der körperlichen Exibition. Der Höfling, dessen politisches Dasein aus einem pausenlosen Kampf um Statuschancen besteht, muß über die Kunst eines hochnuancierten geselligen Umgangs verfügen. Er muß das Register kurrenter Zeichen in Form von wechselnden Moden, von Kleidung, Körpersprache und Konversation beherrschen und zu eigenen Zwecken einsetzen können, ohne in seinen Strategien für die anderen je vollständig dechiffrierbar zu sein. Er muß folglich selbst das Verbergen mit den Mitteln physischer Anwesenheit inszenieren. Beides, das Gezeigte wie das Verheimlichte, sind Artikulationen seiner Präsenz. Was sich nicht, im Rahmen rhetorischer Angemessenheitskriterien, auf der sichtbaren Oberfläche des Körpers darstellt, geht für den Tauschverkehr der Zeichen verloren." (Koschorke, 2003, S. 16).

4.1.1 Höflichkeit: die Verkörperung gesellschaftlicher Ordnung

Fragen des höflichen Verhaltens spielten eine enorme Rolle in der Lebenswelt europäischer Gesellschaften. Mit der Ausdifferenzierung ständischer Gesellschaften nimmt auch die Anforderung einer Abgrenzung zwischen den einzelnen Ständen, Rängen, Zünften etc. einerseits und der Beschwörung gesellschaftlicher Ordnung und Stabilität andererseits zu – eine Anforderung zum sicheren, geregelten Umgang, die auch auf dem Hintergrund europäischer Bürgerkriege verstanden werden kann. Höflichkeit wird im Barock zum unablässigen Thema (vgl. Beetz, 1990, S. 5) mit der entsprechenden Menge an Anstandsliteratur „[…] von der es nach einem Zeugen aus

4 Vier kurze Geschichten zur Entstehung ...

der galanten Epoche bereits 1715 ‚gantze (sic) Lastwagen voll Bücher' gab" (Beetz, 1990, S. 1), wobei das Verhältnis von präskriptiver Literatur und faktischem Verhalten ein spannungsreiches gewesen ist.

Höflichkeit kann verstanden werden als interaktiver Modus der Regulierung von Statusträgern. Es ging nicht um die Abstimmung zwischen individuellen Persönlichkeiten oder Rollenträgern im heutigen Sinn, sondern um die Regulierung zwischen Menschen, die sich in allererster Linie als unveränderlicher Bestandteil einer umfassenden gesellschaftlichen Größe verstanden, sei es das „Haus", die Zunft, die Innung, der Stand, etc. mit jeweiligem Status und Rang. „Person" war gerade nicht die Bezeichnung für eine individuelle Persönlichkeit, sondern für die Verkörperung einer Zugehörigkeit zu einer Gemeinschaft. Ein Mensch musste in diesem Sinn „[...] seine Person/ entweder bey Hof/ oder in der Bürgerlichen Gesellschaft/ als auf einer öffentlichen Schaubühne darstellen und spielen" (Stieler, zit. in Beetz, 1990, S. 151). Da Höflichkeit auf abstrakte soziale Kategorien bezogen war, konnten auch regelhafte Vorschriften für alle Fälle des Umgangs miteinander erfolgen, z. B. was die Frage körperlicher Distanz betraf.

Höflichkeit als interaktiver Modus der Regulierung von Statusträgern betraf und berücksichtigte alle an der Interaktion Beteiligten – es ging nicht nur darum, den anderen ihrem jeweiligen Status und Rang entsprechend angemessen gegenüberzutreten, sondern auch darum, den eigenen Status und Rang angemessen zu verdeutlichen. „Das Austarieren der Pflichten der Selbst- und Fremdachtung verlangt [...] die Wahrung der eigenen und fremden Würde als Zeichen der Anerkennung der sozialen Ordnung." (Beetz, 2005, S. 210).

In Höflichkeit verkörperte sich die gesellschaftliche Ordnung. Sie wurde umfassend aufgeführt und präsent gemacht und gehalten – umfassend, weil sie alle Bereiche des gesellschaftlichen Lebens betraf, und umfassend, weil sie das gesamte kommunikative Ausdrucksrepertoire betraf. Ein „Compliment" – wesentliches Element der Höflichkeitsordnung – umfasste alle Modalitäten des Ausdrucks, v. a. solche, die wir heutzutage – sprachfixiert – ex negativo als *non*-verbal bezeichnen würden: Mimik, Gestik, Körperhaltung, Kleidung (Kommunikation wurde „multimodal", also mit allen Sinnen, verstanden, vier Jahrhunderte, bevor dies in Kommunikationstheorien als Entdeckung gefeiert werden wird).

„Ihre interpretative Bestimmung findet die einzelne Verhaltenskomponente durch ergänzende Informationen in der gesamten optischen Präsentation in Haltung und Orientierung des Körpers, Augenausdruck, Blickverhalten, Mimik, Kopf-, Hand- und Fingerbewegungen, Fußstellung, Kleidung, Frisur, Führen des Hutes, der Handschuhe, die synergetisch zusammen mit einer Definition des Situationsrahmens in einer spezifischen Interaktionssituation den Spielraum an Deutungen eingrenzen." (Beetz, 2005, S. 211 f.).

Erst in zweiter Linie spielten sprachliche Äußerungen eine Rolle; vielfach war Schweigen obligat oder wurde empfohlen, insbesondere in der Begegnung mit Menschen von hohem Status. Einer der wichtigsten Autoren von Anstandsbüchern, Georg Philipp Harsdörffer, „[…] erinnert mit anderen Theoretikern daran, wie unlösbar eng die Ausführung eines Kompliments an den beherrschenden Vollzug von Gesten geknüpft ist, ohne die Komplimente zu ‚Plumplimenten' würden, und die dem Verbalritual erst seine Anmut verleihen." (Beetz, 1990, S. 17). In anderen Fällen galt die Ausführlichkeit und Überexplizitheit eines Kompliments als Ausdruck besonderer Wertschätzung des Gegenüber. Ein Gesichtspunkt wie „Redundanz" gewinnt erst im Zuge der Ökonomisierung von Kommunikation (s. u.) seine Bedeutung, ein Kompliment der „Lüge" zu bezichtigen, macht erst Sinn, wenn man Kommunikation auf den „Inhalt" reduziert – eine Praktik, die bis heute aufrechterhalten wird.

4.1.2 Esprit: Sprachkunst als Karriereweg

1528 entwarf der italienische Diplomat Baldassare Castiglione in seinem Buch „Libro del Cortegiano" (dt. Der Hofmann, 1996) ein Idealbild des Hofmanns, das prägend für die Vorstellungen höfischen Lebens und Ausgangspunkt weiterer Entwicklungen dieser Lebensart werden sollte. Dieses Buch war ein Anachronismus: Es entstand in einer Zeit, in der in Oberitalien das frühkapitalistische Bürgertum im Versuch einer sozialen Abgrenzung zum Pöbel ein Ideal des tadellosen Ritters beschwor, der natürlicherweise „am Hofe" residierte und mit dem ein bestimmter Stil des Umgangs verbunden war, der sich v. a. durch „Anmut" auszeichnete. „Arbeit und Erwerb fielen der Verachtung der Vornehmen anheim. Wer Ruhm aus Gewinnsucht heischt, heißt es bei Castiglione, verdiene nicht ein Edelmann, sondern ein ganz gemeiner Kaufmann genannt zu werden." (Scheffers, 1980, S. 13). (Ein Anachronismus, der später noch übertroffen werden wird von der Elite der US-amerikanischen Südstaaten-Gesellschaft, die sich im 19. Jhdt. zu gesellschaftlichen Ereignissen als Ritter und Edeldamen kostümierte, vgl. Schivelbusch, 2001).

Dieser anachronistische Text wurde zur Grundlage eines Entwurfs höfischer Kultur, die in Gestalt des Hofes von Versailles ihren höchsten Ausdruck finden sollte.

Die Entfaltung dieser Form von Hofkultur ist zu sehen vor dem Hintergrund einer weitgehenden Entmachtung des Adels

- durch die Zentralisierung miltärischer Macht am Fürstenhof (vgl. für das Beispiel Brandenburg Clark, 2020, für Frankreich Malettke, 2018),
- durch die Besetzung politischer Positionen durch Personen aus dem Bürgertum *(noblesse de robe)* und damit Funktionsentlastung des Adels,
- durch das Verbot des Duells als Moment des ritterlichen Ehrenkodexes und „Symbol feudaler Selbstherrlichkeit" (Scheffers, 1980, S. 43),
- durch die Präsenzpflicht am Fürstenhof,
- durch den Zwang zur Verausgabung und damit Schaffung finanzieller Abhängigkeiten.

„Der Sieg der Krone über die feudalen Partikulargewalten überführte die kriegerischen ‚Tugenden' in eine *politesse des manières* des am Hof domestizierten Adels, dessen Ruhm sich nun ausschließlich der Gunst des Königs verdanken sollte." (Scheffers, 1980, S. 37 f.).

Dass – noch mittelalterlich bezogene – Feld der Ehre verlagert sich vom militärischen Schlachtfeld auf das zeremonielle Parkett des Hofes. Umberto Eco lässt in seinem Roman „Die Insel des vorigen Tages" seinen Protagonisten, Roberto, diese Lektion lernen:

„‚Mein Vater …' begann Roberto als Hinterbliebener eines Helden, der nie und nichts kalkuliert hatte. Salazar unterbrach ihn: ‚Euer Vater war genau ein Mann der vergangenen Zeiten. Glaubt nicht, daß ich ihnen nicht nachtrauere, aber kann es noch der Mühe wert sein, eine kühne Tat zu vollbringen, wenn man später mehr von einem schönen Rückzug als von einem mutigen Angriff sprechen wird?'" (116) und Roberto wird lernen, „[…] daß man ein Leben damit vollbringen kann, nicht einen Riesen zu bekämpfen, sondern einen Zwerg auf tausenderlei Art zu benennen." (Eco, 2011, 1S. 14).

Der Höf-Ling sucht Anerkennung durch Wohlverhalten am Hof und Gefallen vor seinem Fürsten. Vornehmste Aufgabe ist es, am Hof zu gefallen. Damit erhält das Verhalten am Hof existentielle Funktion für den Höfling.

Kommunikation wird das Mittel von Prestigegewinn und Karriereschritten. Unter diesen Rahmenbedingungen entwickelt sich ein neuformiertes Selbstverständnis und -bewusstsein des Adels, für das der Ausdruck *„honnête homme"* mit seinen unterschiedlichen Ausdeutungen zum Leitbild wird. Dieses Leitbild ermöglicht dem Adel eine Rationalisierung seiner fürstlichen Abhängigkeit und zugleich Distinktion gegenüber dem aufstrebenden Bürgertum. Das Kernelement dieses Leitbilds ist *„esprit"*:

„Eine geistreich geführte Konversation zeichnete sich aus durch eine Verbindung von originellen Ideen und ansprechendem Stil, durch treffende Bemerkungen und gelungene Scherze und Komplimente. Eine Art, den eigenen *esprit* unter Beweis zu stellen, waren *bon mots,* scharfsinnige, lustige Aussprüche. Sie bereiteten dem Sprecher wie den Gesprächspartnern Vergnügen und trugen dazu bei, daß der Sprecher bei seinen Zuhörern Beliebtheit erlangte – war doch das Gefallenwollen, *plaire* genannt, ein wichtiger Motor des geselligen Treibens. […] Noch höheres Ansehen als der Erfinder eines *bon mots* genoß nur der, der darauf eine scharfsinnige Antwort zu geben wußte […]. (Ehler, 1996, S. 38).

Wesentlich war, die Konversation abwechslungsreich und unterhaltsam zu gestalten – Pedanterie galt als bürgerlich verabscheute Kleinkrämerei, Langeweile war entsetzlich. Dazu diente

- ein häufiger Themenwechsel,
- eine so oberflächliche Themenbehandlung, dass sich jeder beteiligen konnte („Mit Damen sollte ein Mann beispielsweise nicht über Kriege oder Viren sprechen, sondern über Mode, Stoffe, Romane, Intrigen und ähnliches, was sie interessiert. Auch wenn man dadurch von Dingen rede, von denen man selbst nichts verstehe, sei es doch erstrebenswert, dem anderen auf diese Weise die Gelegenheit zu bieten, sich in der Konversation wohl zu fühlen." (Ehler, 1996, S. 37),
- Anspielungen und Indirektheit von Äußerungen mit dem Reiz ihrer Entschlüsselung und dem Umgehen kritischer Aussagen, und
- eine Bezogenheit auf die anderen Beteiligten, zum einen, um diesen die Gelegenheit zu geben, sich ihrerseits profilieren zu können, und zum anderen, um diese aufzuwerten. Der Idee nach entstand damit in diesem Kontext der Gesichtspunkt interaktiver Bezogenheit, der seitdem aus der Betrachtung von Kommunikation nicht mehr wegzudenken sein wird. Ob diese Idee seinerzeit jedoch tatsächlich handlungsleitend gewesen ist (und auch heute ist), kann bezweifelt werden. So stellte z. B. Jonathan Swift um 1710 fest: „So ist zum Beispiel nichts so oft verurteilt worden wie die Unsitte, zuviel zu reden, und doch erinnere ich mich kaum, jemals fünf Menschen zusammen gesehen zu haben, von denen sich nicht einer in dieser Art hervortat, zum großen Unbehagen und Überdruß aller übrigen." (Swift, zit. nach Ehler, 1996, S. 38).

Entscheidender Gesichtspunkt des Redens ist die Demonstration von Geschmeidigkeit und Geschicklichkeit, von Leichtigkeit und Eleganz und die Demonstration, die Leidenschaften zu beherrschen. Man musste witzig sein, stilvoll und schick. Die Kommunikationsprobleme,

4 Vier kurze Geschichten zur Entstehung ...

die zur damaligen Zeit entsprechend diesem Auftrag von Kommunikation gesehen wurden, waren also, effektvolle Handlungen aus einem Register auszuwählen, ein ansprechendes Thema anzuschneiden (!), in wohlklingender Melodie zu sprechen, in passender Intonation mit dem genau richtigen Akzent, gekonnt zu blicken, sich grazil zu bewegen, eine Kleidung auszuwählen, die zu dem Raum, in dem man spricht, passt, und einen Raum auszuwählen, der zu dem Thema, das man anspricht, passt. Es ist der gekonnte Auftritt, der im Zentrum des Kommunikationsdenkens steht. Die Körperlichkeit von Kommunikation, neu-"entdecktes" Thema gegenwärtiger Forschung, ist längst gesehen:

„Die Reglementierung der Kleidung und die Forderung nach einem gut proportionierten Körper ergibt sich aus der Gesprächssituation. Das Visuelle hat in ihr ebenso großes Gewicht wie das Sprachliche. Das Wort bleibt nicht intellektuell Abstraktes, sondern verlangt eine körperlich sichtbare Unterstützung durch das Aussehen des Sprechenden, sein Auftreten, seine Kleidung, seine Gestik und sein Mienenspiel. [...] Der Hofmann hat nicht nur die Sprache, sondern auch seinen Körper zu einem Instrument der Kommunikation zu machen. Der soll durch ihn Ausgeglichenheit und Anmut ausstrahlen, die verbale Kommunikation effektiver gestalten und sich ins rechte Licht rücken." (Kapp, 1990, S. 44 f.)

Die Interaktionsanforderungen waren disparat bis paradox:

- Einerseits galt es, sich durch die eigene Virtuosität zu profilieren, andererseits galt es, nicht den Neid der Anderen aufgrund dieser Virtuosität zu erregen.
- Einerseits galt es, anmutig, elegant und zwanglos mit Leichtigkeit aufzutreten, andererseits galt es, genau dies

wohlüberlegt, konzentriert, mit hohem Bemühen auszuführen.
- Einerseits hatte die Interaktion spielerischen Charakter, andererseits war sie für den Höfling von existentieller Bedeutung.

Diese Anforderungen galten auch für die sg. Konversationsspiele (im deutschen Sprachraum v. a. Georg Philipp Harsdöffers (1968) acht(!)-bändige „Frauenzimmer-Gesprächsspiele") – Spiele, in denen man sprachliche Kreativität, Geistesgegenwart, Schlagfertigkeit und Sprachwitz unter Beweis stellen konnte und seine Gegner im Spiel ausstechen konnte (Die Analogie zum ritterlichen Kampf ist deutlich.). In Harsdöffers Sammlung findet sich z. B.:

- „Die Sibyllen: Eine Frau wird zur Wahrsagerin erklärt, die auf die Fragen der Männer geheimnisvoll und geistreich antwortet." (Ehler, 1996, S. 123)
- „Von den Süssesten und Stärksten: Jede Person muß antworten auf die Frage, was das Süsseste, was das Stärkste sei, wobei jede Antwort die vorherige Antwort übertreffen muß." (Ehler, 1996, S. 127)
- „Von der Theurung: Jeder Spieler muß etwas Positives zur an sich negativen Erscheinung der Teuerung bemerken." (Ehler, 1996, S. 127).

4.1.3 Bei Hof – bei Höll: die Adelung von Täuschung und Verstellung als Grundmomente von Kommunikation

Seit dem Mittelalter wird höfisches Leben begleitet von und kommentiert in hofkritischen Texten (vgl. Kiesel, 1979, dort auch diese Überschrift als Titel). In der

4 Vier kurze Geschichten zur Entstehung ...

Renaissance erfolgt mit der Wendung in der Menschenbetrachtung hin zu einer realistischen Beobachtung eine Charakterisierung des Menschen als eines strategisch handelnden – paradigmatisch formuliert in Machiavellis „Principe" (1986), in hofkritischer Wendung berühmt formuliert in den Geschichten von Reineke Fuchs, dem Intriganten am Hofe König Leos. Der Fuchs ist die Personifizierung von Täuschung und Verstellung. Machiavelli empfahl seinem Fürsten bekanntlich:

> „Wenn sich also ein Herrscher gut darauf verstehen muß, die Natur des Tieres anzunehmen, soll er sich den Fuchs und den Löwen wählen; denn der Löwe ist wehrlos gegen Schlingen, der Fuchs ist wehrlos gegen Wölfe. Man muß also Fuchs sein, um die Schlingen zu wittern, und Löwe, um die Wölfe zu schrecken. Wer nur Löwe sein will, versteht seine Sache schlecht." (Machiavelli, zit. in v. Matt, 2006, S. 292).

Seit der Renaissance werden Täuschung und Verstellung wesentliche Gesichtspunkte für die Ausführung des eigenen Verhaltens wie auch für die Betrachtung anderer Menschen. Dies gilt für den Hof aufgrund der dort herrschenden Kämpfe um Rang und Status in besonderem Maße. Rivalität und Konkurrenz sind ein Nährboden für Täuschung und Verkleidung, Verstellung und Betrug. „Gunstbewerbung und Prestigekonkurrenz verwandelten den Hof in einen Kampfplatz privater Interessen, in ein ‚Schauspiel' von Intrigen und Machinationen, von denen sich der Höfling umso eher einen Sieg über einen Nebenbuhler erwarten konnte, je besser er es verstand, seine Absichten hinter einer Maske der Höflichkeit und Bescheidenheit zu verbergen." (Scheffers, 1980, S. 30). Höflichkeit und Etikette gewinnen ambivalenten Charakter – sie zu bedienen ist notwendig, ihnen zu trauen wäre naiv. Auch für sie gilt die Doppelbödigkeit interaktiver Verhältnisse. Die Fiktion muss aufrechterhalten werden, real werden. Die Konvention zwingt die Akteure zu einem in mehrfacher Hinsicht paradoxen Verhalten: Sie müssen die Fiktion der Wahrheit aufrechterhalten, obwohl sie die Unwahrheit ihrer Beteuerungen wechselweise durchschauen und voneinander wissen, daß sie sie durchschauen." (Beetz, 1990, S. 147). Lord Chesterfield analysiert in den Briefen an seinen Sohn um 1750 die Verhältnisse am Hof:

> „Höfe sind unstreitig der Sitz des gesitteten Wesens und Wohlstands. Wären sie das nicht, so würden sie Schauplätze von Blutvergießen und Verwüstung seyn. Die itzt einander anlächeln und umarmen, würden einander beschimpfen und niederstechen, wenn nicht die guten Sitten in das Mittel träten. Ehrgeiz aber und Habsucht, die zwo herrschenden Leidenschaften an Höfen, haben Verstellung für wirksamer gehalten, als Gewalttätigkeit; Verstellung aber hat diejenige Fertigkeit an Höflichkeit eingeführt, die den Hofmann vom Landjunker unterscheidet. In jedem Falle würde der stärkste Körper siegen; im andern siegt das stärkste Gemüthe." (Lord Chesterfield, zit. in Scheffers, 1980, S. 30).

Von keinem anderen Autor ist das Komplizenduo von Täuschung und Verstellung als Herrscherpaar am Hof so eindringlich formuliert worden wie von dem spanischen Jesuiten Baltasar Gracián in seinem „Handorakel oder die Kunst der Weltklugheit":

> „13. Bald aus zweiter, bald aus erster Absicht handeln
> Ein Krieg ist das Leben des Menschen gegen die Bosheit des Menschen. Die Klugheit führt ihn, indem sie sich der Kriegslisten, hinsichtlich ihres Vorhabens bedient. Nie tut sie das, was sie vorgibt, sondern zielt nur, um zu täuschen.

Mit Geschicklichkeit macht sie Luftstreiche; dann aber führt sie in der Wirklichkeit etwas Unerwartetes aus, stets darauf bedacht, ihr Spiel zu verbergen. Eine Absicht läßt sie erblicken, um die Aufmerksamkeit des Gegners dahin zu ziehen, kehrt ihr aber gleich wieder den Rücken und siegt durch das, woran keiner gedacht. Jedoch kommt ihr andererseits ein durchdringender Scharfsinn durch seine Aufmerksamkeit zuvor und belauert sie mit schlauer Überlegung: stets versteht er das Gegenteil von dem, was man ihm zu verstehen gibt, und erkennt sogleich jedes falsche Mienemachen." (Gracián, 2015, 13. Maxime)

Im Vergleich zu seinen Vorgängern in der Hofkritik ist „[…] Graciáns Welt noch düsterer, noch undurchdringlicher geworden, das Vorgehen darin ganz und gar defensiv. Tricks allein helfen dabei nicht mehr, es geht um ein tieferes Verständnis des strategischen Handelns selbst." (Göttert, 2009, S. 150). Wie Machiavellis Text zum Machterhalt, so ist auch Graciáns „[…] Brevier des Überlebens in feindlicher Umgebung" (Göttert, 2009, S. 147) eine außermoralische Beschreibung zentraler Prinzipien sozialer Interaktion am fürstlichen Hof. Simulatio (Vorspielen von …) wie Dissimulatio (Verbergen von …) sind Techniken und Rahmenbedingungen im Umgang der Menschen miteinander. Der Hof gilt Gracián als Prototyp für menschliches Verhalten generell, als „Ausgangspunkt und Modell des klugen, aufmerksamen, berechnenden, ‚politischen' Weltverhaltens" (Barner, zit. in Kiesel, 1979, S. 177 f.).

Was bei Gracián (wie auch bei Machiavelli) außermoralisch empirisch registrierter Grundsatz menschlichen Verhaltens ist, wird in der nachfolgenden Zeit, insbesondere in der Propagierung einer bürgerlichen Kommunikationskultur mit der Leitfigur des „ehrlichen Kaufmanns" einem moralischen Verdikt zum Opfer fallen, ohne dadurch faktisch von der Bildfläche zu verschwinden – eher, um diese Techniken umso ungenierter einsetzen zu können.

Der schweizerische Literaturwissenschaftler Peter v. Matt hat in einer bemerkenswerten Deutung entgegen einer moralischen Verurteilung für Täuschung und Verstellung als Bedingungen und Kernelementen modernen menschlichen Selbstverständnisses argumentiert (2006). Für ihn ist der absolute Schurke der Dramenwelt, Shakespeares König Richard III., der Prototyp des neuen Menschen der Renaissance. Dieser Richard wird von Shakespeare konstruiert durch seine körperliche und geistige Ab-Artigkeit als singuläres Subjekt, als Individualität. Einerseits ist er – traditionell betrachtet – voller Makel, ab-artig. Andererseits zeigt er sich – modern – in seiner Unterschiedenheit von allen Anderen gerade in seiner Einzigartigkeit, seiner Individualität. Und als *autonomes* Subjekt setzt sich Richard gerade in Täuschung und Verstellung, weil er sich in dieser Weise gegen die Anderen schaffend, sie beherrschend, Schicksal spielend, erzeugt und bestätigt. v.Matt bezieht sich auf den Eingangsmonolog Richards, in dem dieser sich in radikaler Weise gegen seine Mitwelt abgrenzt und mit der Feststellung endet: „Ich bin ich selbst allein".

> „Ich bin ich selbst allein'. Die Stelle ist gewaltig. Gewaltig ist, wie hier ein schrankenloses, radikal freies Subjekt seiner selbst taghell gewußt aus aller Menschengemeinschaft, aller Bindung, Seelenvertrautheit und Hilfsbereitschaft heraustritt, alle Sittlichkeit abschüttelt – setzt diese doch die gemeinsame Natur, die gemeinsame Beschaffenheit voraus –, wie es dasteht und nichts hat, nichts ist als dieses eine, dieses einzige Ich, in diesem aber alles." (v.Matt, 2006, S. 181 f.)

Am intensivsten aber kann dieses Selbstgefühl der Autonomie, der Selbst-Herrlichkeit, gewonnen werden in und durch Situationen, in denen man Andere täuscht, in denen man Schicksalsmacher ist – prototypisch realisiert in der Intrige. Peter v.Matt betont die zivilisatorische Bedeutung der Intrige:

> „Das heißt: an der Stelle, an der im Prozess der Modernisierung, im zivilisatorischen Gang der Menschheit vom Mythos in den Logos, das wissenschaftliche Denken möglich wird, an dieser Stelle wird auch die Intrige möglich als Befreiung aus dem mythischen Schicksal durch den Akt eigenhändiger Schicksalssteuerung. Die Intrige, die planvolle Praxis des Intriganten, findet ihren prinzipiellen Ort in jenen Bereichen der Modernisierung, die man als Verweltlichung und Entzauberung, als Rationalisierung und Verwissenschaftlichung bezeichnet." (v.Matt, 2006, S. 200).

Ohne die Momente von Täuschung und Verstellung ist ein neuzeitliches modernes Selbstverständnis des Menschen als autonomes Subjekt nicht denkbar.

4.2 Im Kaffeehaus

Das Kaffeehaus war der Ort, an dem bürgerliche Kultur etabliert und entfaltet wurde, „[…] ein Ort, an dem das Bürgertum kommerziell wie kulturell neue Formen entwickelte" (Schivelbusch, 1990, S. 72). Sein historischer Ursprung war „Lloyds Coffeehouse" in London Ende des 17. Jhdts., aus dem dann die bekannte Versicherung entstehen sollte. Das Kaffeehaus war ein *öffentlich zugänglicher* Ort (wenn man Gentleman war), an dem man sich *unter Gleichen* begegnete, um wirtschaftlichen Aktivitäten nachzugehen, *Nachrichten* auszutauschen und *Geschäfte zu machen*. „Die Geschäfte müssen nicht notwendig kommerzieller Natur sein. Im 17. und 18. Jahrhundert gehören auch Politik, Kunst, Literatur zum bürgerlichen Verständnis vom Geschäftsleben." (Schivelbusch, 1990, S. 61 f.). Der Charakter des Kaffeehauses als dezidert antiaristokratische Institution zeigt sich in folgenden „Rules and Orders of the Coffee House":

> „Enter sirs freely, But first if you please,
> Peruse our Civil-Orders, which are these.
> First, Gentry, Tradesmen, all are welcome hither,
> And may without affront sit down together:
> Pre-eminence of place, none here should mind,
> But take the next seat that he can find:
> Nor need any, if Finer Persons come,
> Rise up to assigne to them his room." (Schivelbusch, 1990, S. 62)

Vielfach auf der Grundlage von Texten in Zeitschriften und Journalen wurden Themen sachbezogen erörtert und für frei geäußerte Meinungen sachlich argumentiert. „Kaffeehaus und Zeitungen, Kaffeehaus und Journalismus, Kaffeehaus und Literaten – das sind alte, bis ins 20. Jahrhundert lebendige Verbindungen." (Schivelbusch, 1990, S. 68). Das Publikum im Kaffeehaus war durchaus heterogen: „Juristen, Kanzelisten, Beamte, Professoren, Pädagogen, Kaufleute." (Manheim, 1933, S. 90). Die Verbindung von bürgerlicher Kultur und Kaffee ist nicht zufällig – galt Kaffee doch als Getränk des klaren Geistes, der Vernunft und Rationalität (im Gegensatz zu Kakao bzw. Schokolade, als Getränk der Sünde, Trägheit und des Luxus – und des Adels). Mit dem Kaffee flößte man sich gleichsam die Ingredienzien bürgerlicher Geisteshaltung ein. (Nicht unerwähnt bleiben sollen auch die „Sprach- und Tischgesellschaften", vgl. Manheim, 1933; Averbeck-Lietz, 2015).

Mein Kaffeehaus ist ein imaginärer Ort, an dem Prominenz aus verschiedenen Orten und Zeiten zusammenkommt: da erörtern Lessing und Mendelsohn Probleme der Ästhetik, am Nebentisch erläutert Adam Smith Kaufleuten den Zusammenhang zwischen Gefühl und Ökonomie, LaBruyère echauffiert sich über die Zustände am Hof, jemand verteidigt die Behandlungsmethoden des Herrn Messmer gegenüber Lavoisier, der Freiherr v.Knigge führt vor, wie man sich bürgerlich benimmt, der Kaufmann Peachum schließt einen Versicherungsvertrag für seine Schiffe nach Indien ab, ein gewisser J.P. Marat argumentiert vergeblich gegen Newtons Theorie (und engagiert sich dann politisch), Pilâtre de Rozier erzählt begeistert von seinem Ballonflug und der Zeichner Chodowiecki hat sich in eine Ecke zurückgezogen, um Skizzen des Treibens zu machen. Sie alle sind damit beschäftigt, das zu schaffen, was die bürgerliche Kommunikationskultur werden wird. Kant, der Philosoph, war auch dabei, ist aber – wie immer – schon gegangen; er muss früh schlafen gehen, seine Vorlesung beginnt morgens um 6 Uhr.

4.2.1 Die Umschreibung der Leidenschaft

Der Gegenstandsbereich, den wir heute als Kommunikation zu bezeichnen gewohnt sind, wurde seit der Antike wesentlich als Angelegenheit der Rhetorik betrachtet und behandelt und in dieser spielt das Moment der Leidenschaft eine zentrale Rolle, weil die Leidenschaft des Redners die Wirkung seiner Rede verbürgt. Rhetorik wird verstanden als Erregungstechnik (vgl. z. B. Campe, 1990, S. 137 ff.). Der französische Moralist

LaRochefoucauld (2008) schreibt den Leidenschaften in seinem Aphorismus No. 8 eigenständige Kraft zu: „Die Leidenschaften sind die einzigen Redner, die stets überreden. Sie sind gleichsam eine natürliche Kunst, deren Regeln nie irreführen, und der einfältigste Mensch, von Leidenschaft erfüllt, überredet besser als der berededste ohne Leidenschaft." Nun gerät aber in der Kaffeehaus-Epoche das Moment der Leidenschaft in vierfacher Weise in Misskredit:

Von der ungezügelten Leidenschaft zur rationalen Passion des „Interesses"
Die Leidenschaften werden zum Zielobjekt bürgerlich inspirierter Attacken gegen die aristokratische Oberschicht, die sich insbesondere auf die Leidenschaften Grausamkeit, Begierden und Ehrsucht richtet. An den Leidenschaften wird deren Unbezähmbarkeit und Unkontrollierbarkeit hervorgehoben, und die Gefahren, die damit für den einzelnen und v. a. für die Gesellschaft insgesamt verbunden sind, denn: „Die Oberschicht wird als Herd der Unruhe und die Gefahren für die Gesellschaft im ganzen erkannt. Offenbar bedürfen die am besten erzogenen Mitglieder der Gesellschaft am stärksten der Domestikation." (Luhmann, 1980, S. 85). Den Kritikern dieser Leidenschaften ist klar, dass diese nicht durch repressive Maßnahmen der Herrschenden gezähmt werden können, da diese Herrschenden ja gerade selbst den Leidenschaften unterworfen sind. „Mit den neuen psychologischen Entdeckungen und Fragestellungen eher vereinbar ist der Vorschlag, die Leidenschaften, statt sie einfach zu unterdrücken, auf irgendeine Weise für andere Zwecke einzuspannen und nutzbar zu machen. Und wiederum wird vom Staat oder der ‚Gesellschaft' erwartet, daß sie sich dieser Aufgabe annehmen, jedoch sollen sie

diesmal nicht nur Schutz durch Repression gewähren, sondern selbst Tranformator, zivilisierendes Medium sein." (Hirschman, 1980, S. 24 f.). In dem dann stattfindenden Umschreibungsprozess wird die Kategorie des „Interesses" als Kern der Motivation menschlichen Handelns gebildet. Der deutsch-US-amerikanische Wissenschaftler Albert O. Hirschman (1980) hat diesen Transformationsprozess der Umschreibung im 18. Jhdt. dargestellt:

„Kaum war die Idee des Interesses aufgetaucht, entwickelte sie sich zur regelrechten Marotte und zum Paradigma (à la Kuhn), und auf einmal wurden die meisten menschlichen Handlungsweisen aus dem Eigeninteresse erklärt, manchmal bis hin zur Tautologie. […] Im Sinne dieser Entwicklung verwandelte sich die ursprüngliche Maxime ‚Interest Will not Lie', deren normative Bedeutung besagte, daß das Interesse sorgfältig geklärt und dann vorrangig vor anderen denkbaren, von anderen Motiven geleiteten Handlungsweisen verfolgt werden sollte, gegen Ende des Jahrhunderts zum positiven Sprichwort ‚Interest Governs the World'." (Hirschmann, 1980, S. 51).

Das Attraktive der Kategorie des Interesses wurde in Eigenschaften wie Voraussagbarkeit, Berechenbarkeit, Beständigkeit und Besonnenheit gesehen. Leidenschaft wird in Gestalt des Interesses rationalisiert zur „rationalen Passion" (Koschorke, 2003, S. 68). Ihr kommunikativer Prototyp ist die Verhandlung i.S. eines interessensgeleiteten Verständigungsprozesses. Es geht weniger um eine „innerweltliche Askese", wie Max Weber es in seiner „protestantischen Ethik" formulieren wird. Die Handelnden sind nicht „[…] zur Unterdrückung ihrer Leidenschaften [aufgerufen], sondern zur Moderation ihrer Beziehungen." (Vogl, 2011, S. 97).

Vom Geschmack zur Vernunft

Eine der Leitkategorien aristokratischer Hof-Kultur war, neben Esprit, der Geschmack. Dieser wird nun im Kaffeehaus zum „bloßen Geschmack" herabgestuft. Interaktionsformen der barocken Hofkultur, die auf Momenten des Sprachwitzes, der Kreativität und des Spiels beruhen, wurden in diesem Zuge diskreditiert, Höflinge zu „Ohrenbläsern" und „Augendienern" degradiert. Ihnen wird der Status infantiler Vergnügungen attestiert und sie sinken, entsprechend diskreditiert, in einen Randbereich bürgerlichen Selbstverständnisses ab: aus höfischen Spielen werden Kinderspiele. Die Kategorie Geschmack verliert ihre, die Oberschicht bindende soziale Kraft. Diese wird nun im Zuge eines rabiat durchgesetzten philosophischen Programms, der Aufklärung, der Kategorie der Vernunft zugeschrieben. Ihr kommunikativer Prototyp bildet das Gegenmodell zum Spiel – die sachlich begründende Argumentation. Damit wird die Kultur von Geschmack auf Wissen und Erkenntnis umgestellt, basierend auf Begründungen, die von jedermann bei Vernunftgebrauch unabhängig von individuellen Präferenzen oder sozialem Status auf ihre Stichhaltigkeit überprüft werden können und damit objektiven Status erhalten. Mit dem Format der Argumentation ist eine Kommunikativierung demokratisch projektierter Gesellschaft verbunden: Über die vernunftbasierte Überprüfung von Geltungsansprüchen soll eine diskursive Verständigung in einer Gesellschaft ermöglicht werden, an der Alle, weil vernunftbegabt, teilhaben können. „Dem programmatischen Titel von Gottscheds „Vernüfftigen Tadlerinnen" gemäß soll in der Moralischen Wochenschrift ein aufrichtiges Urteil über die Schwachheiten gefällt werden. Statt Beschönigung wird dezidiert *Kritik als Parole* ausgegeben." (Beetz, 1990, S. 27, m.H.). (Habermas wird im 20. Jhdt. diese Idee in Gestalt des kontrafaktischen Diskurses aufrechtzuerhalten versuchen.) Gleichzeitig wird durch die strikte Fixierung dieses Prototyps von Gesellschaftlichkeit auf Sachlichkeit und Begründbarkeit von Aussagen das ästhetische Urteil als gesellschaftsfundierendes Moment ausgeblendet.

Vom Sympathiezauber zur Einfühlung
Sympathie galt bis an die Schwelle des Kaffeehauses als eine – magische – Bindungskraft, die an die „[…] erregbaren Qualitäten animalischer Körper gebunden ist; das zeigt sich dort, wo sie sich wider Willen herstellt, bewusste Entscheidungen unterläuft und als Naturkraft ‚ohne Ansehen der Person' wirksam wird." (Vogl, 2011, S. 87). In Buchdarstellungen wird Sympathie mit dem Phänomen ansteckenden Gähnens illustriert, ihre Personifikation ist Dr. Faustus als Magier. „Bis ins 17. Jahrhundert blieben Ähnlichkeit und ‚Sympathie' Grundkategorien des Denkens" (Adler, 1987, S. 40), Sympathie verstanden als Verbundenheit miteinander und Bezogenheit aufeinander als „sympathetische Anziehung", wie es beispielsweise bei Paracelsus heißt (vgl. Adler, 1987, S. 40). Nun, im Kaffeehaus, wird Sympathie seiner magischen Kraft beraubt, bei Adam Smith zum Gegenstand einer personalen Mechanik auf subjektiver Grundlage: „[…] *in unserer Phantasie* treten wir gleichsam in seinen Körper ein und werden gewissermaßen eine Person mit ihm" (Smith, zit. in Vogl, 2011, S. 88, m.H.) Der Prozess wird aus dem interpersonalen Raum in das Subjekt, in den Bereich seiner Einbildungskraft verlegt. „Die Sympathie gründet sich demnach auf eine Operation, mit der die Person in der Vorstellung mit einer anderen den Platz tauscht, in der die Empfindungen des anderen empfunden werden, als ob sie die eigenen wären […] Die grammatische Form der sympathetischen Relation ist also der Konditional, ihre Darstellungsweise das Als Ob, ihre Funktionsweise die Stellvertretung, und ihr Wahrheitseffekt nicht von Elementen des

Rollenspiels, der Illudierung, Täuschung und Inszenierung separierbar." (Vogl, 2011, S. 88). Sympathie ist nun, so formuliert Vogl, als hätte er das Kaffeehaus vor Augen „[…] auf einer prekären Schwelle angesiedelt […]: Die Sympathie umfasst unwillkürliche Reaktionen und erhält ihre Spezifikation doch in einem Akt des Bewusstseins; sie artikuliert als Selbstverhältnis, was sich als Verhältnis zu anderen manifestiert; sie erzeugt Wirklichkeiten, die sich genetisch nicht von Täuschungen unterscheiden lassen […] und sie begründet eine Maxime der Einfühlung, […]." (Vogl, 2011, S. 91), philosophisch formuliert: es ist der bewusstseinsphilosophische Analogieschluss als Lösungsvorschlag des Intersubjektivitätsproblems.

Damit ist der Grundstein gelegt für alle folgenden Theorien der Einfühlung bis hin zu Vorstellungen von Empathie, gegen die zu Beginn des 20. Jhdts. Wissenschaftler wie Max Scheler vehement, aber erfolglos, argumentieren werden (Pfab u. Klemm, i.V.). Was bei G.H. Mead (1983) später „taking the role of the other" heißen wird und bis heute als Intersubjektivität und Verstehen sicherndes Prinzip der Perspektivenübernahme gefeiert werden wird, hat seinen Ursprung also in der Verlagerung kommunikativer Kräfte aus dem interpersonalen Raum in das kommunizierende Subjekt.

Ein Gesprächsthema im Kaffeehaus werden auch die Heilungsversuche des Herrn Messmer gewesen sein:

> „Die mesmeristische Seance mit ihrem magischen Dämmerlicht und den Glasharmonikaklängen erlaubt ein vorübergehendes Zurücksinken hinter den Stand der abverlangten Individuation. Noch einmal setzt sie, in der Form der Therapie, ein Ritual unmittelbaren Austauschs in Szene […]. Die Heilbehandlung kann wortlos, ohne den Gebrauch vermittelnder semiotischer Elemente, durch unmittelbares Weiterleiten des magnetischen Stroms

vor sich gehen. Wie die Sympathie [...] funktioniert sie indealiter ohne Zuhilfenahme von Zeichen. Demgegenüber wird die Geschichte der Seelentherapien im 19. Jahrhundert eine Geschichte der wachsenden Sprachbedürftigkeit psychischer Heilungen sein.[...] Mehr und mehr wird der Krankheitsverlauf zu einem literaturaffinen Deutungsgeschehen, und die spirituelle Unmittelbarkeit verwandelt sich in eine langwierige Arbeit des Interpretierens." (Koschorke, 2003, S. 111 f.).

Vom inszenierten Affekt zum reinen Gefühl
Für die höfische Kommunikationskultur galt, wie oben erläutert, ein besonderer Inszenierungs-, Simulierungs- und Dissimilierungszwang; das Verhalten insbesondere eines Höflings war als „Auftritt" auszugestalten. Diese Ausgestaltung folgte zum einen den Prinzipien von Rivalität, Überbietung und Beeindruckung, über die die Statuswettkämpfe am Hof reguliert wurden. Zum anderen entsprach die Ausgestaltung einem Verständnis der ästhetischen Veredelung von Natur – zu bewundern an den barocken Gartenanlagen.

Dem wird im Kaffeehaus ein entschieden anderes Verhaltens- und Naturprogramm entgegengesetzt. Gesellschaftskonflikte werden auch auf der Ebene von Affektregimen ausgetragen. Natur wird nun nicht mehr betrachtet als das Rohe, durch menschliche Kreativität Umzugestaltende in das Veredelte, Geschmückte, Geschminkte, sondern als das Ursprüngliche, Unverdorbene, Reine, Saubere. Lessing, Prominenz im Kaffeehaus, verkündet in seiner Hamburgischen Dramaturgie:

„Ich habe es lange schon geglaubt, daß der Hof der Ort eben nicht ist, wo ein Dichter die Natur studieren kann. Aber wenn Pomp und Etikette aus Menschen Maschinen machen, so ist es das Werk des Dichters, aus diesen Maschinen wieder Menschen zu machen." (Lessing, zit. nach Beetz, 2005, S. 223).

und warnt seine Emilia Galotti in II,6 davor, die „unbedeutende Sprache der Galanterie" falsch zu verstehen und ihr auf den Leim zu gehen: „Eine Höflichkeit wird in ihr zur Empfindung, eine Schmeichelei zur Beteurung, ein Einfall zum Wunsche, ein Wunsch zum Vorsatze. Nichts klingt in dieser Sprache wie alles, und alles ist in ihr soviel als nichts." (Lessing, 1962, S. 91).

Ging es am Hofe darum, dass die Oberfläche (die Haut, das Kostüm) ästhetisch ausgestaltet war, musste ein affektpolitisches Kontrastprogramm die Tiefe feiern und den Wert auf ihre Reinheit legen. Nicht mehr um Überbietung ging es, sondern um das rechte Maß und Zier. Auf dieser Grundlage konnte die – politisch bezweckte – Verdammung höfischer Inszenierungskultur als „affektiert", übertrieben, oberflächlich-flach, grotesk, unehrlich, gekünstelt, heuchlerisch, widernatürlich exekutiert werden – eine Austreibung, die ihre Wirkung bis in die wert-besetzte Forschungshaltung des 20. Jhdts. haben wird.

„Wie ein roter Faden zieht sich durch die Forschungsgeschichte die moralische Ablehnung des Komplimentierwesens. Die ‚tief unsittliche Anpassungsfähigkeit' […], ‚das geistige Lakaientum', die ‚Charakterlosigkeit', ‚Unaufrichtigkeit' und ‚Ideallosigkeit' in der ‚moralisch zweifelhaften Höflingssphäre' stimmen die deutschen Interpreten ernst. (Beetz, 1990, S. 29)

Bestes Beispiel für dieses Aufklärungsprogramm ist die Kupferstichfolge des preußischen Graveurs Chodowiecki mit dem bezeichnenden Titel „Natürliche und affectirte Handlungen des Lebens". Ein Kupferstich ist betitelt: „Die Unterredung" (Ab. 4.1): Dem als exaltiert, verdreht

Die Unterredung
La conversation

Die Unterredung
La conversation

Abb. 3

Abb. 4

Abb. 4.1 Chodowiecki: Die Unterredung

dargestellten Körpern des Paares am Hofe (mit gestutzten Bäumen) stellt Chodowiecki ein bürgerliches „solides" Paar gegenüber, das (in freier Natur) in ruhiger, ernster Weise von Angesicht zu Angesicht miteinander spricht. „Den raumausgreifenden, den Körper des Kommunikationspartners oder der -partnerin miteinbeziehenden Stellungen und Bewegungen der Adelspersonen entspricht auf der ‚bürgerlichen' Seite eine auffallend zusammengenommene, auf den eigenen Körper zurückbezogene Gestik und Körperhaltung." (Linke, 1996, S. 80 f.). Das Moment des Sprechens (der Mann) und des Zuhörens (die Frau) wird betont. „Ganz anders die Vertreter des höfischen Codes, die sich, ‚im Gleichklang eines Schwunges bewegen: das Überreden in der Unterredung wird hier viel stärker erotisch thematisiert als beim bürgerlichen Paar'." (Koschorke, 2003, S. 42, mit Zitat von Barta). Chodowiecki lässt den Degen des Mannes phallusgleich auf den Unterleib der Dame zielen.

In Abb. 4.2 sind diese Umschreibungsprozesse samt ihrer Bilanz stichwortartig zusammengefasst.

	Umschreibungsprozesse	und ihre	Bilanz	
			geschaffen	ausgegrenzt
Leidenschaft	Rationalisierung ⟹	Interesse	kontrollierter Umgang Miteinander	Affekt-Bereich
Geschmack	Objektivierung ⟹	Vernunft	diskursive Verständigung	ästhetische Urteile
Sympathie	Subjektivierung ⟹	Einfühlung	Erhöhung von Reflexivität und Selbstbewusstsein	magische Dimension
Affekt	⟹	Ausdruck	Affektkontrolle	Imponiergehabe

Abb. 4.2 Die Umschreibung der Leidenschaft

4.2.2 Schriftlichkeit wird zum Prototyp von Kommunikation

Im Zuge des Wandels höfischer Kommunikationskultur zu einer bürgerlichen Kommunikationskultur kommt es zu einer Verschiebung medialer Dominanz von Mündlichkeit hin zu verstärkter Schriftlichkeit. Gleichzeitig fördert diese Verschiebung wiederum die Herausbildung von Bürgerlichkeit als wesentlicher sozialstruktureller Größe.

Diese mediale Verschiebung erfolgt in drei miteinander verschränkten Prozessen:

Von der Person zum Text

In der höfisch geprägten Vorstellungswelt über Kommunikation spielte eine zentrale Rolle, wer mit wem

4 Vier kurze Geschichten zur Entstehung …

wann wo wie lange kommunizierte, wobei dieses „wer" im Wesentlichen in sozialen Kategorien von Status und Rang bestimmt war. Die Rolle des Rangniederen war kommunikativ restringiert: „Die höfische Norm verlangte, dass die Eröffnung des Gesprächs dem sozial Höherstehenden überlassen bleibe. In den Hoflehren empfahl man außerdem, die Reden der Höherstehenden am besten mit einer Verbeugung, also schweigend, zu erwidern." (Zakharine, 2005, S. 581). Über diese Status- und Rangmerkmale der Beteiligten spielte zusätzlich ihre körperliche Ausstaffierung und die Inszenierung ihres Auftritts eine zentrale Rolle, mithin ihre Körperlichkeit. Der Auftritt musste abgestimmt werden auf den Raum, in dem er erfolgte (in welchem Raum war welcher Redegegenstand passend?), reguliert werden in seiner Distanz zu den anderen Beteiligten (durfte man sitzen, musste man stehen?), kleidungsmäßig kostümiert werden entsprechend der aktuellen Mode, stimmlich moduliert werden je nach Redegegenstand und Situation, etc. Rang, Körper und Redesituation galten als die entscheidenden Faktoren für die Art und Weise des Kommunizierens. Diese drei Faktoren waren bezogen auf das, was wir als „Person" zu bezeichnen gewohnt sind.

Dieser Vorstellung setzte das Kaffeehaus ein Modell strikter Inhaltlichkeit entgegen – ein Modell, in dem die Frage von Status und Rang keine Rolle spielen durfte, weil mit dem Prinzip von Gleichheit unvereinbar, ein Modell, in dem die Inszenierung des Sprechens als Schauspiel diskreditiert wurde, ein Modell, in dem das Prinzip situierter Wirkung ersetzt wurde durch das Prinzip übersituativer Geltung – und all dies erfüllte in prototypischer Weise: der Text. Damit verbunden ist ein Wechsel der Beurteilungskriterien für Kommunikation.

„Das *ästhetische* Kriterium der Schönheit bzw. der stilistischen Finesse, das stets mitschwingt, wenn von der *Gravität*, dem *Air*, der *Grâce* adliger Leibeskultur gesprochen wird, geht bei der sozialsemiotischen Aufladung sprachlicher Verhaltens- und Ausdrucksweisen im Bürgertum zunehmend verloren: Er wird u. a. durch das Kriterium der *Korrektheit* ersetzt – Korrektheit mit Blick auf einen Normenkanon, der vor allem der Schriftsprachlichkeit, der Überregionalität der Standardsprache sowie einer bestimmten Bildungssprachlichkeit verpflichtet ist [...]." (Linke, 1996, S. 318).

Von der Konversation zum Journal
Für die höfische Kommunikationskultur war die Kommunikationsform der Konversation von zentraler Bedeutung. Konversation diente der Unterhaltung und vertrieb damit die gefürchtete Langeweile. Gleichzeitig erfolgte über sie die Regulierung von Status und Ansehen – eben über die Weise, in der diese Unterhaltung mittels Esprit kunstvoll gestaltet wurde. Die Konversation war in zweifacher Hinsicht an den Raum gebunden, in dem sie stattfand. Sie war in Redegegenstand und -ausgestaltung bezogen auf den jeweiligen Raum und seine Spezifika – den Salon, den Garten, das Kabinett, und sie war ein Geschehen, das innerhalb der Grenzen dieses Raums stattfand. In diesem Sinne war die Konversation intim. Dies gilt – für den (Land-)Adel – noch bis ins 19. Jhdt., wie man bei Fontane nachlesen kann.

Demgegenüber ist die Entwicklung des Bürgertums wesentlich mit entgrenzten, öffentlichen Formen von Kommunikation verbunden, und das bedeutet: mit schriftlichen Formen. Ernst Manheim fand

„[…] für das wechselseitige Durchdringen von sozialem und kommunikativ-medialem Wandel wohl als Erster im deutschen Sprachraum den Begriff der "gesellschaftlichen Mediatisierung menschlicher Unmittelbarbeziehungen" (Manheim, 1933, S. 24). Damit ist einerseits die Mediation, das heißt die *Vermittlung* symbolischer Gehalte über technisch-mediale Träger gemeint. Aber nicht nur: *Dass* diese Vermittlungssituation „kategorial" (ebd.: 26) werde, heißt, dass sie selbst Leitkategorie und Grundmodus der Moderne *und zugleich ihres Selbstverständnisses* wird." (Averbeck-Lietz, 2015, S. 107).

Es waren insbesondere Zeitschriften, die „[…] seit dem *Ende des 17. Jahrhunderts eine dezidert politisch räsonierende Öffentlichkeit hervorbrachten.*" (Averbeck-Lietz, 2015, S. 113). Das Bürgertum emanzipierte sich in und mit diesem Medium aus seinen ständischen Kontexten und wird zur eigenständigen politischen Kraft mit einem entsprechenden Selbstbewusstsein.

Von Mündlichkeit zu Schriftlichkeit
In der höfischen Kommunikationskultur mit der für sie typischen politischen Entmachtung und funktionalen Entlastung (vgl. Luhmann, 1980, S. 86) spielte Mündlichkeit eine zentrale Rolle in der Ausgestaltung des sozialen Lebens (während politische Fragen in hohem Maße auch über schriftliche Memoranden, Gutachten, Avis erörtert wurden (exemplarisch für den französischen Hof Ludwig XIII. vgl. Malettke, 2018)). Für die kontinuierliche kommunikative Ausgestaltung von Ansehen und Status innerhalb der höfischen Gesellschaft mit den Prinzipien von Rivalität und Konkurrenz war Mündlichkeit das geeignete Trägermedium für Esprit, Wortwitz und Schlagfertigkeit. Es entsprach in seinen Eigenschaften (Reaktionsschnelle, körperliche Präsenz)

den Charakteristika historisch überholter ritterlicher Formen des Kampfturniers und des Duells (s. o.).

In Abb. 4.3 ist der Prozess der Veränderung des Prototyps von Kommunikation stichwortartig dargestellt.

Abb. 4.3 Schriftlichkeit löst Mündlichkeit als Prototyp von Kommunikation ab

4.2.3 Die Ökonomisierung von Kommunikation

Eine dritte Leitlinie in der Veränderung von Kommunikation stellt ihre Ökonomisierung dar. Im Zuge einer zunehmenden Umgestaltung gesellschaftlicher Wirtschafts- wie auch Denkformen von einer vorindustriellen Produktionsweise hin zu kapitalistischen Verhältnissen lösen sich auch die bis dahin geltenden Bestimmungsstücke von Kommunikation auf und werden durch neue Konstruktionen ersetzt:

Die Weisen, in denen Menschen im Mittelalter miteinander umgingen, waren entscheidend bestimmt von den Statusverhältnissen zwischen ihnen. Die Menschen waren eingebunden in ein Korsett von Verpflichtungen, die sich aus ihrem sozialen (und als gottgegebenen) Status in ihrer Gemeinschaft ergaben, literarisch reflektiert

z. B. in „Meier Helmbrecht" von Wernher dem Gärtner (1986). Durch dieses Korsett und seine Handlungsverpflichtungen wurden sie bestimmt. „Der einzelne existiert nicht als individuelle Person, sondern steht als Teil einer symbiotischen Beziehung, in der er vollständig aufgehoben ist." (Osterloh, 1976, S. 351). „Typisch für die Struktur dieser am Haus orientierten sozialen Gruppierungen ist die symbiotische Beziehungsform zwischen den Gruppenmitgliedern und dem Haus- bzw. Grund- oder Landesherrn. Sie erinnert an das Verhältnis zwischen Totem und Totemgenossen." (Osterloh, 1976, S. 350). In dem Maße, in dem der Bindungscharakter dieses Korsetts bzw. dieser symbiotischen Beziehung in Frage gestellt wurde, wurde eine neue Form des Selbstverhältnisses sichtbar – die Form freier, autonomer Individualität.

Die Bindungskraft dieses Korsetts beruhte auf Prinzipien von Treue, Huld und Gnade, an denen sich alle Mitglieder einer sozialen Einheit fraglos orientierten – war dies nun „der Herd", die Grafschaft oder das Königreich. Dies ist weder die rationalistisch-bürokratische Beziehungsform zwischen Vorgesetztem und Untergebenen noch die militärische Beziehungsform von Befehl und (blindem) Gehorsam.

„Wer um die Huld des Herrn dient, stellt sich – und hier wird die magische Grundlage aller Herrschaftsverhältnisse sichtbar – unter den Schirm seiner Aura, partizipiert an seiner höheren Kraft. Denn grundsätzlich ist der Herr, ähnlich dem Totem, eine Person von höherer Weihe: er ist herausgehoben, er ist Edelmann. Hier zeigt sich wieder die für vorindustrielle Kulturen typische Tendenz, Personen und Gegenstände […] zu einer höheren Wirklichkeit zu stilisieren und mit ihnen symbiotische Beziehungen einzugehen." (Osterloh, 1976, S. 351).

In einem solchen Kontext wurde man sozial geschaffen als „Kreatur" oder „Günst-ling" eines Status-Höheren – ihm war man treu und konnte auf seine Huld und Gunst hoffen – und im Falle von Treuebruch um seine Vergebung flehen. An der politischen Biographie Richelieus kann man ablesen, in welch hohem Maße dieser – selbst mächtig und gefürchtet – von der Huld seines Königs abhängig war (Malettke, 2018). Mit zunehmender Auflösung dieser Bindungskraft wurde die Beziehungsgestaltung durch diese Prinzipien abgelöst und in den Kommunikationsprozess selbst verlegt. Das Modell dazu bildete das Konstrukt des Vertrags. Pate stand das seinerzeit neu entwickelte „Naturrecht" – Hugo Grotius publizierte sein bahnbrechendes Werk erstmals 1625. „Die Möglichkeit einer neuen ‚Erfahrung' […] von Kommunikation (Austausch der Wörter im interpersonalen Raum) […] muß man aus der juridischen Institutionalisierung jenes interpersonalen Raums selbst begreifen, die das Naturrecht eben in dieser Zeit zu formulieren beginnt." (Campe, 1990, S. 144 f.). Kommunikation wurde nun verstanden als Verhandlung bzw. Aushandlung einer vertraglichen Vereinbarung zwischen freien unverbundenen Individuen. Es wird „[…] die Fiktion der *Vertraglichkeit* aller sozialen Beziehungen hergestellt und aufrechterhalten. Bedingung ist die Anerkennung der Persönlichkeitsgrenzen. […] Genau hier hat der Verhaltenscode der modernen Gesellschaft seinen kritischen Punkt. Bis in die heutige Zeit hat es vermutlich ein kontinuierliches Ansteigen des Anonymitätsvorbehalts und folglich der Verlegenheitsschwelle bei Eröffnung einer Konversation zwischen Fremden gegeben." (Koschorke, 2003, S. 40 f.). Verletzlichkeit und Unverletzlichkeit der Person sowie das Verhältnis von Nähe und Distanz werden neu definiert (was später unhistorisch als kulturelle Universale positiver bzw. negativer Höflichkeit

4 Vier kurze Geschichten zur Entstehung …

postuliert werden wird, hat hier seinen kulturhistorischen Ursprung). Der kommunikative Prototyp dieses sich entwickelnden neuen Verständnisses von Kommunikation stellte „das Versprechen" dar. In der Barock-Rhetorik wurde das Versprechen nicht als persönliche Verpflichtung verstanden, sondern noch als Angelegenheit situativer Kontingenz: „[…] wenn es gelegen wäre/ wenn es sich thun liesse" (Weise, zit. in Beetz, 1990, S. 138). Dramaturgisch wurde dieses neue Beziehungsverhältnis in Szene gesetzt von Lessing in „Minna von Barnhelm". „Kaum dürfte in einem Werk der zeitgenössischen Literatur so häufig von Geld, von Schuld und Schulden, von Verlust, Verdienst und Gewinn die Rede sein wie in Lessings Komödie." (Scheffers, 1980, S. 213) und Vogl in Anschluss an Scheffers 1980: „[…] den Verhältnissen zwischen den einzelnen Personen [ist] nahezu demonstrativ eine juridische und vertragliche Markierung eingeprägt, die Willenserklärungen, Gegenseitigkeit, Einverständnis und vor allem die verbindliche ‚Festlegung künftiger Handlungen' umschließt. [Es ist] insbesondere eine Sprache des Kontrakts, in der die Personen von Lessings Stücken als Kontrahenten und Mandatsträger in eigener Sache verhandeln und kommunizieren." (Vogl, 2011, S. 108).

In der mittelalterlichen Welt hatte Kommunikation den Charakter eines kontinuierlichen Austauschs ritueller Handlungen der Beteiligten zur Bestätigung und Festigung ihrer Beziehungen im Rahmen ihres Sozialverbandes – Kommunikation hatte damit Gaben-Charakter. Für diesen Gaben-Charakter – dies zeigt die ethnologische Forschung (Hénaff, 2009 im Anschluss an Mauss, 2019; urspr. 1923) ist das Moment des Geschenks (bis hin zur Verschwendung z. B. in Gestalt von Festen), der Wechselseitigkeit und der symbolischen Qualität entscheidend. Im Zuge der Ökonomisierung von Kommunikation wird dieser Austausch von Gaben zum Tausch von Zeichen (vgl. Formigari, 1993). Nun legt man Worte auf die Goldwaage und überführt Lügner der verbalen Falschmünzerei. „Das Bürgertum", so formuliert die Kommunikationshistorikerin Averbeck-Lietz (2015, S. 112) hintersinnig, „[…] handelt kommunikativ".

Bilanziert man auch das Ergebnis dieser Entwicklungslinie, erhält man ein neuzeitliches Verständnis von Personen als autonome, freie Individuen, die miteinander in vertragliche Beziehungen eintreten und sich dazu ihres Sprachvermögens bedienen. Ausgegrenzt wird durch diesen Entwicklungsprozess eine spezifische Bindungsqualität von Kommunikation und das Moment des Eingebundenseins in soziale Gemeinschaften.

In Abb. 4.4 ist dieser Umschreibungsprozess stichwortartig dargestellt.

Umschreibungsprozesse		und ihre	Bilanz	
			geschaffen	ausgegrenzt
Eingebundensein	Individualisierung ⟶	freie Individuen	Autonomie	Bindungsqualität
Treue, Huld & Gnade	Kommunikativierung ⟶	verhandelter Vertrag	Freiheit, Gleichheit	Abhängigkeit
Gabe	Ökonomisierung ⟶	Ware	Sachlichkeit	Verbundenheit

Abb. 4.4 Die Ökonomisierung von Kommunikation

4.3 Auf der Straße

Im 19. Jhdt. kommt es in vielen europäischen Ländern mit der Expansion industrieller Produktionsweise zu einer historisch einzigartigen Verlagerung der Bevölkerung vom Land in die Plätze der Produktion – die Städte. Jetzt erst werden in vielen Städten die mittelalterlichen

Stadtmauern niedergerissen, die Städte expandieren. Am Stadtplan von Köln kann man verfolgen, wie die Ringstraßen den Stadtkern gleichsam wie Jahresringe in immer größerem Radius umschließen. Schon früher hatte es einzelne große Städte gegeben – London, Paris. Nun aber entsteht „die Großstadt" als allgemeiner Typus modernen gesellschaftlichen Lebens. Mit ihm verbunden ist

- die Trennung von Orten der Produktion (Fabrik) und Reproduktion (Wohnen),
- die Anlage neuer Verkehrswege (Boulevards, Ringstraßen) und Transporttechnologien (U-Bahn, Tram, Omnibus),
- die Errichtung von Bauten neuen Typs in Verbindung mit der neuen Verkehrs-Infrastruktur (Bahnhof, Grand-Hotel) und
- die Organisation von massenhaftem Konsum (Warenhaus) und Unterhaltung (Kino, Sport-„Palast") mit neuen Regulierungen der Zugänglichkeit (Geld statt Status).

Alle diese Veränderungen führen zu gravierenden Auswirkungen auf den Umgang der Menschen miteinander. Der Soziologe Georg Simmel hat sie in ihren zentralen Dimensionen bereits am Ende des 19. Jahrhunderts diagnostiziert und 1903 anlässlich einer Ausstellung über „Die moderne Stadt" vorgetragen und in einem Text ausgearbeitet: „Die Großstädte und das Geistesleben". Für das Verständnis des Einflusses großstädtischen Lebens auf die Veränderungen „der inneren Organisation des Verkehrslebens", d. h. des Umgangs miteinander, ist dieser Text auch heute noch von unveränderter Relevanz und der meistzitierte soziologische Essay zur städtischen Lebensweise (vgl. Lindner, 2011, S. 29). (Später wird der in die USA geflüchtete deutsche Soziologe Louis Wirth Simmels Gedanken seinen Studenten in Kansas vermitteln; unter ihnen wird ein kanadischer Student namens Erving Goffman sein.) Die Kerngedanken dieses Textes, z. B. die Bedeutung von Geschwindigkeit, werden in den folgenden Abschnitten dieses Kapitels entsprechend großen Raum einnehmen. (Ähnliche Überlegungen finden sich zur gleichen Zeit bei einem der Begründer der US-amerikanischen Soziologie, Charles Horton Cooley, worauf der Kommunikationshistoriker Armand Mattelart aufmerksam gemacht hat (1999, S. 37 ff.).)

Auch für diese Epoche der Kommunikationsgeschichte gilt, dass sie uns heutzutage präsent ist durch die zeitgenössische Betrachtung, in diesem Fall vielfach in Gestalt von poetischen Texten, in denen das großstädtische Leben reflektiert wird.

Auch für die Straße gilt, dass theoretische und poetische *Reflexion* das eine und die kommunikative *Praxis* das andere ist. So stellt ein französischer Beobachter des Verkehrs in Berlin 1892 fest: „Selbst auf den Bürgersteigen der Großstadt verlieren die Deutschen ihre Allüren als Provinziale nicht, die sich unbehaglich fühlen. Sie bewegen sich ungeschickt, verstehen es nicht, sich durchzuschlängeln und brauchen weit mehr Platz, als sie nöthig hätten." (Gersal, zit. in Lindenberger, 1995, S. 51).

4.3.1 Auf dem Boulevard – die Flüchtigkeit der Begegnung

Die Veränderung der Städte zu Großstädten bedeutete auch eine Veränderung der Verkehrswege, der Straßen. Prägnantestes Beispiel ist die Veränderung von Paris mit dem Abriss ganzer Stadtviertel und die Anlage der großen schnurgeraden Boulevards, eine Maßnahme des damaligen Präfekten Baron Haussmann, die auch unter dem Eindruck der Revolutionen von 1830 und 1848 den Bau von

4 Vier kurze Geschichten zur Entstehung ...

Barrikaden verhindern sollte. Schon zuvor hatte man bei der Planung neuer Städte, von der medizinischen Entdeckung des Blutkreislaufs inspiriert, Straßen als die Lebensadern einer Stadt verstanden und eine möglichst lebhafte Zirkulation angestrebt. Leitender Gesichtspunkt wird Geschwindigkeit (vgl. Sennett, 1996; Borscheid, 2004). Die Straße ermöglichte neue Verhaltensformen: promenieren, flanieren, demonstrieren, und sie erfuhr mythische Transponierungen, etwa im Film – vom sozialkritischen Stummfilm „Die freudlose Gasse" von 1925 bis hin zu den *road movies* späterer Zeit.

Der US-amerikanische Soziologe Richard Sennett hat verdeutlicht, was eine Begrüßung am Hofe von einer Begrüßung auf der Straße in der Großstadt unterscheidet (1996, S. 88 ff.). Sein Beispiel ist London im 18. Jhdt. Die Begrüßung am Hofe war durch Schmeichelei gekennzeichnet. Dieses Kommunikationsformat setzte persönliche Kenntnisse über den Anderen voraus, Kenntnisse, die u. a. durch Klatsch und vorgängige Plaudereien gewonnen werden konnten. Randbedingung dieser Kommunikationsform ist die kleine Gruppe einander bekannter Menschen. Ein solches Kommunikationsformat ist für Bedingungen großstädtischer Kommunikation nur noch in wenigen Ausnahmefällen denkbar, in denen die Beteiligten sich kennen. In den weitaus meisten Fällen jedoch kennt man sich nur „vom Sehen". Entsprechend muss die Begrüßung sich auf un-persönliche Formeln begrenzen, die für *jedermann* geeignet sind. Der Andere ist eine unbekannte Größe. Verlässt man in der Großstadt sein Haus und tritt auf die Straße, befindet man sich sofort in Begegnungssituationen von Angesicht zu Angesicht (face-to-face). Diese sind durch Anonymität, Flüchtigkeit und Massenhaftigkeit gekennzeichnet (ein Umstand, der in der zeitgenössischen Literatur – und bis heute – beklagt wird: „Alles so unpersönlich").

Damit einher geht eine Umwertung der Kategorie des „Fremden". Hatte das Erscheinen eines Fremden in dörflichen oder kleinstädtischen Gemeinschaften noch den Charakter des Außergewöhnlichen, des Exotischen, sind es in Großstädten nun überwiegend Fremde, die einem begegnen. Der Fremde wird der Normalfall der Begegnung. Eine weitere Folge ist eine Umwertung der Sinnesmodalitäten in der Großstadt: „Der Verkehr in ihr, verglichen mit dem in der Kleinstadt, zeigt ein unermeßliches Übergewicht des Sehens über das Hören Andrer" stellt Simmel fest (zitiert in Schivelbusch, 1993, S. 71). Unter diesen Bedingungen entsteht eine neue Orientierungsgröße für Verhalten: der „erste Eindruck", der typischerweise ein *visueller* Eindruck ist. Er wird wichtig, wenn man Andere, denen man begegnet, nicht kennt (Anonymität) und es keine Zeit für weitere Sondierungen (Flüchtigkeit) gibt. Unter Bedingungen von Anonymität und Flüchtigkeit kommt es zur Ausbildung eines neuen Typs sozialer Beziehungen – der „Bekanntschaft" bzw. der „flüchtigen Bekanntschaft" bzw. der „Bekanntschaft vom Sehen", wie es bezeichnenderweise heißt, eine Beziehungsform, die eine besondere Beteiligungsweise an Kommunikation erfordert – Goffman wird später bemerken, dass das „Sich-vom-Sehen-Kennen" einen Grenzfall sozialer Beziehungen darstellt, weil ihr einziger Zweck ist, ein Zeugnis ihrer selbst zu geben (Goffman, 2001, S. 91). Simmel hat diese Beteiligungsweise an Kommunikation charakterisiert: reserviert dem Anderen gegenüber, unbeeindruckt durch den Anderen sich selbst gegenüber. Simmel spricht von „Blasiertheit" im Sinne des französischen *„blasé"* i.S.v. unempfänglich, gleichgültig. Simmel erklärt diese Haltung der Reserviertheit einer damaligen verbreiteten Auffassung folgend aus einer Schutzreaktion vor Reizüberflutung heraus. Zwei weitere Überlegungen Simmels sind

4 Vier kurze Geschichten zur Entstehung ...

bedeutsamer: erstens gibt es ein „Recht auf Mißtrauen, das wir gegenüber den in flüchtiger Berührung vorüberstreifenden Elementen des Großstadtlebens haben" (Simmel, 1995, S. 123 – dachte er an Taschendiebe?) und zweitens: Gleichsam „hinter" einer reservierten Haltung Anderen gegenüber kann sich die eigene Individualität, durch Andere ungehindert, entfalten. Die Maskierung, in der ich dem Anderen begegne, schützt meine Individualität – eine Auffassung, die einige Jahre nach Simmel 1924 bei dem deutschen Soziologen Helmuth Plessner zu einer Apologie der Maske führen wird (1981). Was die „Innenseite" dieser Haltung betrifft, so ist diese, „wenn ich mich nicht täusche, [...] nicht nur Gleichgültigkeit, sondern, häufiger als wir es uns zum Bewußtsein bringen, eine leise Aversion, eine gegenseitige Fremdheit und Abstoßung, die in dem Augenblick einer irgendwie veranlaßten nahen Berührung sogleich in Haß und Kampf ausschlagen würde." (Simmel, 1995, S. 123), eine Vermutung, die Plötzlichkeit und Heftigkeit der Dynamik von Nachbarschaftskonflikten erklären könnte. So handelt es sich um „Reserviertheit mit dem Oberton versteckter Aversion" (Simmel, 1995, S. 123).

So wie die Kommunikationsverhältnisse des Boulevards in der Begegnung mit Anderen einerseits zu Oberflächlichkeit und Nivellierung zwingen, so zwingen sie, was den eigenen Auftritt angeht, zu besonderer Exaltiertheit. Wie kann man, so fragt sich Simmel, angesichts der Reserviertheit und Indifferenz der Anderen „die eigene Persönlichkeit zur Geltung" (Simmel, 1995, S. 128) bringen? – Man greift

„zu qualitativer Besonderung, um so, durch Erregung der Unterschiedlichkeitsempfindlichkeit, das Bewußtsein des sozialen Kreises irgendwie für sich zu gewinnen: was dann schließlich zu den tendenziösesten Wunderlichkeiten verführt, zu den spezifisch großstädtischen Extravaganzen des Apartseins, der Kaprice, des Pretiösentums, deren Sinn gar nicht mehr in den Inhalten solchen Benehmens, sondern nur in seiner Form des Andersseins, des Sich-Heraushebens und dadurch Bemerklichwerdens liegt – für viele Naturen schließlich noch das einzige Mittel, auf dem Umweg über das Bewußtsein der anderen irgendeine Selbstschätzung und das Bewußtsein, einen Platz auszufüllen, für sich zu retten." (Simmel, 1995, S. 128 f.),

zusätzlich gezwungen durch das Momenthafte der Begegnung, „[…] sich pointiert, zusammengedrängt, möglichst charakteristisch zu geben" (Simmel, 1995, S. 129). Der soziale Typus dieser Exaltiertheit ist der „Dandy". (Ein weiterer Grund für diese Exaltiertheit, die gesellschaftliche Arbeitsteilung, wird uns an der Kasse begegnen.)

4.3.2 In der Tram – die Regulierung von Nähe und Distanz

Im 19. Jhdt. kommt es neben vielen anderen soziokulturellen strukturellen Veränderungen auch zu entscheidenden Veränderungen in Technologie und Organisation von Verkehr. Prototyp dieser Veränderungen ist die Eisenbahn. Ursprünglich als Transporttechnologie im Bergbau gedacht und entwickelt, kommt es neben dem Transport von Kohle rasch auch zum Transport von Menschen. Bereits 1850 zählen die österreichischen Bahnen schon 6,5 Mio. Reisende (vgl. Borscheid, 2004, S. 130). Mit der Expansion der Städte kommt es auch zur Entwicklung innerstädtischer Massenverkehrsmittel wie Pferdebahn, Omnibus, Tram und U-Bahn – und – in der Vertikalen – zum Hochhauslift und zur Rolltreppe.

4 Vier kurze Geschichten zur Entstehung ...

Diese Veränderungen wirken sich auch auf den Verkehr der Menschen untereinander aus – dies betrifft die Regulierung der Körper und ihrer Territorien, die Regulierung des Blicks, des Sprechens und des Schweigens. Der deutsche Kulturwissenschaftler Wolfgang Schivelbusch hat dies am Beispiel der Sitzanordnung europäischer Eisenbahnen veranschaulicht (1993). Die Wagen, in denen die Reisenden der 1. und 2. Klasse sitzen, „[…] sind auf die Eisenbahn montierte Kutschen" (Schivelbusch, 1993, S. 69). In ihnen sitzen sich die Reisenden gegenüber. Was ursprünglich in der Pferdekutsche die Unterhaltung der Reisenden fördern sollte, wird unter Bedingungen eines Massenverkehrsmittels zum belastenden Anachronismus. „Die Sitzanordnung im Abteil zwingt die Reisenden in ein Verhältnis, das für sie nicht mehr lebendiges Bedürfnis sondern peinlicher Zwang ist." (Schivelbusch, 1993, S. 71) Dies hat Auswirkungen, wie Simmel beobachtet hat, auf die soziale Organisation des Sehens, speziell des Blickkontakts:

„Vor der Ausbildung der Omnibusse, Eisenbahnen und Straßenbahnen im 19. Jahrhundert waren die Menschen überhaupt nicht in der Lage, sich minuten- bis stundenlang gegenseitig anblicken zu können oder zu müssen, ohne miteinander zu sprechen. Der moderne Verkehr gibt, was den überwiegenden Teil aller sinnlichen Relationen zwischen Mensch und Mensch betrifft, diese in noch immer wachsendem Maße dem bloßen Gesichtssinn anheim." (Simmel, zitiert in Schivelbusch, 1993, S. 71).

Die mitgebrachte Lektüre dient als Instrument der Vermeidung auch dieses Kontakts. Fehlt sie, bleibt dem Reisenden nichts „[…] als ein ununterbrochenes drei- bis vierstündiges physiognomisches Studium in Ermangelung einer besseren Beschäftigung", wie es 1838 in einem englischen Leserbrief heißt, der bezeichnenderweise unterschrieben ist mit „An Enemy to inprisonment for debt and in travelling" (Schivelbusch, 1993, S. 73).

Die Massenverkehrsmittel produzieren massenhaft Verlegenheit. Es entsteht eine qualitativ neue Situation – eine Situation, in der man gezwungenermaßen präsent und sichtbar ist und in der einander Fremde sich sehr nahekommen, aus der man aber nicht – im wahrsten Sinne des Wortes – „aussteigen" kann. Besonders prägnant stellt sich diese Situation im Lift dar: Man ist mit Fremden für sehr kurze Zeit sehr eng beisammen. Man reagiert auf die Anwesenden, indem man so tut, als wären sie nicht anwesend. Dies erzeugt die für Lift typischen Verhaltensmuster: Vermeidung des Blickkontakts, Abrücken von den anderen Liftfahrern, wenn sich Blicke treffen, nichtssagend blicken, gepaart bestenfalls mit einem unverbindlichen Lächeln, auf jeden Fall Schweigen. „Die Beziehungslosigkeit muss interaktiv aufrechterhalten werden", stellt der Soziologe Hirschhauer in seiner Fahrstuhlstudie fest (1999, S. 240). Der polnisch-britische Soziologe Zygmunt Bauman hat, Martin Buber zitierend, den Ausdruck „Vergegnung" verwendet, der diese Konstellation sehr treffend auf den Begriff bringt (Bauman, 1997, S. 87; Bauman, 1995, S. 229).

Gleichzeitig, so stellt Simmel fest, macht die körperliche Nähe und Enge [...] im dichtesten Gewühl der Großstadt"' die eigene „geistige Distanz erst recht anschaulich" (Simmel, 1995, S. 126) – nirgendwo sonst spürt der Einzelne seine Unabhängigkeit und Freiheit stärker als unter Bedingungen der „gegenseitige[n] Reserve und Indifferenz" (Simmel, 1995, S. 126) – und auch seine Einsamkeit.

4.3.3 An der Kasse – die Versachlichung interaktiver Beziehungen

Für Simmel gibt es aus drei Gründen einen engen Zusammenhang zwischen Großstadt und „Verstandesherrschaft".

4 Vier kurze Geschichten zur Entstehung ...

Zum einen versteht Simmel diese Verstandesherrschaft auf dem Hintergrund seiner Reiz-Überflutungs-Theorie (s. o.) als „[...] Präservativ des subjektiven Lebens gegen die Vergewaltigungen der Großstadt" (Simmel, 1995, S. 118). Der Verstand bzw. der „intellektualistische Charakter" (Simmel, 1995, S. 117) befasst sich mit Begriffen und formallogischen Beziehungen zwischen ihnen und ist damit die unpersönlichste Schicht des Bewusstseins. Indem das Übermaß an Reizen auf dieser Schicht gleichsam abgefangen wird, schafft sich der Großstädter „ein Schutzorgan"; „[...] damit ist die Reaktion auf jene Erscheinungen in das am wenigsten empfindliche, von den Tiefen der Persönlichkeit am weitesten abstehende psychische Organ verlegt." (Simmel, 1995, S. 117) Indem der Großstädter seine Wahrnehmungen versachlicht, gehen sie ihm nicht mehr nahe. (Anderenfalls kommt es zu der zur damaligen Zeit vielfach diagnostizierten Nervosität oder Nervenschwäche bzw. Neurasthenie.) Diese Gedankenfigur der Sachlichkeit wird in „Verhaltenslehren der Kälte" theoretisch reflektiert (vgl. Lethen, 1994) und korrespondiert anderen kulturellen Erscheinungen, z. B. in Architektur (Bauhaus), Malerei („Neue Sachlichkeit") und Theater.

Zum zweiten erfordert die Organisation des alltäglichen Lebens in der Großstadt eine verstandesmäßig dominierte Haltung: „[...] durch die Anhäufung so vieler Menschen mit so differenzierten Interessen greifen ihre Beziehungen und Bethätigungen zu einem so vielgliedrigen Organismus ineinander, daß ohne die genaueste Pünktlichkeit in Versprechungen und Leistungen das Ganze zu einem unentwirrbaren Chaos zusammenbrechen würde." (Simmel, 1995, S. 119 f.), eine Haltung, die durch „Pünktlichkeit, Berechenbarkeit und Exaktheit" (Simmel, 1995, S. 120) gekennzeichnet ist.

Zum dritten – und dies ist für Simmel am bedeutsamsten – begründet er den Zusammenhang zwischen Großstadt und Verstandesherrschaft aus seiner Philosophie des Geldes: Großstädte sind

„Sitze der Geldwirtschaft [...], weil die Mannigfaltigkeit und Zusammendrängung des wirtschaftlichen Austauschs dem Tauschmittel eine Wichtigkeit verschafft, zu der es bei der Spärlichkeit des ländlichen Tauschverkehrs nicht gekommen wäre. Geldwirtschaft aber und Verstandesherrschaft stehen in tiefstem Zusammenhange. Ihnen ist gemeinsam die reine Sachlichkeit in der Behandlung von Dingen und Menschen, in der sich eine formale Gerechtigkeit oft mit rücksichtsloser Härte paart. Der rein verstandesmäßige Mensch ist gegen alles eigentlich Individuelle gleichgültig, weil aus diesem sich Beziehungen und Reaktionen ergeben, die mit dem logischen Verstande nicht auszuschöpfen sind – gerade wie in das Geldprinzip die Individualität der Erscheinungen nicht eintritt." (Simmel, 1995, S. 118)

Über Zweckgesichtspunkte rein funktionaler Differenzierung hinaus stellt sich städtische Existenz Simmel dar als Extremform der durch die Geldwirtschaft herbeigeführten Objektivierung sozialer Beziehungen (vgl. Simmel, 1989, S. 665). Zygmunt Bauman folgt Simmel in dieser Auffassung:

„Das Geldgeschäft ist der eigentliche Inbegriff des typisch städtischen Umgangs [...]. Seine Eigenart muß nicht nur gegen Feindschaft und Mißgunst verteidigt werden, sondern ebenso gegen Freundschaft und Sympathie. Er kann nur unter Bedingungen emotionaler Neutralität richtig ausgeführt werden; oder wahrscheinlicher noch unter Bedingungen, die frei sind von den störenden Folgen der Affekte." (Bauman, 1995, S. 228) und er zitiert Simmel, der die Partner einer solchen Beziehung beschreibt: „Der indizierte Partner für das Geldgeschäft – in dem, wie man mit Recht gesagt hat, die Gemütlichkeit aufhört – ist die uns innerlich völlig indifferente, weder für noch gegen uns engagierte Persönlichkeit." (Simmel, zit. in Bauman, 1995, S. 228).

In einer durch abstrakten Tauschwert bestimmten Beziehung verlieren individuelle Werte einer Beziehung an Gewicht, so wie auf der Ebene psychischer Disposition der Blasiertheit Beziehungen in ihrem individuellen Wert und in ihrer Bedeutung nicht gewürdigt werden – bis hin zur Konsequenz, „[…] die ganze objektive Welt zu entwerten, was dann am Ende die eigene Persönlichkeit unvermeidlich in ein Gefühl gleicher Entwertung hinabzieht." (Simmel, 1995, S. 122).

4.4 Am Apparat

Im Unterschied zu den bisherigen Orten ist dieser Ort ein „Nicht-Ort", und dies nicht zufällig. Der englische Soziologe Anthony Giddens (2008) hat argumentiert, dass moderne Gesellschaften durch eine Veränderung der Bedeutung von Orten gekennzeichnet sind – einerseits finde eine „Entbettung" statt, d. h. dass soziale Beziehungen „[…] aus ihrem Bezug zu bestimmten Orten und den dort stattfindenden Interaktionszusammenhängen herausgelöst werden. Menschen sind zunehmend abhängig von Vorgängen und Entscheidungen, die sich in weiter Ferne abspielen." (Föllmer, 2004b, S. 14). Andererseits werden solche Beziehungen durch *reembedding* in Kontexte, die durch diese fernen Prozesse bestimmt sind, rückgebunden. Durch die apparative Zurichtung von Kommunikation wird Ort – und Zeit infrage gestellt. Um Apparate, mit denen man kommuniziert, soll es im

Folgenden gehen. „Am Apparat" zu sein ist an jedem Ort möglich, an dem der Apparat ist, und am Apparat ist man mit jedermann und überall zu jeder Zeit verbunden. Am Apparat zu sein heißt in technischer, nicht körperlicher Weise miteinander verbunden zu sein.

Die systematische Technisierung von Kommunikation beginnt am Ende des 18. Jhdts. Inmitten des Krieges der französischen Republik mit den monarchistischen Mächten Europas schlägt ein junger Ingenieur, Claude Chappe, 1793 der französischen Nationalversammlung eine Technik der Nachrichtenübermittlung vor: den Optischen Telegraphen. Die Nationalversammlung stimmt zu und so wird das erste System beschleunigter Nachrichtenübermittlung etabliert. Im Abstand von jeweils 40 km werden sternförmig vom Pariser Nationalpalast aus Masten mit Signalarmen errichtet. (Zum Vergnügen der Revolutionäre gerne auf Kirchentürmen.) Die Signalarme stehen für Zahlenkombinationen, die wiederum auf Seiten und Zeilen eines telegraphischen Wörterbuchs verweisen. Diese Technik erlaubt die Übermittlung von Nachrichten in Stunden, die früher via Postkutsche Tage gedauert hätten (Paris – Straßburg: 37 min, vgl. Flichy, 1994, S. 28). Das System bewährt sich: Ein geplanter Überfall österreichischer Truppen auf französisch besetzte Gebiete in Süddeutschland scheitert, weil die Truppenbewegungen per Optischem Telegraphen in kurzer Zeit nach Paris gemeldet und von dort aus Befehle an die eigenen Truppen gegeben werden können. Für die Mitglieder der Nationalversammlung waren neben militärischen auch politische Gründe ausschlaggebend: Die Technik wurde als Instrument gesehen, die Nation als einheitliches Gebilde zu schaffen. Barère, Mitglied des Wohlfahrtsausschusses, verkündete 1794: „Durch diese Erfindung verflüchtigen sich gewissermaßen die Entfernungen … Die Einheit der Republik kann dank der innigen und augenblicklichen Verbindung, die sie zwischen allen ihren Teilen herstellt, gefestigt werden." (Barère, zit. in Flichy, 1994, S. 26). Der französische Medienhistoriker Flichy macht darauf aufmerksam, dass darüber hinaus die Technik zur Mentalität der damaligen Zeit passte, in der Vorstellungen, Ideen und Utopien zur Verkürzung von Raum und Zeit eine wichtige Rolle spielten (vgl. Flichy, 1994, S. 37 f.). Andere europäische Regierungen übernahmen in den nächsten Jahrzehnten das System. Wirtschaftliches Interesse an der Technik bestand nicht (vgl. Flichy, 1994, S. 41). Optische Telegraphen waren ein halbes Jahrhundert in Betrieb. Dann wird Kommunikationstechnik auf Elektrizität umgestellt.

Drei Gesichtspunkte, die in dieser Technik bereits angelegt sind und die sich im weiteren Entwicklungsverlauf noch intensivieren, sollen in den Mittelpunkt der folgenden Betrachtung gestellt werden:

- die Vernetzung (Abschn. 4.4.1)
- der Begriff der Information (Abschn. 4.4.2)
- die Vorstellung von Verfügbarkeit (Abschn. 4.4.3)

4.4.1 Das Netz – die Vorstellung einer kommunikativen Ordnung der Welt

Um 1840 gab es eine Vielzahl von Vorschlägen elektrisch betriebener Nachrichtenübermittlung (vgl. Flichy, 1994, S. 68 ff.; Boscheid, 2004, S. 151 ff.). War auch schon mit dem Optischen Telegraphen die Vision eines vernetzten Systems verbunden, so ermöglicht Elektrizität mit der Technik der Telegraphie die systematische Entfaltung einer weltweiten grenzüberschreitenden Vernetzung. Die erste europäische Institution wird 1855 der Westeuropäische Telegraphenverein (vgl. Flichy, 1994,

S. 73). Diese Vernetzung ist ein ökonomisches Projekt. Ein historisch erstes Motiv liegt in der Entwicklung und dem Betreib von Eisenbahnen. „Den ersten Eisenbahngesellschaften fehlt ein zuverlässiges Informationssystem, das schneller als die Eisenbahn ist und als Sicherheitssignal der Eisenbahn vorauseilen kann. Vor allem nach der Vernetzung einzelner Linien wird dieses Fehlen als Sicherheitslücke erkannt. Umso größere Hoffnungen setzen die Eisenbahngesellschaften auf den elektromagnetischen Telegraphen." (Borscheid, 2004, S. 152). Die Hoffnungen erfüllen sich: „Alle erkennen die Vorteile des neuen Systems: Unabhängigkeit von der Witterung, geringer Personalaufwand, Schutz vor unerwünschten Einblicken und vor allem die hohe Übertragungsgeschwindigkeit. Über die erste Telegraphenlinie von Chappe konnten 1,8 Codes pro Minute übertragen werden, mit dem Zeigertelegraphen 2,5 Worte, mit dem Morsereliefschreiber sind es pro Minute 17 Worte." (Borscheid, 2004, S. 155). Um 1850 beginnen Projekte einer Unterwasserverbindung zwischen England und den USA, die 1866 erfolgreich werden. Die Telegraphie fördert eine globalisierte Ökonomie und politische Vereinheitlichungen. Zu dieser Zeit war die Schnelligkeit und Verfügbarkeit von Nachrichten eine allein ökonomisch relevante Eigenschaft. „Erst die Börse gab schnellen Informationen ihren eigentlichen Wert." (Flichy, 1994, S. 86). „News rooms", in denen die Nachrichten öffentlich jedermann zur Verfügung standen, fanden kein Interesse (vgl. Flichy, 1994, S. 86). „Durch die Nutzung der Telegraphie für Börsengeschäfte kam ein Stück mehr Rationalität in das Verhalten der Investoren. Bis Mitte des 19. Jahrhunderts verbreiteten sich Börsennachrichten hauptsächlich durch Gerüchte. […] Durch den Telegraphen war man über die Kursentwicklung auf den anderen Börsenplätzen nun zuverlässig und schnell informiert." (Flichy, 1994, S. 85 f.). Der Telegraph machte den Weltmarkt möglich. Der ursprüngliche Zweck – Koordinationsinstrument der Eisenbahnen – trat in den Hintergrund. Die Technik hatte sich verselbständigt und ein neues Phänomen geschaffen – den Weltmarkt. Die in kapitalistisch bestimmten Gesellschaften führende Elite, die Unternehmer, bildeten eine neue *imagined community* (Anderson, 2005) aus – ein sich über die ganze Welt erstreckendes Netz mit den Handelszentren und ökonomisch relevanten Orten als Knotenpunkten. Der Ausdruck „Markt", seit ewigen Zeiten Bezeichnung für einen Ort, wird auf dieses Netz bezogen und verliert damit seinen lokalen Charakter. So schreibt ein Wirtschaftstheoretiker des 19. Jahrhundert: „So bezeichnet der gewöhnliche Ausdruck ‚Geldmarkt' keine bestimmte Örtlichkeit: er wird auf die Gesamtheit jener Bankherren, Kapitalisten und anderen Kaufleute angewendet, welche Geld leihen oder borgen, und welche beständig Mitteilungen über den Lauf des Geschäftes austauschen" (Jevons, zit. in Flichy, 1994, S. 90).

4.4.2 Die Karriere des Informationsbegriffs und der Mythos der Rationalität

Die technisch bedingte Verknappung der Kanalkapazitäten führte zu einer erheblichen Veränderung des Charakters sprachlicher Mitteilungen. Dies war bereits beim Optischen Telegraphen der Fall. Diese Veränderung setzte sich in der Telegraphie verstärkt fort. „Aufgrund der hohen Gebühren verzichten die Absender der Nachrichten immer öfter auf alle überflüssigen Elemente, auf Adjektive, Personalpronomen und stilistische Komplikationen. […] Die reine Sachlichkeit regiert." (Borscheid, 2004, S. 160 f.). Der Begriff der „Information" erhält für das ökonomische Denken des 19. Jhdts. eine zentrale

Bedeutung, insbesondere in der Vorstellung der „vollständigen Information". Der Wirtschaftstheoretiker Jevons: „Es gehört zum eigentlichen Wesen des Handelsverkehrs, ausgedehnte und fortwährende Nachrichten zu besitzen. Ein Markt ist deshalb theoretisch nur dann vollkommen, wenn alle Kaufleute eine *vollkommene* Kenntnis der Verhältnisse von Angebot und Nachfrage und des aus ihnen hervorgehenden Tauschverhältnisses besitzen […]." (Jevons, zit. in Flichy, 1994, S. 90, m.Hv.). „Vollständige Information" wird eine Denkvoraussetzung für die Entwicklung der Vorstellung rationalen Denkens und Handelns und damit des Menschenbildes des *homo oeconomicus*. In den 50er Jahren des letzten Jahrhunderts werden die zwei US-amerikanischen Nachrichtentechniker Shannon und Weaver versuchen, die Übertragungskapazitäten von Nachrichtenkanälen zu berechnen und zu optimieren; sie werden dazu ein Arbeitsmodell benutzen, das dann als „Sender-Empfänger-Modell" popularisiert bis zum heutigen Tage sein Unwesen als Vorstellung von Kommunikation treiben wird.

4.4.3 Ganz Ohr – ein Fremd-Körper im Kommunikationsbewusstsein

Nach dem elektrischen Telegraphen erwies sich das Telefon als weitere Kommunikationstechnologie von – noch weitreichenderer – Bedeutung. Primäres Argument für das Telefon war die erhöhte Kanalkapazität: „In seiner ersten Werbeanzeige preist Bell die Vorzüge des Fernsprechers gegenüber dem Fernschreiber: ‚Die Verständigung ist wesentlich schneller (als mit dem Telegraphen): 15 bis 20 Worte im einen, 100 bis 200 Worte im anderen Fall.'" (Borscheid, 2004, S. 163). Ursprünglich als Anweisungs- und Kontrollinstrument im Unternehmenskontext gedacht, erweiterte sich diese Funktion auch auf private Haushalte. „Dem Unternehmer geht es darum, seine Leute ohne Unterbrechung an der Kandare zu haben […]; der Hausfrau, die auf ihre Art ebenfalls Unternehmerin ist, die Reichweite ihrer Befehlsgewalt auszudehnen und ihre untertänigst zu Diensten stehenden Lieferanten ohne Verzögerung zu erreichen." (Bertho, zit. in Flichy, 1994, S. 149).

Zunächst noch bespöttelt als „des Spießers Wunderhorn" (ohne Quelle, zit. in Göttert, 1998, S. 418) verbreitete sich das Telefon in Europa zögerlich, aber kontinuierlich. Es führte zu neuen kommunikativen Erfahrungen und zu einer Irritation der Kommunikationspraktiken und -vorstellungen, insbesondere in Europa:

> „ […] so wird von Engländern der Oberschicht berichtet, dass sie sich strikt weigerten, zum Telefon zu greifen, weil ihnen die Vorstellung, dass ‚jemand ganz nahe an meinem Ohr ist', unerträglich war. Sie ließen das Telefonieren durch Dienstboten erledigen. Von Werner von Siemens, in dessen Fabrik Telefone produziert wurden, wird berichtet, dass er einen prachtvollen Telefonapparat auf seinem Schreibtisch stehen hatte – und ihn nie benutzte. Die traditionelle Art der Übermittlung von Dienstanweisungen zu seiner Zeit war eben der Botengang – das Telefon war nicht standesgemäß." (Pfab, 2020a, S. 77).

In der Tat macht das Telefon eine Neujustierung der Grundverhältnisse mündlicher Kommunikation erforderlich. Für Fahlenbrach (2019, S. 44) ist es ein „[…] gänzlich neuer Kommunikationsmodus in der Wahrnehmung und Praxis der Menschen":

- eine Neubestimmung von Verfügbarkeit: Das Telefon ermöglicht eine umstandslose Verfügbarkeit des „gewählten" Kommunikationsbeteiligten. „Zwischen mir und dem Präsidenten liegt nur eine Telefonnummer. Über Telefon ist jedermann in umstandsloser Weise ansprechbar; zwar kann man im Verlauf eines Telefonats, auch gleich zu Beginn, die (momentane) Ansprechbarkeit zurückweisen […], die prinzipiell umstandslose Ansprechbarkeit bleibt aber gegeben." (Fahlenbrach 2019, S. 82 f.). Es entsteht eine neue Qualität des Eindringens. „Mit dem Akt des Anrufens dringt man in den […] Raum des anderen ein" (Fahlenbrach, 2019, S. 45). Mit dem Telefon ist eine Intensivierung der Machtqualität des Hörens und Gehorchens verbunden, betont der französische Philosoph Jean-Luc Nancy (2014).

- eine Neujustierung der Körperlichkeit: Fremde kommen beim Telefonieren einander in einer Weise nahe, wie es in vorgängigen Zeiten nur äußerst vertrauten Personen gestattet war, nämlich ganz nah an dem eigenen Körper. Gleichzeitig verwandelt sich das multimodale Erleben in der Kommunikationssituation zu einer „Kanal-Konzentration" (Pfab, 2020a, S. 78) auf eine Sinnesmodalität, die Stimme. Es entsteht eine neue Herausforderung der Adressierung: man muss eine körperlose Stimme ansprechen, wo man bislang eine „ganze" Person angesprochen hat.
- eine Enträumlichung kommunikativer Situationen: Kommunikation wird möglich ohne körperliche Präsenz. Die Stimme kommt „aus dem Nichts", ein Umstand, den man sich in der Frühphase des Telefonierens zunutze machen konnte:

„Das willenlose Reagieren auf eine unbekannte Telefonstimme war übrigens der Polizei in den USA bekannt. Verdächtige Delinquenten, die nicht gewohnt waren zu telefonieren -Indianer, Schwarze, irische Immigranten – brachte man zu einem Telefonapparat, wo eine Stimme sie beschuldigte, etwas Böses getan zu haben, und ihnen riet, zu gestehen. Menschen, die an Geister glaubten, assoziierten diese Stimme mit der Stimme Gottes oder Manitus." (Marvin, zit. in Schwitalla, 1998, S. 26).

- Eine Neubestimmung des Verhältnisses von Raum und Zeit: Auch früher waren Menschen über große Distanzen erreichbar – mit entsprechender Zeitverzögerung und mittels eines sprachkonservierenden Mediums – der Schrift. Mit dem Telefon fällt nun Raum und Zeit im Moment des Sprechens zusammen.

Diese Effekte der Medialität geraten durch die Weiterentwicklung der Telefontechnologie mit der Perfektionierung der Stimmübertragung aus dem Bewusstsein.

Diese Irritationen halten an; sie haben bis heute noch nicht zu einem angemessenen Bewusstsein der kommunikativen Praxis des Telefonierens geführt. Stattdessen ist die mentalitätsmäßige Bewältigung von Telefon-Erfahrungen dem Muster gefolgt, die Innovation in althergebrachten Begriffen zu fassen und zu begreifen. So überträgt man die Kommunikationsform des „Gesprächs" auf die neue Kommunikationsform, das Telefonat, und spricht entsprechend vom „Telefon*gespräch*". Die Sprachphilosophin Sybille Krämer stellt eine solche Übertragung infrage:

„Sind technische Instrumente nur dazu da, auf leistungsfähigerer Stufe zu wiederholen, was der Mensch auch ohne Technik schon tut? Oder bringen wir mit technischen Artefakten nicht auch etwas hervor, für das es im menschlichen Tun kein Vorbild gibt und das an diesem Tun auch keinen Maßstab findet?" (Krämer, 1998, S. 249).

In der Tat kann die Formel vom Telefongespräch die o.a. Charakteristika nicht angemessen fassen. Sie erscheinen nun in der Rahmung des „Gesprächs" als defizitäre Variante, bei der das Fehlen von Körperlichkeit, insbes. des Blickkontakts beklagt wird, so wie die Tatsache, dass ein ganzer technologischer Apparat mitsamt den Möglichkeiten seiner Weiternutzung aus dem Bewusstsein ausgeblendet wird.

Der Kommunikationshistoriker Peters betrachtet dagegen das Telefonieren als Prototyp zwischenmenschlicher Kommunikation. Für ihn ist durch das Telefon eine Problematisierung dieses angeblichen Basismodells von Kommunikation verbunden.

> „Das Problem der Kommunikation besteht nicht mehr nur darin, wie sich Botschaften über jene riesigen Entfernungen übermitteln lassen, die von den Kabeln des Telegrafen bzw. des Telefons überspannt […] sind; das Problem der Kommunikation lautet vielmehr: Wie realisiere ich einen Kontakt mit der Person, *die neben mir sitzt*?" (Peters, 2000, S. 62 f., m. H.)

In beiden Fällen ist die gleiche Frage, ob eine Verbindung zustande kommt. Die Erfahrung der Kommunikation über faktische Distanz führt, so Peters, zu einer Reflexion unterstellter Nähe zum Anderen in der face-to-face-Situation, zur *Präsenz* des Anderen. Die Telefonstimme „[…] erlaubt es, das direkte Gespräch als eine Kommunikationssituation neu zu problematisieren, deren durch physische und visuelle Nähe bedingte ‚Starthilfe' zuvor nie gesondert betrachtet wurde." (Peters, 2000, S. 68). Wir entwerfen bekanntlich, wenn wir mit jemanden telefonieren, ein Bild dieses Anderen. Könnte es nicht sein, so Peters, dass wir in Fällen von face-to-face-Kommunikation in gleicher Weise verfahren,

d. h. auf der Grundlage innerer Projektionen mit dem Anderen kommunizieren? „Herr Watson, ich möchte, dass Sie kommen!" – diese Bitte Bells aus dem ersten Telefonat könnte in diesem Sinne für jegliche Art von Kommunikation stehen.

Aber das besondere Verhältnis von Kommunikation und Telefon besteht noch in anderer Weise: Der US-amerikanische Telefonforscher Robert Hopper vermutet, dass das Telefon Modell gestanden hat für eine der folgenreichsten Vorstellungen von Kommunikation im 20. Jhdt., das sprachtheoretische Konzept von Ferdinand de Saussure.

> „There are substantial links between Saussure´s approach to language and his experience of telephone use. He lived the middle third of his life in Paris during the very years that saw that city become festooned in telephone wires." (Hopper, 1992, S. 36)

(Ein plausibler Gedanke auch deshalb, weil Konzepte der Humanwissenschaften oft in Anlehnung an die jeweils modernste Technologie entwickelt worden sind (z. B. Geist als Computer.))

Zu Beginn dieses Kapitels 4 war auf den ideologischen Charakter von Sprach- und Kommunikationsvorstellungen hingewiesen worden. Ein solcher Charakter lässt sich – ausgerechnet – einigen Vorstellungen attestieren, die mit technologischen Aspekten von Kommunikation verbunden sind. Dazu gehört:

- die Vorstellung einer Verbrüderung der Menschen durch ein gemeinsam geteiltes Netz, über das sie miteinander verbunden sind. Für Marx indessen war die Sache klar:

„It was not techniques of communication, thought Marx, but rather the commodities of the world market, that were indifferent to religious, political, national, and linguistic, barriers. To believe the contrary was equivalent to turning reality upside down, to metamorphosing men into things and things into animate beings – in other words, giving way to fetishism or, as Barthes will put it later, producing a ‚mythology'." (Mattelart, 1996, S. 101);

- die fiktive Vorstellung vollständiger Information als Grundlage rationale Entscheidungen von Menschen, eine Vorstellung, die zur Grundlage eines Modells menschlicher Rationalität wurde;
- magische Praktiken der Beschwörung von Präsenz im Umgang mit den kommunikativen Erfahrungen beim Telefonieren.

4.5 Statt einer Zusammenfassung: Von Heute – Tiefenbohrungen im Boden der Kommunikation

Zu Beginn dieses Kapitels war als ein Prinzip der geschichtlichen Betrachtung erklärt worden: Nichts geht verloren. Im geschichtlichen Prozess ist es zu einer Vielzahl kulturell neuer Vorstellungen im Nachdenken über Kommunikation gekommen, die teilweise vorgängige Vorstellungen verdrängt oder ausdrücklich negiert haben, teilweise aber auch fortgeführt haben. Angelika Linke stellt mit Blick auf heutige Vorstellungen fest: „[...] so *blitzen* in der Metaphorik der Begrifflichkeit, die den gekonnten bzw. erstrebenswerten Umgang mit Sprache charakterisiert, vereinzelte Erinnerungen an den körperorientierten Anstandsdiskurs bzw. an die damit verbundenen Werte *auf.*" (Linke, 1996, S. 319, m.H.).

4 Vier kurze Geschichten zur Entstehung …

Dieses Verhältnis von Kontinuität und Diskontinuität besteht bis heute. Es bestimmt unsere Vorstellungen, so selbstverständlich und „natürlich" sie uns auch erscheinen mögen. Diese Erscheinung hatten frühere Generationen auch. Für uns heute ist die Kommunikationsgeschichte ein Reichtum, weil sie uns ein Schema liefert, auf das wir unsere aktuell gängigen Vorstellungen beziehen können und aus einem solchen historischen Bewusstsein neu justieren können. Es geht darum, Spuren kommunikativer Möglichkeiten wiederzufinden, die die Aktualität gerade ausgeblendet hat. (Eine Archäologie anderer Art der Geschichte der Kommunikation ist die Arbeit von Armand Mattelart (1996).) Manchmal muss man tief bohren, um fündig zu werden. Im folgenden Schema (Abb. 4.5) sind Ergebnisse der hier erfolgten Tiefenbohrung stichwortartig dargestellt:

Abb. 4.5 Tiefenbohrungen in der Kommunikationsgeschichte

5

Sechs kulturelle Verzerrungen

Jedes Nachdenken über Kommunikation ist an den kulturellen Zusammenhang, aus dem heraus es entwickelt worden ist, gebunden. Für kluges Nachdenken über Kommunikation ist es daher unerlässlich, diesen Einbettungszusammenhang mit zu berücksichtigen. Dieser Einbettungszusammenhang ist die Art und Weise, wie moderne westeuropäische Menschen über sich selbst und die Beziehung zu anderen Menschen reden und denken. Man spricht hier auch vom „Diskurs der Moderne". Dieser Diskurs beruht auf langandauernden (Historiker sprechen von „duré") kulturellen Entwicklungslinien. Dass für dieses Reden und Denken über die Beziehung zu anderen Menschen der Ausdruck „Kommunikation" an so prominenter Stelle steht, ist keineswegs selbstverständlich, wie anfangs von Kap. 4 gezeigt wurde. In diesem Kapitel soll gezeigt werden, dass Momente des Diskurses der Moderne wesentliche Vorstellungen von Kommunikation geprägt haben und sich ihnen als Strukturen eingeschrieben haben.

Jede dieser Vorstellungen ist auch mit einer kulturellen Phantasie verbunden, die auf individueller Ebene Sehnsüchte bzw. Begierden weckt (die von entsprechender Ratgeberliteratur weidlich bedient werden).

Diese Vorstellungen sind verzerrend in dem Sinne, dass sie ein einseitiges Bild von Kommunikation zeichnen. Es hat immer auch Gegenentwürfe gegeben hat, die durchaus ihre Wirkungen gehabt haben oder die gegenwärtig „im Kommen" sind. Diese sind entweder im Europäischen Denken selbst entwickelt wurden oder in anderen Kulturen und Denktraditionen relevant.

5.1 Individualismus

Für die Europäische Moderne zentral ist das Denken in Kategorien freier, autonomer, handlungsentscheidender Individuen (vgl. Taylor, 1994). Im letzten Kapitel (4.2) war gezeigt worden, wie sich dieses Denken auf die Vorstellungen von Kommunikation ausgewirkt hat, wie die Figuren der Kommunikationsteilnehmerinnen gleichsam aus der Eingebundenheit in den kommunikativen Kontext zunehmend herausgetreten sind, beispielsweise als voneinander getrennte Vertragspartnerinnen. Es hat dazu geführt, dass Kommunikation in Kategorien der Kommunikationsbeteiligten gedacht wird (Sprecher-Hörer, Sender-Empfänger) und aus der Beteiligung einzelner Individuen heraus entwickelt wird. Kommunikation wird verstanden als etwas, was durch die Präsenz von Individuen zustande kommt und sich zwischen ihnen ereignet. Das Geschehen in der Kommunikation wird entsprechend handlungsorientiert beschrieben: Handlungen werden unter dem Gesichtspunkt individueller Zielerreichung betrachtet. Die individuumbezogene Kategorie der Intention, der bewussten Erstrebung eines individuellen Ziels, spielt eine wesentliche Rolle. Für uns heutzutage ist diese Vorstellung so selbstverständlich und so in Fleisch und Blut eingegangen, dass es schwerfällt, Kommunikation anders zu denken. Diesem Moment des Diskurses über Kommunikation stehen kommunikative Erfahrungen entgegen, in denen wir uns oder die Anderen gerade nicht als autonom Handelnde, sondern als unfrei, verstrickt, verzaubert, hingerissen etc. erleben.

Dieser individualistischen Orientierung haben sich in den Sozialwissenschaften allerdings Haltungen entgegengestellt, die aus einer ganzheitlichen Sicht das kommunikativen Geschehens selbst in den Mittelpunkt stellen und das individuelle Handeln als Bestandteil eines übergeordneten Ganzen betrachten. Dadurch erhält man einen anderen Blick auf Kommunikation. „Eine Person erzeugt nicht Kommunikation – sie nimmt an ihr teil. Kommunikation als System betrachtet ist nicht der Zusammenhang individueller Aktion und Reaktion, wie komplex auch immer diese betrachtet werden mögen. Als System betrachtet muss Kommunikation auf der Ebene interaktiver Beziehungen betrachtet werden." (eigene Übersetzung), schreibt bereits 1970 der US-amerikanische Kommunikationsforscher Birdwhistell (1970, S. 104). Eine dieser Haltungen wird gegenwärtig häufig als „systemisch" bezeichnet. Im Mittelpunkt steht „das System" – die Familie, die Abteilung, das Projekt, die Gruppe. Individuelles Verhalten wird unter dem Gesichtspunkt betrachtet, wie es zur Aufrechterhaltung des Systemzustandes beiträgt. Systemisches Denken ist Denken in Prozessen: Kommunikation wird unter dem Gesichtspunkt betrachtet, wie kommunikative Ereignisse zustande kommen, sich verändern, sich rekonfigurieren. Ein Beispiel sind Menschen, die zusammenstehen und sich unterhalten; diese werden gleichsam automatisch in der Form eines Kreises zusammenstehen. Wenn dann eine Veränderung eintritt – man muss z. B. andere Passantinnen vorbeilassen, wird sich in nur kurzer Zeit die Kreisform wiederherstellen. Systemisch–dynamisches Denken ist wichtig als Korrektiv für eine gängige Denkhaltung, die man als statisch bezeichnen kann – in dieser Denkweise betrachten wir Kommunikation gleichsam in eingefrorenen Bildern; wir halten den Kommunikationsprozess in Gedanken an und greifen uns ein Stand-Bild für unsere Betrachtung heraus. Diese Haltung ist tief greifend bis in unsere Begriffsbildung über Kommunikation verankert: Nur im statischen Denken macht die Rede von „Sprecher" und „Hörer" Sinn – sobald man den Kommunikationsprozess betrachtet, erkennt man, dass alle Beteiligten beides gleichzeitig sind.

Eine weitere Haltung ist die des kommunikativen Realismus (Klemm & Pfab, 2020; Pfab & Klemm, i. V.) (ausführlicher in Abschn. 6.1). In dieser Haltung wird zum einen betont, dass wir als Kommunikationsteilnehmer in hohem Masse aufeinander bezogen sind, dass wir miteinander und für einander handeln, und zum anderen, dass wir in hohem Masse auf den Prozess bezogen sind, bis hin zu Momenten, in denen wir im Prozess gleichsam aufgehen.

Die kulturelle Phantasie, die mit der Vorstellung individuellen Handelns verbunden ist, ist die der ungehinderten Entfaltung von Autonomie und Selbstbestimmung.

5.2 Instrumentalität

Heutzutage spielen bei der Betrachtung von Kommunikation Gesichtspunkte der Wirksamkeit, Funktionalität und Effektivität eine wesentliche Rolle. Diese Betrachtungsweise steht in einer Tradition ingenieurswissenschaftlichen Denkens und hat in der Gesellschaft frühere

Kommunikationsvorstellungen verdrängt (vgl. Nothdurft, 2013). Diese Haltung zeigt sich darin, dass Kommunikation unter Gesichtspunkten des Erfolgs und des Gelingens bzw. des Nicht-Gelingens, der „Störung", betrachtet wird.

„Mit dieser Haltung verbunden sind charakteristischerweise Empfindungen wie Leiden unter Nicht-Gelingen von Kommunikation (im Sinne des Verfehlens des gesetzten Handlungsziels), Erfolgsdruck, Versagenserlebnisse, etc. Das Ausmaß der einschlägigen Ratgeberliteratur zum Thema „erfolgreiche Gesprächsführung" zeigt, dass es sich offenbar um eine gesellschaftlich verbreitete Haltung zum Thema Kommunikation handelt." (Nothdurft, 2013, S. 309).

Die Leitgesichtspunkte dieser Betrachtungsweise entsprechen denen der „ingenieurwissenschaftlichen Methode" (z.b. Koen, 1991), die im Schema (Abb. 5.1) der Haltung Kommunikation gegenüber zugeordnet werden können.

Ein Gegenbild zeichnen Ansätze, in denen Gesichtspunkte des interaktiven Zusammenspiels der Beteiligten, der Improvisation, des gemeinsam Geschaffenen, der

Ingenieurwissenschaftliche Leitgesichtspunkte	Kommunikationsmentalität
Effektivität	Kommunikation wird unter dem Gesichtspunkt von Erfolg und Misserfolg betrachtet Sprachliche Einheiten / Handlungen werden unter dem Gesichtspunkt von Erfolg, Wirksamkeit, Funktionieren betrachtet; sprachliche Einheiten erhalten Charakter von *Mitteln bzw. Instrumenten*
Systemkontrolle	Sprachliche Mittel haben Effektivität *in sich*, nicht in der Durchführung
Anwendbarkeit	Sprachliche Mittel sind einsetzbar für *beliebige* Fälle
Verlässlichkeit	Sprachliche Mittel sind *auf Funktionieren getestet*

Abb 5.1 Ingenieurwissenschaftliche Leitgesichtspunkte in der Auffassung von Kommunikation

Ästhetik und der Sinnlichkeit hervorgehoben werden (vgl. (Nothdurft & Schwitalla, 1995). Der Prototyp ist das Spiel einer Jazzband. Im Mittelpunkt der Betrachtung stehen Momente des gemeinsam geschaffenen Vollzugs, z. B. Formen des gleichzeitigen, gemeinsamen Sprechens (vgl. Schwitalla, 1992), der Ausbildung eines gemeinsam geschaffenen Rederhythmus (vgl. Erickson, 1991), des gemeinsamen Erzählens, des „Klangzaubers" (vgl. Nothdurft & Schwitalla, 1995, S. 33), des Imitierens fremder Stimmen etc. Die US-amerikanische Psychoanalytikerin Jessica Benjamin betont, die Kommunikation sei „manchmal ein Tanz der Interaktion, bei dem beide Partner so fein aufeinander eingestimmt sind, dass sie sich ganz im Einklang bewegen" (2004, S. 38). Die Metapher des Tanzes ist glücklich gewählt: nicht nur wird das hohe Maß wechselseitiger Koordination der Beteiligten betont, sondern auch das Moment des intensiven Erlebens. Im Tanz treten zweck- und zielgerichtete Orientierungen hinter diejenigen zurück, die der Tanzenden Eindrücke ihres vitalen Seins vermitteln (vgl. Straus, 1978).

Die kulturelle Phantasie, die mit der Vorstellung von Instrumentalität verbunden ist, ist die der perfekten Beherrschung der Welt.

5.3 Rationalismus

Betrachtungen von Kommunikation erfolgen heutzutage im Wesentlichen aus einer Haltung heraus, die stark von Momenten der Vernunft und Kognition, von Wissen und Begriffen bestimmt ist. Dies betrifft nicht nur die Herangehensweise an Kommunikation, sondern auch die Bestimmung des Gegenstandes Kommunikation selbst. „Diese Bestimmung fokussiert auf Aspekte des bewussten Handelns (Entscheidungen, Intentionen, Bedeutungen,

5 Sechs kulturelle Verzerrungen

Inhalte) sowie auf primär kognitiv bestimmbare Anteile von Kommunikation und damit auf die verbalen Anteile (im Gegensatz zu nonverbalen Aspekten)." (Nothdurft, 2007a, S. 29). Kognitive Konzepte (Interpretation, Repräsentation) spielen in westlichen Kommunikationstheorien eine wesentlich größere Rolle als affektive Konzepte. Dahinter steckt eine tief in unserer Kultur verankerte Einstellung, die Wissen mit Vernunft, aber Gefühl mit Unvernunft, Irrationalität und Unberechenbarkeit identifiziert. Im berühmten „cogito – ergo sum" definiert Descartes die Gewissheit seiner Existenz und die jedes anderen Menschen über das Denken – und über nichts anderes. Und auch die machtvolle Bewegung der Aufklärung setzt auf Vernunft. Damit verbunden ist die Vorstellung, dass wir uns in Kommunikation stets in einem Zustand vollen Bewusstseins befinden, hellwach, aufmerksam im Zuhören, klar im Sprechen, kontrolliert in Mimik und Gestik – prägnant formuliert in der Kompetenz-Vorstellung bei dem amerikanischen Linguisten Noam Chomsky. (Das Phänomen „Sprechen im Suff" ist völlig unerforscht.) Tatsächlich aber geht es bei der Frage des Bewusstseins in Kommunikation um eine „[...] unendliche Varietät konkreter Bewußtseinszustände [...], die durch alle denkbaren Gradstufen des Erwachsenseins aller möglichen Zentren bedingt sind." (Benjamin, 1982, S. 492).

Das für östliches Denken so wichtige Konzept der Intuition ist westlichem, wissenschaftlichem Denken traditionell bis heute in erheblichem Maße fremd. Inzwischen jedoch gewinnen Gegenpositionen an Gewicht – dies betrifft zum einen die Wichtigkeit von intuitivem Denken und Handeln (vgl. Gigerenzer, 2007) und zum anderen die Bedeutung vorbewusster, emotionaler und körperlicher Prozesse für Kommunikation (embodiment). Das interaktive Zusammenspiel solcher körperlichen Prozesse wird durch ein Prinzip „abgestimmter Spezifitäten" reguliert.

Die kulturelle Phantasie, die mit der Haltung des Rationalismus verbunden ist, ist die von Vernunft, Erkennbarkeit und Berechenbarkeit.

5.4 Optimismus

Kommunikation ist in modernen westlichen Vorstellungen von Anbeginn an mit dem Gedanken der Verbesserung und Perfektionierung von Gesellschaft verbunden, wie zu Beginn von Kap. 4 erläutert wurde. Ein besonderes Beispiel optimistischer Haltung, die mit Kommunikation verbunden war, stellte die Saint-Simonistische Bewegung Mitte des 19. Jhdts. dar (vgl. Mattelart, 1999, S. 37 ff., 1996, S. 85 ff.). Der Zustand „glatter", reibungslos verlaufender Kommunikation wird zum Naturzustand zwischenmenschlicher Kommunikation erklärt, demgegenüber alle Abweichungen dann als Ausnahmezustand, als „Störung" (dis-)qualifiziert werden können. In der Tradition dieser Gedankenfigur stehen heutzutage Ansätze, die Kommunikation eine zentrale Rolle für die Herstellung von Gesellschaftlichkeit zuweisen. Hier wird Kommunikative Kompetenz als eine Art Bindemittel unserer gesellschaftlichen Verfasstheit betrachtet, die als Ergebnis der Förderung von Kommunikation Mündigkeit, Solidarität, Toleranz und Emanzipation erwarten (so manche deutsche Lehrplanformulierungen) oder der Kommunikation eine Schlüsselstellung bei der Förderung betrieblicher Produktivität zuschreiben – hier wird kommunikative Kompetenz als Schlüsselqualifikation zukünftiger Berufstätigkeit bestimmt und Arbeitnehmerinnen abverlangt und in einer unübersehbaren Menge sg. praktischer Ratgeber zu vermitteln versprochen. In diesen Diskursen wird in gewisser Weise eine Erfolgsstory von Kommunikation suggeriert: Wenn nur die Kommunikation klappt – dank entsprechend ausgestatteter Kommunikationsteilnehmerinnen – wird die übergeordnete Problemstellung schon bewältigt. Jedes Problem lässt sich durch Reden klären. „Miteinander reden" mag eine Überlebensstrategie im Krieg sein und die Wehrhaftigkeit der Soldatinnen steigern:

> „Miteinander reden, lautete die Parole. Jeder Instruktor hatte, postulierte Marshall weiter, seinen Rekruten klarzumachen:,Wenn ihr euch auf den Kampf vorbereitet, müßt ihr euch zum Sprechen vorbereiten. Ihr müßt lernen, daß Sprechen eure Lage zu retten vermag; ihr müßt euch darauf gefaßt machen, andere wissen zu lassen, was euch zustößt. [...] erst wenn ihr zu anderen sprecht, und diese sich euch anschließen, bekommt eure Kampfhaltung Bedeutung.' " (Bröckling, 2017, S. 353).

In einem nicht kriegsähnlichen Alltag ist dieses Prinzip jedoch nicht zwingend. Man ist daher gut beraten, gegenüber solchen oben skizzierten Funktionalisierungskontexten von Kommunikation skeptisch zu sein, damit nicht gesellschaftliche Probleme „auf dem Rücken" von Gesprächen bearbeitet werden, die politisch an ganz andere Stellen gehörten. Eine solche optimistische Haltung bezieht sich nicht nur auf die Einschätzung der Leistungsfähigkeit von Kommunikation für übergeordnete Zwecksetzungen, sondern auch auf die Bestimmung des Binnenverhältnisses in Kommunikation: Man kann hier von einem Verstehensoptimismus sprechen, der ein durchgängiges Merkmal westlicher Kommunikationstheorien darstellt (vgl. Taylor, 1992).

Demgegenüber lässt sich im westlichen Nachdenken über das Verhältnis der Menschen zueinander auch eine skeptische Traditionslinie ziehen – es folgen einige Autoren mit Überschriften zu ihren Haltungen zu Kommunikation:

- Balthasar Gracián: Täuschung und Verstellung als Überlebensprinzip
- Arthur Schopenhauer: Zwischenmenschliche Begegnung als Dilemma
- Friedrich Nietzsche: Die Welt als Spiegelkabinett
- Ludwig Wittgenstein: Die Sprache verhext uns
- John Austin: Das Vergnügen am Unglück der Kommunikation
- Gerold Ungeheuer: Die Illusion des Verstehens

So gilt z. B. für Austin:

„Mit schwarzem, manchmal rabenschwarzem Humor verwandelt Austin in seinen Beispielen sich selbst zum diabolischen Akteur: Er läßt gebrechliche Erbtanten über gespannte Schnüre die Treppen hinunterstürzen, überfährt mit seinem Auto den heißgeliebten Roller des Kindes seines Kochs, will seinen Esel, weil er ihn nicht mehr leiden mag, erschießen und trifft dabei den genauso aussehenden Esel seines Freundes, nimmt sich am Oxforder High-Table, bei der einer der Personenzahl entsprechend zugeschnittenen Eisbombe kursiert, gleich zwei Stücke, beißt beim Pfänderspiel, in welchem er eine Hyäne zu imitieren hat, dem Bekannten kurzerhand ein Stück aus der Wade. [...] Es ist diese Mißlingensperspektive, durch die Austins Handlungskonzeption ihr Profil gewinnt. Für Austin gehört das Scheitern zum Handeln, ist das Verfehlen dem menschlichen Tun inhärent." (Krämer & Stahlhut, 2001, S. 42 f.)

Der Mainstream westlicher Theoriebildung ist aber bis heute noch von einer optimistischen Grundhaltung gegenüber Kommunikation geprägt.

In Abb. 5.2 werden diese beiden Haltungen stichwortartig gegenübergestellt.

Es bedarf schon eines integrativen Ansatzes, wie ihn die Relationale Psychoanalyse darstellt (s. u. Abschn. 6.1), um reale Momente des Scheiterns als normale Phänomene zu betrachten und die Normalität im Wechselspiel von Scheitern und Gelingen zu betonen.

Die kulturelle Phantasie, die mit dieser Vorstellung von Optimismus verbunden ist, ist die Sehnsucht nach unverfälschter, echter Kommunikation.

Das optimistische Modell	**Das skeptische Modell**
Handlungen gelingen	Handlungen mißlingen
Verstehen ist möglich	Verstehen scheitert
Kommunikation schafft Klarheit und Sicherheit	Kommunikation schafft Vagheit und Unsicherheit

Der Prototyp	**Der Prototyp**
Tiefe	Oberflächlichkeit
Offenheit / Ehrlichkeit	Verstellung
Gefühle äußern	Verschlossen sein
Klarheit	Mehrdeutigkeit
Konsistenz	Widersprüchlichkeit
Wechselseitiges Verstehen	Wechselseitiges Unverständnis
Kooperation	Zwang, Rivalität, Aggression

Abb. 5.2 Das optimistische und das skeptische Modell von Kommunikation

5.5 Dialogizität

Im westeuropäischen Denken ist die Vorstellung, dass Kommunikation auf die Anderen ausgerichtet ist, tief verankert. Kommunikation gilt als etwas, was man in Bezug auf Andere tut und mit Anderen tut, ja was ohne Andere gar nicht vorstellbar ist – ob die Anderen nun diejenigen sind, an die man sein Reden primär richtet oder ob sie ein Publikum bilden, vor dem man „sich aufspielt" oder vor dem man etwas vorführt, z. B. eine Geschichte erzählt. Erst auf dem Hintergrund dieser Vorstellung ist die Erscheinung des „Selbstgesprächs" irritierend und wird entsprechend in unseren Kulturkreis als irgendwie abwegig betrachtet – als etwas, was genau nicht-kompetenten Kommunikationsteilnehmerinnen zugeschrieben wird – Kindern, Verrückten und alten Leuten (Goffman, 1978). (Und vergessen wir nicht, dass wir durchaus auch manchmal mit anderen Lebewesen (Hund, Katze) und auch unbelebten Gegenständen (Computer, Drucker) sprechen.) Dass in anderen Kulturen das Phänomen des Selbstgesprächs einen anderen, positiven, Status hat, löst bei uns Erstaunen aus.

Mittlerweile aber entwickelt sich auch in westlichen Beschäftigungen mit Kommunikation die Vorstellung, dass das Sprechen immer zwei Adressaten zugleich hat – Andere, an die es gerichtet ist, und sich selbst.

Grundsätzlich gilt: Sprechen ist immer auch Sprechen zu sich selbst. Die scherzhafte Bemerkung, man selbst wäre sein bester Zuhörer, hat einen realen Kern und wir alle kennen Menschen, von denen wir sagen, sie hörten sich gern reden. Wir alle kennen auch Situationen, in denen wir zu jemanden gesprochen haben hauptsächlich, um uns selbst Mut zu machen. Wenn Menschen in eine Rede ein „genau" als Signal der Selbstbestätigung einflechten, wird dies unmittelbar greifbar. Wir merken diesen Selbstbezug in Momenten, in denen wir von unserem eigenen Sprechen überrascht werden. Die zivilisatorische Leistung von Sprechen ist es gerade, dass die Sprecherin sich selbst hört und damit ihr eigenes Sprechen reguliert – hörbeeinträchtigte Menschen artikulieren deswegen so ungenau, weil ihnen dieser Selbstregulationsmechanismus fehlt. Indem wir uns selbst in Kommunikation hören, so könnte man sagen, finden wir heraus, wer wir sind.

Deswegen wird in modernen Kommunikationsauffassungen von zwei Regulationsfunktionen des Sprechens gesprochen (!): der interaktiven Regulation – der Steuerung und Beeinflussung anderer Menschen, und der Selbst-Regulation – der Beeinflussung und Ermutigung von sich selbst, Beschäftigung und der Klärung mit sich selbst (vgl. Beebe & Lachmann, 2004) und der eigenen Steuerung – sei es kognitiv in Gestalt des Sich-etwas-Einredens (!) oder motivational in Form sg. Positiver Selbstverbalisation oder Autosuggestion oder generell als sg. Propriozeptives Feedback (vgl. Dornes, 2004, S. 90). Eine besondere Ausprägung der Selbstregulation ist das Reden zum Zweck der Selbstvergewisserung – in dieser Form brauchen Menschen das Hören der eigenen Stimme, um sich ihres Da-Seins zu vergewissern. Bei Menschen in existenziellen Krisen, z. B. Jugendlichen in der Pubertät, ist dies zu beobachten. Einen besonders eindringlichen Fall schildert der US-amerikanische Psychiater Oliver Sacks:

Mr. Thompson war einer seiner Patienten, der sein Gedächtnis fast vollständig verloren hatte. Er konnte sich stets nur an das erinnern, was sich in den Bruchteilen von Sekunden zuvor ereignet hatte – und damit auch an sich selbst nur in dieser minimalen Einheit. Nur mittels kontinuierlichen Sprechens konnte er sich seiner eigenen Identität vergewissern.

„Mit seinen Worten erschuf er unablässig sich selbst und die Welt um sich herum, um zu ersetzen, was er ständig vergaß und verlor. [...] ein solcher Patient *muß in jedem Augenblick sich selbst (und seine Welt) buchstäblich erfinden.* [...] Da er seiner Kontinuität, seiner ruhig und unablässig dahinfließenden inneren Geschichte beraubt ist, bleibt ihm nichts anderes übrig, als wie verrückt Geschichten zu erzählen [...]." (Sacks, 2008, S. 154 f.).

Er ist, so stellt Sacks bewegt fest, „[...] in seinem unaufhörlichen Geplapper gefangen." (Sacks, 2008, S. 159).

Oft ist aber auch gar nicht klar, an wen das Sprechen eigentlich gerichtet ist – manchmal in taktischer Absicht. Die Kommunikationswissenschaftlerinnen Jenny Cook-Gumperz und John Gumperz (1984) haben das Phänomen des „*off-record*"-Sprechens beschrieben, ein inszeniertes „vor-sich-hin-sagen", das durch gesenkte Stimme, undeutliche Sprechweise etc. einerseits an die Sprecherin selbst gerichtet ist, andererseits aber doch so deutlich ausgesprochen ist, dass Andere es hören können. Der taktische Nutzen dieses „*off-record*"-Sprechens besteht darin, dass man z. B. Einschätzungen zu einem Thema oder Bewertungen einer Person abgeben kann, aber stets bestreiten kann, gleichsam öffentlich, „zu Protokoll" gesprochen zu haben: „Was hast Du gesagt?" – „Ich, nichts, gar nichts". In diese Klasse des Sprechens gehört auch, was Erving Goffman (1971) „Nachverbrennung" („*afterburn*") genannt hat, verbale und nonverbale (Zunge zeigen, Grimassen schneiden) Äußerungen in Bezug auf eine Person, über die man sich geärgert hat und die gerade dabei ist, den Rücken zu kehren und den Raum zu verlassen (vgl. Schwitalla, 2006). Dass es darüber hinaus auch ein Reden im Schlaf gibt, sei nur am Rande vermerkt.

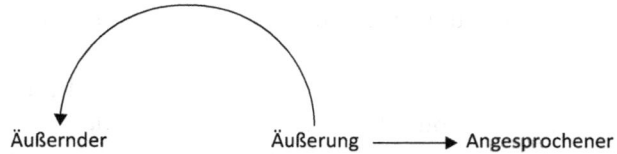

Abb 5.3 Der Doppelbezug des Sprechens

Die kulturelle Phantasie, die mit der Vorstellung von Dialogizität verbunden ist, ist die der Verbindung, Vereinigung, Verschmelzung.
Der Doppelbezug des Sprechens – zu Anderen und zu sich selbst – ist in Abb. 5.3 visualisiert.

5.6 Produktivität

Eine weitere dominante Betrachtungsweise Kommunikation gegenüber ist von der Vorstellung von Produktivität geprägt. Kommunikation soll, so die Vorstellung, zweck-, ziel- und ergebnisorientiert sein. Es soll, so die Vorstellung, „etwas herauskommen". Diese Betrachtungsweise liegt Beurteilungen kommunikativer Ereignisse zugrunde, etwa der, dass ein Gespräch „ergiebig" war oder „heiße Luft", dass ein Meeting „produktiv" war – oder eben „unproduktiv", etc. Stets geht es um das Resultat, sei dies nun eine Entscheidung, eine Diagnose, eine Bewertung, eine Kategorisierung, eine soziale Identität, in jedem Fall eine soziale Tatsache, im weitesten Sinne eine Bedeutung oder ein Sinn.

Prägnant ist dieser Zusammenhang von Kommunikation und Produktion im Begriff der „Interaktionsarbeit" gefasst, mit dem Prozesse im Rahmen von Arbeitszusammenhängen bestimmt werden sollen, vorzugsweise im Rahmen sg. Dienstleistungen (dies wird in Abschn. 6.4 näher ausgeführt).

Die Orientierung an Produktivität ist aber nicht nur eine alltagsweltlich vorherrschende Haltung Kommunikation gegenüber, sondern auch die dominante Haltung im Theoretisieren von Kommunikation in den Sozialwissenschaften, prominent formuliert bei dem Ethnologen Clifford Geertz, dass in Kommunikation Sinn und Bedeutung produziert wird und dass es die Aufgabe der Sozialwissenschaftler ist, diesen Sinn – gegen die Flüchtigkeit des Ereignisses – zu ermitteln, zu retten. Die Aufgabe des Sozialwissenschaftlers ist, so Geertz, „[…] interpretive; what it is interpretive of is the flow of social discourse; and the interpreting involved consists in trying to rescue the "said" of such discourse from its perishing occasions and fix it in perusable terms" (Geertz, 1983b, S. 20) und an anderem Ort mit Bezug auf Ricoeur: „[…] was wir registrieren […] ist der Bedeutungsgehalt des Sprachereignisses, nicht das Sprachereignis als Ereignis." (Geertz, 1983a, S. 28).

In sozial-konstruktivistischen und ethnomethodologischen Forschungen reproduziert sich diese Orientierung in der analytischen Fixierung auf das Zustandekommen sozialer Tatsachen („die soziale Konstruktion von …", „die interaktive Herstellung von …"). Darüber hinaus wird der Kommunikationsprozess selbst in Analogie zum Produktionsprozess gefasst – von Modellen, die den Prozess in Ziele und Teilziele segmentieren (z. B. das sg. Rubikon-Modell) bis zu Modellen der Sprach-Produktion in Bereichen der Psycholinguistik (s. o. Abschn. 3.3).

Ein solcher Produktionsdiskurs ist im Europäischen Denken über Kommunikation machtvoll, er beruht auf einer historischen Kontinuität, begründet in der Ökonomisierung von Kommunikation (s. o. Abschn. 4.2) mit zusätzlicher Betonung der Sachlichkeit von Kommunikation (s. o. Abschn. 4.3).

Demgegenüber machen einige Autoren auf eine andere Seite von Kommunikation aufmerksam – eine Seite, die nicht vom Moment der Herstellung von Bedeutung und von Sinn bestimmt wird, sondern von Reiz, Zauber, Spiel, Suggestion und Verführung. Der französische Philosoph Jean Baudrillard ist einer dieser Autoren, der diese Seite im Begriff der Verführung umschreibt (2012). Auf dieser Seite von Kommunikation geht es nicht um die Deutung von Zeichen und Handlungen. Hier gilt das Prinzip der Unmittelbarkeit. Dieser Diskurs soll als *„Präsenzdiskurs"* bezeichnet werden. Hier geht es um das, was reizt, was verlockt, was herausfordert, was fasziniert, was schreckt, was entsetzt, was bezaubert, was betört, was unmittelbar ansteckt. „Daher gehören weder Magie noch Verführung zur Ordnung des Glaubens oder Glaubenmachens, denn sie gebrauchen unglaubwürdige, gestische Zeichen ohne Referenz, deren Logik nicht die der Vermittlung ist, sondern die der Unmittelbarkeit. [...] Die unmittelbare Anziehungskraft des Gesangs, der Stimme, des Duftes." (Baudrillard, 2012, S. 87). Wenn der Psychologe Karl Bühler vom „Speech-Appeal" in Analogie zum Sex-Appeal schreibt (1982, S. 29), wenn Nothdurft u. Schwitalla vom „Klangzauber" schreiben (1995, S. 33), ist diese Seite von Kommunikation angesprochen. (In Abschn. 7.3 wird dies in Hinblick auf das Lockende und das Schreckende noch genauer erläutert.) Unter Produktionsgesichtspunkten hat Kommunikation Handlungscharakter mit Ausgangszustand, Zielsetzung, Anfang und Ende. Unter Präsenzgesichtspunkten hat Kommunikation Präsenzcharakter. Straus erläutert dies am Beispiel des Seufzers: „Der Seufzer der Erleichterung – wie der kummervolle Seufzer – drückt eine Situation aus; er versucht nicht, irgendeine Handlung hervorzubringen." (Straus, 1980, S, 159). Es geht um eine Qualität von Kommunikation, die in früheren

Zeiten durchaus wahrgenommen wurde, z. B. im Konzept der Sympathie, die im weiteren geschichtlichen Prozess des Nachdenkens über Kommunikation aber verdrängt wurde. Diese Seite der Präsenz ist sozio-kulturell im Laufe zivilisatorischer Prozesse zunehmend aus dem kulturellen Bewusstsein verdrängt worden (s. o. Abschn. 4.2) und wird ontogenetisch im Laufe sozialisatorischer Prozesse aus dem individuellen Bewusstsein verdrängt („Note well hat school suppresses this mode of thinking with astonishing absoluteness." (Greenfield & Bruner, 1973, S. 639)). Gleichwohl ist diese Seite von Kommunikation real. „Die Ausschaltung [...] geht langsam vor sich und ist niemals vollständig." (Straus, 1980, S. 164).

Diese Haltung Kommunikation gegenüber wirft ein anderes Licht auf Menschen, die miteinander kommunizieren; sie erscheinen in einen anderen Modus versetzt: es geschieht etwas mit ihnen, sie werden hypnotisiert, sie werden verführt. Hier geht es nicht um Objekte, die hergestellt werden, sondern um Menschen, die verwandelt werden.

Auch hier werden die beiden Auffassungen stichwortartig einander gegenübergestellt (Abb. 5.4).

Produktionsdiskurs	Präsenzdiskurs
Bedeutung	Unmittelbarkeit
Sinn	Zauber, List
Interpretation	Verführung, Suggestion, Täuschung
Tiefe	Oberfläche, Performanz, Präsenz
Wahrheit	Vollendung, Vergnügen, Witz
Sachliches Ergebnis	personale Transformation
Konstruktion	Kunstgriff, (Zauber-)Trick
Funktionalität, Zweck	Spiel
Effizienz	Vollendung

Abb. 5.4 Zwei Diskurse über Kommunikation: Produktivität und Präsenz

5 Sechs kulturelle Verzerrungen

Die kulturelle Phantasie, die mit der dominanten Vorstellung verbunden ist, ist die der Herstellung von Sinn, Erfahrung und Bedeutsamkeit. Während in den anderen erörterten Fällen von Leitgesichtspunkten die Haltung vom dominanten Diskurs zum Gegendiskurs eher durch Ignoranz oder Gleichgültigkeit gekennzeichnet ist, ist dies im Fall des Produktionsdiskurses anders – dieser geht gegen den Präsenzdiskurs vor (Baudrillard schreibt: wie ein „Bilderstürmer" (2012, S. 69)). Durch den Sinn soll der Schein, die Täuschung, die Verführung gerade aufgehoben werden und der „tiefere Sinn", das, was es „wirklich" ist, festgestellt und festgehalten werden. Die Seite von Kommunikation, die der Präsenzdiskurs hervorhebt, wird als manipulativ, als dämonisch gebrandmarkt – ein Zeichen dafür, dass der Präsenzdiskurs irritierend ist. Die Heftigkeit, mit der dies geschieht, ist verständlich, weil das Zustandekommen von Un-Sinn am stärksten unser Selbstverständnis berührt bzw. bedroht (nur in ästhetischen Rahmungen zu ertragen ist) bzw. die Produktion von Sinn für unser – modernes – Selbstverständnis offenbar entscheidend ist.

Abschließend in Abb. 5.5 die sechs Vorstellungen und ihre Phantasien in Stichworten zusammengestellt.

Vorstellung	Phantasie
Individualismus	Autonomie
Instrumentalität	Herrschaft / Beherrschung
Produktivität	Sinn / Bedeutung / Ergebnis
Optimismus	echte Kommunikation
Rationalismus	Vernunft
Dialogizität	Verbundenheit / Verschmelzung

Abb. 5.5 Vorstellung und Phantasie von Kommunikation

5.7 Zusammenfassung

Unser Nachdenken über Kommunikation ist von tiefsitzendem kulturell verankerten kollektiv geteilten Grundüberzeugungen geprägt, die unsere Beschäftigung mit Kommunikation bestimmen. Jede dieser Vorstellungen ist mit einer bestimmten kulturellen Phantasie bzw. Utopie verbunden. Diese Vorstellungen sind:

- Individualismus
- Instrumentalität
- Rationalismus
- Optimismus
- Dialogizität
- Produktivität.

Zu jeder dieser Vorstellungen gibt es auch Gegenentwürfe, die entweder im Europäischen Denken selbst oder in anderen Kulturen entwickelt worden sind, die andere Perspektiven auf Kommunikation ermöglichen (systemisches Denken, Ästhetik der Kommunikation, Intuition und Körperlichkeit, Skeptizismus, zweifacher Bezug des Sprechens).

6

Vier Ebenen sozialer Interaktion

In diesem Kapitel geht es um ein 4-Ebenen-Modell zwischenmenschlicher Kommunikation. Dieses Modell kann helfen, Ordnung in die eigenen Kommunikationserfahrungen zu bringen und eine Orientierung bieten, zwischenmenschliche Ereignisse, an denen man beteiligt war und Erlebnisse und Erfahrungen besser zu verstehen.

Dieses Modell ist inspiriert von Überlegungen des deutsch-US-amerikanischen Psychologen Erik H. Erickson zur psychosozialen Entwicklung des modernen Menschen (z. B. Erickson, 1978). Seine Überlegungen eignen sich deshalb so gut als Inspirationsquelle, weil Erickson die psychosoziale Entwicklung eines Menschen primär als Ergebnis von Interaktions- und Kommunikationsprozessen betrachtet, in die ein Mensch eingebunden ist und in denen er "groß wird".

Das im Folgenden vorgestellte 4-Ebenen-Modell greift eine Vielzahl psychologischer und kommunikationswissenschaftlicher Befunde auf.

In jeder Begegnung mit anderen Menschen sind stets vier Ebenen der Kommunikation involviert:

- Unmittelbare Verbundenheit in sozialer Interaktion
- Der moralische Charakter sozialer Interaktion
- Die poetische Dimension sozialer Interaktion
- Gesellschaftlichkeit als Gegenstand und Bedingung sozialer Interaktion

Zu diesen Ebenen liegen eine Vielzahl wichtiger Untersuchungsansätze und Untersuchungen vor. Sie werden im Folgenden vorgestellt.

6.1 Unmittelbare Verbundenheit

Auf der Ebene unmittelbarer Verbundenheit erfolgen Abstimmungsprozesse. Vielfach sind wir uns dieser Prozesse nicht bewusst, die zu einem stillschweigenden Zusammenspiel der Beteiligten führen – oder im Falle des Fehlens solcher Abstimmungsprozesse zu Störungen dieses Zusammenspiels. Auf dieser Ebene geht es um Resonanz und Synchronisation, um Stimmigkeit, aber auch um Irritation, Unsicherheit und Befremden. Die personale Qualität auf dieser Ebene ist die des unmittelbaren Betroffenseins.

„Auf dieser Ebene zeigt sich, ob die Beteiligten einander zugewandt und aufeinander bezogen sind, oder ob sie zwar in Kommunikation sind, aber nebeneinanderher reden oder aneinander vorbeireden. Man weiß aus Gesprächsuntersuchungen, dass die Beteiligten sich in einem Gespräch gut aufgehoben fühlen, wenn die Redebeiträge aufeinander abgestimmt (synchronisiert) erfolgen, wenn sie beim Reden einen gemeinsamen Sprechrhythmus ausbilden, wenn der Blickkontakt stimmt, wenn die Weise, in der auf sie reagiert wurde, resonant ist, wenn Gedanken, die sie geäußert haben, weitergesponnen werden, wenn der Gesprächspartner eine eigene Äußerung ergänzen konnte, bevor sie ausformuliert wurde, oder ein Wort gefunden wurde, wenn es einem selbst nicht einfiel, wenn man auch in der Körperhaltung einander zugewandt war, wenn eine Veränderung der eigenen Körperhaltung auch den Anderen in Bewegung brachte, wenn der Andere einen Gedanken, den man selbst nur vage formulieren konnte, „auf den Punkt" brachte, kurz, wenn die Beteiligten das Gefühl hatten, *miteinander* zu sein. […] Nothdurft und Schwitalla (1995) stellen die Analogie des Miteinander-Redens zum Gemeinsamen Musizieren her, um das starke Moment der Gemeinsamkeit, das Aufeinanderbezogensein der v. a. non-verbalen Feinabstimmung, der ästhetischen Qualität des Geschehens und das Moment des Gelingens zu betonen. Dies sind Erlebnisqualitäten von Kommunikation – Wohlbefinden, Spannung, Unbehagen, Furcht, Gelöstheit – üblicherweise in Kombination miteinander." (Pfab, 2020a, S. 34).

Die Prozesse auf dieser Ebene sozialer Interaktion führen zum subjektiven Erleben, mit dem Gegenüber "zu können", „auf einer Wellenlänge" zu sein, zu „harmonisieren" – oder eben zum Gegenteil.

Diese Ebene ist die erste Ebene sozialer Interaktion, die mit dem Eintritt eines Säuglings in die soziale Welt etabliert wird. In ihr bilden sich Muster der Interaktion mit anderen Menschen aus, die sich in und durch die weiteren kommunikativen Erfahrungen eines Menschen verfestigen können, insbes. das Moment des Vertrauens und der Selbstwirksamkeit.

„Die Säuglingsforschung zeigt eindrucksvoll, wie auf dieser Ebene das interaktive Zusammenspiel zwischen Baby und Mutter erfolgt (Stern, 2004). Diese Ebene bildet das Fundament der Weiterentwicklung sozialer Fähigkeiten beim Kind („primäre Intersubjektivität" (Tomasello, 2002). Sie wird im weiteren Entwicklungsverlauf eines Menschen von anderen, mehr kognitiv geprägten, Ebenen überlagert. Sie bleibt gleichwohl bestehen, gerät aber aufgrund des kognitiv dominierten Selbstverständnisses von Menschen aus dem Blick." (Pfab, 2020a, S. 35).

Wichtige Erkenntnisse über das Geschehen auf dieser Ebene zwischenmenschlicher Kommunikation erfolgen im Forschungsprogramm des Kommunikativen Realismus und in der psychologischen Fachrichtung der „relationalen Psychoanalyse".

6.1.1 Kommunikativer Realismus

Der kommunikative Realismus macht sich für die Auffassung stark, dass in sozialer Interaktion Momente der Unmittelbarkeit eine wesentliche Rolle spielen. Die Atmosphäre, in der ein Gespräch verläuft, ist ein prägnantes Beispiel. Wir alle kennen und spüren eine solche Atmosphäre in der Begegnung mit anderen Menschen. Wir empfinden unmittelbar, intuitiv, ob eine Gesprächssituation frostig ist, gespannt, gelöst, düster oder heiter.

In gleicher Unmittelbarkeit empfinden wir die Suggestivkraft einer Äußerung, der wir uns – manchmal nur schwer, manchmal auch gar nicht – entziehen können. Unmittelbar ist uns die Ausstrahlung eines Menschen gegeben, ebenso wie seine Stimmung.

Oder denken wir an den Klang einer Stimme, die uns in unmittelbarer Weise bezaubert, abstößt, verängstigt, nervt oder traurig macht. Im kommunikativen Realismus wird die Bedeutung der Stimme in besonderem Maße betont.

Die Stimme ist innerhalb der Kommunikationswissenschaften lange und folgenreich domestiziert worden. Dazu hat die gesamtgesellschaftliche Dominanz von Schriftlichkeit beigetragen, die kognitive Orientierung bei der Untersuchung von Kommunikation sowie gesellschaftliche Standards des Sprechens (das „neutrale", nicht affektbetonte Sprechen mit der Akzentuierung auf dem Informationsgehalt). So wurde lange akademisch ausgeblendet, was unmittelbarer alltäglicher Erfahrung evident ist: die Wirkungsweise der Stimme – eine Erfahrung, die der Sprachpsychologe Karl Bühler bereits 1934 als Überzeugung formulierte, so wie es einem Sex-Appeal gebe, gebe es auch einen „Speech-Appeal" (1982, S. 29). Unter denen, die sich um eine akademische Rehabilitierung der Stimme bemühten, ist v. a. Paul Zumthor zu nennen. Für ihn ist ganz klar, dass die wesentlichen Eigenschaften der Stimme in einer prä-symbolischen, vor-begrifflichen Ebene der Kommunikation zu finden sind; er betont „[...] den Vorrang des Rhythmus, die Unterordnung des Sprechens unter das Atmen, der Wiedergabe unter die Handlung, des Begriffs unter die Haltung, der Bewegung des Gedankens unter die des Körpers." (Zumthor, 1990, S. 31). Zumthor bezieht die besondere Wirkungsweise der Stimme bemerkenswerterweise gerade auf jenes Moment des Handelns, das für Geertz (und viele andere) als Hindernis für die Bestimmung von Sinn und Bedeutung betrachtet wird: die Flüchtigkeit des Geschehens. Er führt aus: „Daher bedarf es [...] einer besonderen Beredsamkeit, einer Mühelosigkeit der sprachlichen Gestaltung, einer eindringlichen Suggestivkraft und einer durchweg herrschenden Rhythmisierung. Dem folgt der Hörer; zurückbleiben kann er nicht. Die Botschaft muss unmittelbar wirken, was immer ihr angestrebter Effekt ist." (Zumthor, 1995, S. 708). Zumthor betont, dass man die Stimme stets als Moment eines situativen Ensembles einschließlich Zeitpunkt, Raum und Stimmung der Vorführung betrachten müsse, das die Wirkungsweise der Stimme mitbestimmt – und dass die Wirkungsweise sich über das gemeinsame Hören mit dem speziellen, selbstverstärkenden Wirkungseffekt der Beeindruckung durch die Gemeinsamkeit des Hörerlebnisses intensiviere. Der springende Punkt an Zumthors Analysen liegt also nicht in einer subjektiven Kompetenz, sondern in der performativen Kraft der Stimme, die sich nur über die Gemeinsamkeit des Hörens bzw. Erlebens bestimmen lässt.

Solche Momente der Unmittelbarkeit sind für das Verständnis von Kommunikation auch deshalb wesentlich, weil durch sie gleichsam der Boden bereitet wird für andere, stärker bewusst, kognitiv und reflexiv verlaufende Prozesse. Wie wir eine Aussage in einem Gespräch verstehen, hängt wesentlich von der Hörhaltung ab, mit der wir diese Aussage aufnehmen – ist die Haltung von Sympathie geprägt, werden wir auch Bemerkungen noch wohlwollend interpretieren, die wir in Fällen von Antipathie „auf die Goldwaage" legen und auf Feindseligkeit scannen würden.

Mit dieser Auffassung der Wichtigkeit unmittelbaren Erlebens für die Betrachtung von Kommunikation positioniert sich der kommunikative Realismus gegenüber der Vorstellung, dass das Geschehen in Kommunikation wesentlich auf „Konstruktionen" beruht, die unser Erleben und Handeln leiten, und dass wir das Geschehen in Kommunikation gleichsam wie einen Text interpretieren und aus unseren Wahrnehmungen erst Schlüsse ziehen müssen, um sie zu verstehen. Ohne zu bestreiten, dass es solche Momente in Kommunikation gibt, betont der kommunikative Realismus den Vorrang unmittelbarer Erfahrung als Grundlage von Kommunikation. Das Weinen eines Kindes ist eben beileibe kein „Text", den wir auf der Basis von Lauten als Ausdruck von Schmerz entschlüsseln, oder ein innerer Zustand, den wir erleben, wenn wir uns an die Stelle des Kindes setzen. Vielmehr erfassen wir den Schmerz des Kindes in einer Weise, die uns unmittelbar berührt.

„Dieses Verstehen vollzieht sich auf der unmittelbaren Ebene [...] vielmehr von selbst und intuitiv. Für dieses Verstehen ist das entscheidend, was die moderne Wahrnehmungspsychologie (Gibson, 1982) und -physiologie (Fuchs, 2017) den *Aufforderungscharakter* eines Gegenstands, einer Handlung oder Äußerung nennt. Dieser Aufforderungscharakter springt unmittelbar ins Auge – ich sehe einen Menschen in Not, ich höre Verzweiflung oder Freude in seiner Stimme und ich spüre intuitiv, was zu tun ist – Hilfe zu leisten, zu trösten, sich mitzufreuen." (Pfab, 2020a, S. 36).

Dieses Erleben ist stets ein situationsspezifisches Erleben.

„Das unmittelbare Erleben ist nie nur auf eine einzelne Handlung oder Äußerung bezogen, sondern stets auf den Menschen, der die Handlung oder Äußerung vollzieht, in einer konkreten Situation, und zwar mit allen Sinnen, unter der Maßgabe, auf diese Äußerung oder Handlung bzw. ihren Aufforderungscharakter reagieren zu können. Dieses Erleben vollzieht sich weitgehend vorbewusst (nicht unbewusst!) und wird bestimmt von Haltungen und Werten. Auf physiologischer Ebene spielen die sogenannten Spiegelneuronen hier eine wesentliche Rolle (vgl. Fuchs, 2017)." (Pfab, 2020a, S. 37).

Mit dieser Unmittelbarkeit ist auch verbunden, dass wir uns eines Eindrucks in einer Kommunikationssituation nicht erwehren oder entziehen können – im Wort „Eindringlichkeit" kommt dies gut zum Ausdruck. Wir werden *gefangen genommen* von einer Situation, *eingenommen* vom Eindruck eines Menschen, eine Stimme *berührt* oder *verführt* uns, eine Äußerung macht uns *betroffen* – nicht zufällig sind es solche Ausdrücke des körperlichen Erleidens, mit denen wir Erfahrungen der Unmittelbarkeit beschreiben. Das Zwingende der Unmittelbarkeit kann man am Beispiel des Löffels im Wasserglas veranschaulichen: Wir sehen einen solchen Löffel intuitiv als geknickt. Eine genaue Untersuchung zeigt uns, dass der Stab nicht gebrochen ist. Das Ergebnis dieser Untersuchung – das gewonnene Wissen – kann aber nicht verhindern, dass wir den Stab weiterhin als gebrochen sehen. („Ich kann mir nicht helfen, ich sehe ihn immer noch so.") Wir rationalisieren diese Diskrepanz dann in der Folge – zu Lasten der intuitiven Wahrnehmung – dadurch, dass wir diese zu einer „optischen Täuschung" und damit zu „nicht wirklich" erklären. Es handelt sich eben nicht um trügerische Empfindungen, sondern um harte Tatsachen – Tatsachen, die das Verhalten in hohem Maße steuern (Fuchs, 2009; Gallagher, 2005; Gibson, 1982; Pfab, W., 2019). Noch einmal: der überwiegende Teil unseres Verhaltens erfolgt intuitiv.

Diese affektiv bestimmte Unmittelbarkeit hat interaktiven Charakter. Am Beispiel der Gesprächsatmosphäre ist dies besonders einleuchtend: Eine solche Atmosphäre tangiert (!) alle Beteiligten. Die einzelnen Gesprächsbeteiligten haben zwar durch ihr jeweiliges Verhalten zum Zustandekommen der Atmosphäre beigetragen, aber nun ist sie da und tangiert alle Beteiligten in gleicher Weise. Die knisternde Atmosphäre eines Flirts oder einer Verführung umfasst beide Beteiligte. Die Sprachphilosophin Sybille Krämer spricht in Bezug auf solche Phänomene der Unmittelbarkeit in Kommunikation von einem „[…] affektiven Raum unserer Verständigung, eine sympathische oder antipathische Bezugnahme auf den Anderen, ein Begehren oder eine Abwehr, welche Gemeinschaftlichkeit stiftet oder unterläuft, bevor überhaupt die wechselseitige intersubjektive Anerkennung von Geltungsansprüchen durch die argumentative Rede [...] zu greifen vermag." (Krämer, 2006, S. 7). Wir alle kennen dieses Gefühl der Verbundenheit von Momenten des gemeinsamen Lachens oder Weinens. Ein schönes Beispiel für diese unmittelbare Verbundenheit ist auch die Ausbildung eines gemeinsamen Sprechrhythmus von Gesprächsteilnehmern beim gemeinsamen Erzählen einer Geschichte, der zu einem intensiven Gefühl von Verbundenheit führt. Eine solche Verbundenheit kann aber auch in antagonistischen Situationen auftreten, also in Situationen des Streitens. Auch hier kann sich in der Wechselrede der Streitenden, z. B. im gegenseitigen Unterbrechen, ein Rederhythmus herausbilden, durch den die Rede beider Beteiligter verbunden ist. Die Inhalte ihrer Aussagen mögen konträr sein, aber auf dieser Ebene sind die Beteiligten miteinander verbunden. Auch miteinander verstrickt zu sein ist eine Form, miteinander verbunden zu sein.

Ein extremer Fall unmittelbarer Gemeinschaftlichkeit ist das Phänomen der sg. „Efferveszenz", ein gemeinsam geteiltes euphorische Gefühlserlebnis, ein Phänomen, das z. B. von Auseinandersetzungen zwischen Jugendgruppen bekannt ist (Pfab, 2018, S. 427 f.) oder auch bei Hooligans zu beobachten ist: „Das Hauptanliegen der Hooligans ist der Kampfesrausch: Adrenalin, die Erregung, die Aufregung vor der Auseinandersetzung, der Kick des Kämpfens, auch der gemeinsamen Brutalität. [...] Das Aufgehen des Ichs in der Meute der Männer verschafft den ersehnten ‚Kick'." (Findeisen & Kersten, 1999, S. 148.)

6.1.2 Relationale Psychoanalyse

Die Forschungsrichtung der „relationalen Psychoanalyse" ist v. a. von einem Forschungsteam um den US-amerikanischen Psychoanalytiker und Säuglingsforscher Daniel Stern geprägt worden. Er und seine Kollegen wollten zeigen, dass bereits im Säuglingsalter ein Kleinstkind in sehr abgestimmter Weise an den Interaktionsprozessen mit seiner Bezugsperson beteiligt ist, also lange, bevor die verbale Komponente von Kommunikation ausgebildet ist. Diese Prozesse weisen bereits ein hohes Maß an Synchronizität auf, sodass wir es also schon sehr früh mit einem „Kompetenten Säugling" zu tun haben, wie es der deutsche Forscher Martin Dornes titelte (Dornes, 2004). Es gelang den Forschern durch minutiöse Detailstudien von Videoaufnahmen der Interaktion von Säugling und Bezugsperson zu zeigen, wie die beiden in Mimik, Gestik, Stimme und Körperhaltung in koordinierter Weise aufeinander Bezug nehmen. Diese Bezugnahme erfolgt durch das unmittelbare Anteilnehmen an den Empfindungen des Gegenübers, so etwa, wenn eine Mutter das Quengeln ihres Säuglings stimmlich in Rhythmus und Prosodie aufgreift. Diese Ebene unmittelbarer Kommunikation bildet von Anbeginn an die Grundlage weiterer Interaktionsentwicklungen. Auf ihr wird die Ausbildung sprachlicher, verbal geprägter Interaktion überhaupt erst möglich und durch sie werden die Beziehungsmuster, in denen sich ein Mensch bewegt, ausgebildet und auch sein Bewusstsein von Selbstwirksamkeit, denn: „Indem Eltern ihr Verhalten in absehbarer Weise mit dem des Babys koordinieren, schaffen sie die Voraussetzungen dafür, dass sich das Kind in der Interaktion als Akteur erlebt." (Beebe et al., 2019, S. 63). Auf dieser Ebene erfolgt, was die Forscherinnen die elementare

Koordination der Beteiligten nennen. „Koordination meint hier einen interaktiven Prozess, in dem jedes Individuum das eigene Verhalten in Abhängigkeit davon, was der Partner gerade getan hat, verändert." (Beebe et al., 2019, S. 56). An dieser Koordination sind alle Modalitäten der Kommunikation beteiligt: „Die interaktive Regulierung erfasst alle bereits erwähnten Modalitäten der Kommunikation: Aufmerksamkeit, Affekt, räumliche Ausrichtung und Berührung." (Beebe et al., 2019, S. 61).

Die Forscherinnen warnen allerdings vor der „romantisierten Vorstellung" (Beebe et al., 2019, S. 58), dass eine Interaktion umso besser gelinge, je vollständiger und umfassender die Koordination erfolgen würde. Was die Interaktion zwischen Säugling und Bezugsperson betrifft, so sehen sie das Optimum vielmehr in einem „Mittelbereich" (Beebe et al., 2019, S. 56) eines Kontinuums, an dessen einem Ende – wenig Koordination – ein geringes Maß wechselseitiger Bezugnahme steht, während am anderen Ende – ausgeprägte Koordination – ein Zustand von „Überwachsamkeit" besteht, „[…] was sich im Kontext einer unsicheren Bindung als Bewältigungsstrategie auffassen lässt" (Beebe et al., 2019, S. 56). Ohnehin wäre es eine Unterschätzung des komplexen Geschehens in Interaktion, sich dieses als umstandslos gelingende Regulation vorzustellen. Eher ist das Scheitern von Regulation der Normalfall in sozialer Interaktion. „In der Face-to-Face-Interaktion sind Diskrepanzen oder Interaktionsfehler in etwa zwei Dritteln der Zeit gegeben. Alle drei bis fünf Sekunden geht es zwischen Zuständen der Angleichung (Korrespondenz) und Zuständen der Diskrepanz hin und her. Diskrepante Zustände sind also häufig und gehören zur normalen Interaktion dazu (siehe Tronik, 1989,)" (Beebe et al., 2019, S. 58 f.).

In Momenten solcher Diskrepanzen („Brüche") greift ein besonderes Organisationsprinzip sozialer Interaktion: die „Reparatur", d. h. es kommt zu einem Prozess, in dem und durch den ein Zustand gemeinsam geteilter Aufmerksamkeit und interaktiver Bezogenheit wiederhergestellt wird.

Beebe, Cohen und Lachmann zeigen einen solchen Prozess am Beispiel einer Interaktionssequenz zwischen Mutter und Baby, in der ein stimmiger Prozess zwischen beiden unterbrochen wird in dem Moment, in dem die Mutter sich weit über das Baby (das in einem Kindersitz sitzt) beugt, woraufhin das Baby sich und den Blick abwendet, die Stirn runzelt, sich nach hinten beugt und ein Wimmern von sich gibt. Daraufhin bewegt es sich in die *vis-a-vis*-Position zurück. Seine Unterlippe hat es eingezogen. Die Mutter geht in dem Moment mit ihrem Oberkörper zurück und übernimmt das Einziehen der Unterlippe. „[…] wir können erkennen, dass die Mutter sich der Empfindungsform seines Kummers präzise angleicht, also offenbar ein feines Gespür für seinen Zustand hat." (Beebe et al., 2019, S. 110). Nun beginnen Mutter und Kind, die Hände zueinander hin auszustrecken. Die Hände berühren sich. Das Kind schaut seine und der Mutter Hand aufmerksam an. Auf dem Gesicht der Mutter zeigt sich ein leichtes Lächeln. Einige Sekunden später blickt das Baby die Mutter mit einsetzendem Lächeln an, das die Mutter mit leichtem Lächeln erwidert. Einige Sekunden später lachen beide „einander voller Freude mit weit geöffnetem Mund an" (Beebe et al., 2019, S. 109).

Wie das Beispiel zeigt, dürfen wir uns Reparaturen nicht als Maßnahmen eines der Beteiligten vorstellen, sondern müssen es als einen interaktiven Prozess verstehen, an dem beide Beteiligte in unterschiedlicher Weise mitwirken.

„Demnach müssen wir uns eine gewöhnliche erfolgreiche Interaktion so vorstellen, dass sie hin-und herwechselt zwischen relativ ausgeglichenen Zuständen und kleineren Brüchen oder Diskrepanzen, die immer wieder flexibel und innerhalb sehr kurzer Zeit behoben werden." (Beebe et al., 2019, S. 111).

Mit den Prinzipien von Regulierung und Reparatur sind zwei wesentliche Prinzipien bestimmt, die für zwischenmenschliche Kommunikation ganz generell gelten. Darüber hinaus sind diese beiden Prinzipien folgenreich für die psychosoziale Entwicklung:

„Aus Prozessen von Bruch und Reparatur gehen Erfahrungen der Bewältigung, der Effektanz, also der Wirksamkeit des eigenen Handelns, der Wiedergutmachung und Hoffnung hervor (Tronik, 1989). Interaktionen erscheinen somit als reparierbar. Es entwickelt sich die Erwartung, dass der enge Kontakt zum Gegenüber auch angesichts von Spannungen und Diskrepanzen bewahrt werden kann. Im Kontrast dazu sorgt eine optimal koordinierte fortlaufende Regulierung für Strukturen, die Erfahrungen von Kohärenz, Vorhersagbarkeit, Passung mit dem Gegenüber und gelingender Bezogenheit ermöglichen." (Beebe et al., 2019, S. 87).

In Abb. 6.1 werden die Leistungen und subjektiven Folgen (Erfahrungen) dieser beiden interaktiven Prinzipien einander stichwortartig zusammengefasst.

Diese Mikroprozesse der Koordination verlaufen in hohem Maße nicht-bewusst. Sie sind im prozeduralen Gedächtnis verankert.

„Wir wissen heute aus der neuesten neurobiologischen Gehirnforschung, dass frühe Erfahrungen der ersten Lebensjahre nicht verbal in Erinnerung, sondern nur über nonverbale Kommunikationskanäle dem Anderen

Interaktives Prinzip	Interaktive Erfahrung
Fortlaufende Regulierung	
• vorhersagbar	Kohärenz
• erwartbar	Stimmigkeit
• stimmig	Passung
• kohärent	
• koordiniert	
Bruch und Reparatur	
Disjunktion	Wirksamkeit
Diskrepanz	
Spannung	

Abb. 6.1 Regulierung und Reparatur in der Interaktion

vermittelt werden können. Denn sie stammen aus einer Frühzeit der Entwicklung, in der diese frühen Erfahrungen aufgrund der noch ungenügend entwickelten Gehirnstrukturen z. B. des Hippocampus gar nicht im deklarativen Gedächtnissystem als Erinnerungsspuren gespeichert sind und somit auch nicht als Erinnerungsbilder abgerufen werden können. Sie sind auch noch nicht symbolisiert und können nicht verbal ausgedrückt werden […]" (Bettighofer, 2016, S. 84).

Die aktuelle Säuglingsforschung hat gezeigt, wie die Musterbildung und der darauffolgende Aufbauprozess komplexer Wahrnehmungsschemata im Entwicklungsprozess eines Menschen zustande kommt (Stern, 2009). Bowlby spricht von „Arbeitsmodellen" (1975, S. 164), die die Aspekte der Wirklichkeit einschließlich des eigenen Selbst, die ein Kind erfahren hat, repräsentieren. Beim Erwachsenen führt die Erfahrungsverarbeitung durch und über Muster und Konstruktionen zu einer Vielzahl von Schemata, mit denen dann eine Orientierung und Positionierung in der Welt erfolgt.

Die sg. Bindungsforschung ist insbesondere der Auffassung, dass die interaktiven Prozesse folgenreich sind für die Art der Bindungsbeziehung, die ein Mensch als Kind und später auch als Erwachsener sucht, d. h. für die angestrebte Regulierung von Nähe und Distanz, für sein Sicherheitsbedürfnis und sein Neugierverhalten. Diese Beziehung, so die Auffassung, hängt „in starkem Maße davon ab, wie feinfühlig die Mutter mit ihrem Verhalten auf Signale und Stimmungen ihres Babys eingeht." (Beebe et al., 2019, S. 79).

6.2 Die moralische Ordnung sozialer Interaktion

Auf einer zweiten Ebene zwischenmenschlicher Kommunikation geht es um Handlungen, die wir vollziehen, und um die Qualitäten, die mit diesen Handlungen verbunden sind. Diese Ebene ist durch Begriffe wie Verurteilung, Scham und Schuld und Verantwortung gekennzeichnet. War Regulierung im ersten Abschn. (6.1) bezogen auf die unmittelbare multimodale Handlungskoordination, so ist sie jetzt bezogen auf die sozialen Handlungen, die wir in Interaktion vollziehen. Mit einer Handlung ist stets Verantwortung verbunden und eine Zurechnung dieser Verantwortung auf die Person, die handelt. Hier geht es dementsprechend um Fragen der moralischen Qualität des Handelns, um Rechte (z. B. Rederechte) und Verpflichtungen (z. B. Rücksichtnahme), um Fragen der Auf- und Abrechnung der Beziehungs- und Schuldkonten der Beteiligten.

Die Prozesse auf dieser Ebene erleben wir subjektiv als angemessenen Umgang miteinander, als gerecht oder ungerecht. Wir empfinden Scham und Verlegenheit bei eigenem Versagen und Bestätigung, Autonomie und Anerkennung bei erfolgreichen Handlungen.

Wichtige Erkenntnisse über diese Ebene verdanken wir zum einen den Untersuchungen des US-amerikanischen Forschers Erving Goffman, die zu einer Vielzahl von weiteren Untersuchungen geführt haben, und zum anderen der psychologischen und therapeutischen Forschungsrichtung der Familientherapie. In beiden Ansätzen geht es um Moral.

6.2.1 Die Interaktionsordnung

Fragen der Angemessenheit und Unangemessenheit von Handlungen Anderen gegenüber sind Fragen der Bewertung. Antworten auf solche Fragen liefert das, was man die moralische Ordnung sozialer Interaktion nennen kann. Erving Goffman, den man durchaus als den größten Moralisten sozialer Interaktion im 20. Jhdt. bezeichnen kann (der Ausdruck „Moralist" wird hier in dem Sinne verwendet, dass Moralisten Betrachtungen über den alltäglichen Umgang von Menschen miteinander anstellen) nennt diese moralische Ordnung „Interaktionsordnung" (Goffman, 2001).

Diese moralische Ordnung umkreist die Art und Weise, in der wir an Situationen sozialer Interaktion beteiligt sind. Diese Formulierung bedarf einiger Erläuterungen:

Wir sind stets *nur* in einer bestimmten Weise an einer Interaktion beteiligt – nie in einer Weise, die man „ganze Person" zu nennen sich angewöhnt hat. Dies leuchtet wohl unmittelbar ein, wenn man an Kommunikation am Arbeitsplatz denkt, in der man „nur" in seiner „Rolle" an der Kommunikation beteiligt ist. Dies gilt aber auch für „persönliche", „intime" oder „private" Begegnungen, schon allein deshalb, weil Aspekte arbeitsbezogener

Kommunikation in diesen Fällen keine Rolle (!) spielen – oder genauer: zu spielen haben, eben weil die „Situation" eine andere ist.

„Moralisch" ist diese Ordnung in dem Sinne, dass es um Fragen des Anstands, der Höflichkeit und der *Etiquette* im Umgang miteinander geht. Diese Fragen sind keineswegs nur „Nice-to-have"-Angelegenheiten sozialer Kommunikation. Sie berühren vielmehr einen Kernbestand der Begegnung zwischen uns Menschen, denn sie berühren unser Selbstwertgefühl in Situationen sozialer Interaktion und damit einen zentralen Aspekt unserer sozialen Existenz überhaupt. „Diese Gesten, die uns manchmal leer erscheinen, sind vielleicht die inhaltsreichsten überhaupt." (Goffman, 1971, S. 100). Das Vokabular dieser „Interaktionsordnung" umfasst Begriffe wie Respekt, Benehmen, Rücksichtnahme, Peinlichkeit, Verlegenheit, Entwertung, Verantwortung.

Als „Ordnung" stellt sie ein Regelwerk dar; in ihm wird beschrieben, was man tun *sollte* – und was passiert, wenn man dem nicht folgt, sei es, dass man unglückseligerweise dagegen verstößt, sei es, dass man sie absichtlich verletzt, indem man z. B. sein Gegenüber herabwürdigt, verletzt oder degradiert.

In dieser Ordnung sind die Leitlinien des angemessenen Umgangs miteinander in Begegnungssituationen festgelegt.

Benimmbücher, Verhaltensvorschriften, „Kleiderordnungen" geben Aufschluss über moralische Ordnungen, um die es hier geht. Sie liefern Einblicke in deren historische Veränderlichkeit, sowohl, was das Ausdrucksrepertoire angeht (wie etwas ausgedrückt wird) als auch die sozio-kulturellen Bezugspunkte (was ausgedrückt werden sollte – und was nicht). Der Bereich von Mimik, Gestik und Körperbewegungen z. B. war in früheren Jahrhunderten in hohem Maße und im Detail festgelegt und geregelt – im europäischen Mittelalter war er bezogen auf die Vorstellung göttlicher harmonischer Ordnung (daher war z. B. „wildes Blicken" oder undeutliches Murmeln diskreditiert), im Barock war er bezogen auf Respektbekundungen in einer hochrangig statusregulierten Gesellschaft (z. B. in der Frage, wer in Anwesenheit des Fürsten sitzen durfte). Heutzutage gilt Mimik und Gestik – innerhalb gewisser Grenzen – als individuelle Ausdrucksgestalt der Persönlichkeit und ist damit bezogen auf ein Kernmoment modernen Gesellschafts- und Selbstverständnisses, den Individualismus. Liegt das non-verbale Verhalten allerdings jenseits bestimmter Grenzen, gilt es – wiederum individualistisch interpretiert – als Ausdruck mangelnder Körperkontrolle und damit defekter Persönlichkeit.

Das Vokabular der Interaktionsordnung moderner westlicher Gesellschaften ist den Leitdimensionen dieser Gesellschaften (s. Kap. 5) verpflichtet. Sie ist allerdings auf gesellschaftliche Rahmenbedingungen bezogen, wie Goffman betont, mit diesen nur „lose gekoppelt" (Goffman, 2001, S. 85). Machtbeziehungen oder Ungleichheiten in den sozialen Rollen können durch die Verpflichtungen der Interaktionsordnung zur Höflichkeit und Rücksichtnahme gemildert, allerdings nicht aufgehoben werden; sie stellen gleichsam eine „Beißhemmung" dar. Setzt ein Teilnehmer die Interaktionsordnung außer Kraft, bewerten wir sein Verhalten eingedenk des Rollenunterschieds entsprechend als „brutal" oder „rücksichtslos". Interaktionsbeziehungen sind in aller Regel zugleich asymmetrisch (auf der Rollenebene) und symmetrisch (auf der Ebene der Interaktionsordnung). Das Verhältnis von Rollenbeziehung zu Interaktionsbeziehung kann sich historisch verändern. Wir können dies in Fällen von Arbeitsbeziehungen oder auch bei der Kindererziehung beobachten – allerdings oft nur auf der Vorderbühne.

6 Vier Ebenen sozialer Interaktion

Die Verbundenheit der moralischen Ordnung mit gesellschaftlichen Strukturen kann auch dazu genutzt werden, durch ihre Veränderung gesellschaftliche Strukturen zu erschüttern, so z. B. durch die Einführung der für Alle gleichermaßen geltenden Anrede „Genosse" oder „Bürger" im Zuge der entsprechenden Revolutionen. Goffman führt das Beispiel der Quäker an („große Terroristen hinsichtlich der Kontaktformen" (Goffman, 2001, S. 89): „Diese sture Bande schlechter Redner sollte uns immer als Beispiel vor Augen stehen für die wunderbar zersetzende Macht systematischer Unhöflichkeit, und uns einmal mehr an die Verletzbarkeit der Interaktionsordnung erinnern." (Goffman, 2001, S. 89 f.). Veränderungen der moralischen Ordnung sind allerdings nur lose mit Strukturen der gesellschaftlichen Ordnung gekoppelt – die Veränderung der betrieblichen moralischen Ordnung (Duzen statt Siezen, Politik der „offenen Tür", „flache" Hierarchien) hat die strukturellen Faktoren der Arbeitswirklichkeit nicht außer Kraft gesetzt.

Die Art und Weise, in der wir in Situationen sozialer Interaktion beteiligt sind, lässt uns nicht kalt. Je nachdem, was geschieht, fühlen wir uns respektiert, anerkannt, missachtet oder beschämt. Es ist diese moralische Ebene, auf der wir in bestimmten Momenten sozialer Interaktion in besondere Gefühlszustände geraten, in Gefühle, die spezifisch nur in Interaktionssituationen zustande kommen. Und entsprechend der moralischen Interaktionsordnung sind dies moralische Gefühle.

„Verlegenheit" ist eines der Gefühle, dessen Logik sich mithilfe der moralischen Ordnung erhellen lässt. Verlegenheit hat mit nicht erfüllten Erwartungen an das Verhalten eines Interaktionsbeteiligten zu tun. „Die für das Entstehen von Verlegenheit wichtigen Erwartungen sind moralischer Natur." (Goffman, 1971, S. 115). Oben war gesagt worden, dass wir stets nur in einer bestimmten Art und Weise an Situationen sozialer Interaktion beteiligt sind. „Mittels […] seines ganzen Gebarens […] projiziert der einzelne dieses sozialgerechte Selbst wirkungsvoll in die Interaktion." (Goffman, 1971, S. 115), man macht dann „eine gute Figur" (Goffman, 1971, S. 107). Werden diese Erwartungen nicht erfüllt, kommt es zu einem *faux pas,* einem Zwischenfall, einer unbehaglichen Situation. Dann entsteht in der Situation Verlegenheit.

> **Beispiel**
>
> Ein solcher Fall liegt z. B. vor, wenn mit dem eigenen Selbst Ansprüche verbunden sind, die in der Situation ungerechtfertigt sind, so etwa wenn ein Kellner eines exklusiven Tennis-Clubs (eines von Goffmans Lieblingsbeispielen) auf die Frage eines Mitglieds in die Runde der Mitglieder „Spielt jemand ein Match mit?" ausruft: „Ja, ich!".
>
> Ein weiterer Fall ist der, dass ein Teilnehmer sich in einer Situation „gehen lässt" und – offensichtlich unkontrolliert – einen Aspekt seines Selbst in die Situation einbringt, der nicht angemessen ist, z. B. einen „Wutausbruch" oder einen „Rülpser".
>
> Der häufigste Fall ist wohl der, dass sich in der Interaktion herausstellt, dass sich Annahmen über notwendige Beteiligungsvoraussetzungen als falsch herausstellen, etwa wenn sich im Verlauf einer intellektuell geprägten Unterhaltung auf einer Cocktail-Party zeigt, dass einer der Beteiligten nicht über das dafür notwendige bildungsbürgerliche oder akademische Wissen verfügt, um sich angemessen an der Unterhaltung beteiligen zu können.

„Unter all diesen Umständen ereignet sich der gleiche grundlegende Vorfall: Die vorliegenden, expressiven Beweise bedrohen oder diskreditieren die Annahmen, die der Teilnehmer, wie er nun feststellen muß, zuvor über seine Identität gemacht hat. Daraufhin werden die anderen Anwesenden gewahr, daß sie weder ohne seine Annahmen auskommen, noch diese ihren eigenen Reaktionen zugrunde legen können. Die vertraute Wirklichkeit schrumpft solange, bis sich jeder ganz ‚klein' oder fehl am Platz vorkommt." (Goffman, 1971, S. 118).

Verlegenheit erfüllt die ganze Interaktionssituation, sie ist keineswegs nur das Gefühl eines der Beteiligten. Wir alle kennen die Situation des „Fremd-Schämens". Ein einzelner Teilnehmer kann Ursache für den Zwischenfall sein, aber der Zwischenfall selbst ist dann Teil der Situation und tangiert damit alle Beteiligten. „Wenn sich jemand in einer Situation befindet, die ihn erröten lassen sollte, dann werden andere Anwesende in der Regel (sic!) mit ihm und für ihn erröten, auch wenn er selbst nicht das nötige Schamgefühl oder Verständnis für die Umstände aufzubringen vermag, über sich selbst rot zu werden." (Goffman, 1971, S. 109).

Die moralische Ordnung hilft den Beteiligten, einen solchen Zwischenfall zu bewältigen oder zu überspielen. Hier greift Takt. Die Beteiligten werden sich nichts anmerken lassen, soweit es geht, oder, wenn es nicht geht, dem Verursacher beispringen im Versuch, den *faux pas* zu minimieren. „So helfen sie ihm, sein Gesicht und seine Gefühle zu wahren, und machen es ihm wohl auch leichter, seine Fassung wiederzugewinnen oder wenigstens das zu retten, was davon noch übrig ist." (Goffman, 1971, S. 112). Freilich sind hier „Verschlimmbesserungen" nicht ausgeschlossen, soweit, dass die Situation peinlich abgebrochen werden muss.

6.2.2 Gerechtigkeit in nahen Beziehungen

Fragen von Schuld sind in noch ganz anderer Weise für Kommunikationsprozesse relevant.

Es geht um Verdienste, die man sich in Beziehungen zu anderen Menschen erworben hat, und Schuldigkeit, durch die man anderen Menschen gegenüber verpflichtet ist, um Loyalität und Gerechtigkeit.

Der Gedanke, dass wir in unseren Beziehungen zu – insbesondere – nahen Menschen unsichtbare Schuld- und Verdienstkonten führen und diese die wesentliche Grundlage unseres Handelns sind, ist v. a. von dem ungarisch-US-amerikanischen Familientherapeuten Ivan Boszormenyi-Nagy formuliert und zusammen mit Geraldine Spark ausgearbeitet worden (darauf aufbauend in Deutschland Helm Stierlin (2007)). Boszormenyi-Nagy und Spark (1993) lassen keinen Zweifel an ihrer Auffassung, dass die Verdienst- und Schuldenkonten, die wir führen, unser Handeln mit anderen Menschen in sehr starkem Maße bestimmen. So werden Emotionen einzelner Personen in nahen Beziehungen als sekundäre Spiegelungen der jeweiligen Beziehungsstruktur zwischen den Beteiligten, nicht als deren primäre Ursachen verstanden (Boszormenyi-Nagy & Spark, 1993, S. 24). Diese Konten bestimmen insbesondere die moralische Qualität unseres Handelns, ja, „[…] dass der tiefe Unterbau menschlicher Beziehungen aus einer Hierarchie, einem Netz von Verpflichtungen besteht. Während Soziologen Listen manifester ‚sichtbarer' Verpflichtungen zusammengestellt haben, interessieren wir uns mehr für die unsichtbaren." (Boszormenyi-Nagy & Spark, 1993, S. 42). Das kulturelle Prinzip der Reziprozität ist hier auf der Beziehungsebene angesiedelt. Der US-amerikanische Psychologe Robert Cialdini (2002) hat die Wirkmächtigkeit dieses Prinzips in unserem Alltag beschrieben.

Diese wechselseitigen Verpflichtungen bilden die „sittlichen Grundlagen persönlicher Fairness und Gegenseitigkeit" (Boszormenyi-Nagy & Spark, 1993, S. 68). Es ist diese moralische Substanz, durch die eine Beziehung

6 Vier Ebenen sozialer Interaktion

zusammengehalten wird (Boszormenyi-Nagy & Spark, 1993, S. 74).

Auf solche Schuld- und Verdienstkonten („Unsichtbaren Registern", Boszormenyi-Nagy & Spark, 1993, S. 25) buchen wir – insgeheim oder auch bewusst –

- Verpflichtungen, die wir relevanten Anderen gegenüber empfinden – verbunden mit dem Gefühl der Dankbarkeit und dem Gefühl von Schuld ihnen gegenüber, aber ebenso auch
- Kränkungen, Verletzungen und Ausbeutung, die wir von ihnen erlitten haben und für die wir (häufiger insgeheim als explizit) Wiedergutmachung einfordern und die uns als Legitimation für Ausgleichshandlungen, für Vergeltung und Rache dienen, und
- unsere Leistungen ihnen gegenüber mit entsprechend gerechtfertigten Forderungen nach Ausgleich.

„Jeder einzelne führt Buch und saldiert vergangenes, gegenwärtiges und zukünftiges Geben und Nehmen, so wie er es wahrnimmt. Was in Form von Verfügbarkeit des eigenen Selbst in das System „investiert" und was in Gestalt von erhaltener Unterstützung oder ausbeuterischem Gebrauch anderer aus ihm herausgeholt wurde, ist und bleibt in dieser unsichtbaren Schuld- und Verdienstbuchführung verzeichnet." (Boszormenyi-Nagy & Spark, 1993, S. 69).

Insbesondere Schuldgefühle stellen eine „zutiefst verbindende Kraft" (Boszormenyi-Nagy & Spark, 1993, S. 194) zwischen Menschen dar. In diesem Sinn hat ein Opfer Macht über den Täter. Ein Blick ins Konto vermittelt uns, ob wir uns zu einer bestimmten Handlung berechtigt fühlen, ob wir damit ein erlittenes Unrecht wieder ausgleichen, „wieder gut machen" oder ob wir mit bestimmten Ansprüchen „unser Konto überziehen". Wir legen uns, so Boszormenyi, ständig Rechenschaft ab „über die Ereignisse innerhalb der Hierarchie unserer wechselseitigen, quasi-ethischen Verbindlichkeiten." (Boszormenyi-Nagy & Spark, 1993, S. 68). Befinden wir uns in einem "Verrechnungsnotstand" (Stierlin, 2007, S. 14), geht dieser „typischerweise mit Gefühlen von Ausgebeutet-Sein, von In-der-Falle-Sitzen, von Frustration, Wut, Trotz, ja Verzweiflung und Racheverlangen einher. Oft verbindet sich damit aber auch das Gefühl, ja das sichere innere Wissen, zu einer Wiedergutmachung, zu einem Kontenausgleich berechtigt zu sein" (Stierlin, 2007, S. 14). Er kann zu ‚kalten Kriegen' führen, in denen wir durch Manöver wie Kränkungen und Verletzungen erlittene Schädigung wieder auszugleichen versuchen. Eine besondere Rolle spielt dabei die sg. „Drehtafel", mit der eine Forderung gegenüber dem Gläubiger „weggedreht" und gegenüber einem Dritten etabliert werden kann. „Ein unschuldiger Dritter kann also, zum Sündenbock gemacht, dazu herhalten müssen, das unbereinigte Konto auszugleichen" (Boszormenyi-Nagy & Spark, 1993, S. 102). Diese Verdrehung ausgleichender Vergeltung kann zu unlösbaren Konflikten in Interaktionssystemen führen.

Im „Hauptbuch" eines Beziehungssystems ist allerdings mehr verzeichnet, als den einzelnen Beteiligten bewusst ist. Es sind auch alte offene Rechnungen verbucht, die im Fall langandauernder Beziehungen über mehrere Generationen mitgeführt werden. Dies gilt v. a. für Familien. Das kann dazu führen, dass ein bestimmtes Verhalten als Wiedergutmachung für eine lang zurückliegende Verfehlung erfolgt, die in einer früheren Generation stattgefunden hat, oder für ein dort erlittenes Unrecht. So kann es z. B. vorkommen, dass Eltern, die unter ungerechten staatlichen Maßnahmen leiden mussten, von ihren Kindern dadurch gerächt werden, dass diese Gesetzesbrüche begehen. Diese Kinder opfern sich für ihre Eltern auf – und zeigen damit auch ihre Familienloyalität. In diesem Zusammenhang sind auch die sg. Delegationen zu sehen (Stierlin, 1978), d. h. Aufträge, die Kinder von ihren Eltern erhalten oder erhalten zu haben glauben, etwa: "Männer sind Schweine, räche Deine Mutter".

Was als Leistung oder Verpflichtung gilt, hängt vom „Zugehörigkeitssystem" (Stierlin, 2007, S. 7) bzw. der jeweils relevanten Kommunikationsgemeinschaft ab, also z. B. der Familie oder der Arbeitseinheit oder der Bezugsgruppe, in der man sich bewegt. Diese bestimmt auch die Kriterien, was als "gerecht" gilt. Auf der Grundlage dieser Konten entscheiden sich Fragen, die uns als Fragen der Moral erscheinen, z. B. Fragen von Treue und Verrat.

Von zentraler Bedeutung ist das Prinzip der Loyalität.

„Das Loyalitätsprinzip ist eine grundlegende Voraussetzung für das Verständnis der Moral, das heißt der tieferliegenden Beziehungsstruktur von Familien und anderen sozialen Gruppen. [...] Loyalitätsbindungen gleichen unsichtbaren, aber starken Fasern, welche die komplizierten Teilchen des Beziehungs-,Verhaltens' in Familien wie auch in der Gesellschaft zusammenhalten." (Boszormenyi-Nagy & Spark, 1993, S. 68 f.).

„Sie sind das A und O des Fortbestands der Gruppe." (Boszormenyi-Nagy & Spark, 1993, S. 72). Loyalitätsspaltungen und -konflikte sind entsprechend zentrale Probleme in arbeitsweltlichen wie auch in familialen Beziehungssystemen, ebenso wie "Verpflichtungsfesseln" (Boszormenyi-Nagy & Spark, 1993, S. 189), die durch „[...] übermäßige Hingabe, welche niemals Gegengaben zulässt oder fordert" (Boszormenyi-Nagy & Spark, 1993, S. 189) zustande kommen. Sie führen zu einer "hoffnungslosen Loyalitätsschuld." (Boszormenyi-Nagy & Spark, 1993, S. 189).

Eine solche Sichtweise führt auch zu einer Neubewertung von Vorstellungen, die wir als relevant für unsere Betrachtungen unserer Beziehungen zu Anderen erachten, z. B. unsere Vorstellungen von „Macht" und "Ausbeutung" oder von „Gleichheit". Ohne die Bedeutung der Machtebene von Interaktion zu unterschätzen, betonen die Autoren deren Zusammenhang mit der Ebene von Schuld und Verpflichtung.

> „Könnte man deren dialektisches Verhältnis zueinander nicht voraussetzen, würde man nur die Herrschaft durch Macht im absoluten Sinne sehen: der Sieger obenauf und der Verlierer hoffnungslos am Boden. So betrachtet wäre das Familienleben der wirtschaftlichen und politischen Szene angeglichen, auf der, zumindest zeitweilig, Reichtum und Macht gewöhnlich zu mehr Reichtum und Macht führen. Im Familienleben sind die einzelnen Mitglieder jedoch der unerbittlichen Gerechtigkeitsbuchführung zu stark verhaftet, als daß sie Schuldgefühlen wegen des Mißbrauchs von Macht ausweichen könnten." (Boszormenyi-Nagy & Spark, 1993, S. 55).

„Ein echtes Verständnis dessen, was Ausbeutung ausmacht, läßt sich nur aus den wechselseitigen Bilanzen von Verdienst und Anerkennung von Verdiensten gewinnen." (Boszormenyi-Nagy & Spark, 1993, S. 33). Was Vorstellungen von Gleichheit betrifft, so ist mit diesen die Gefahr einer Fehleinschätzung verbunden: „Gleichheit der Partner ist keine Voraussetzung für die Aufrechterhaltung des Gleichgewichts in Beziehungen. Beziehungen unter ungleichen Partnern lassen sich ins Gleichgewicht bringen, vorausgesetzt, die Beteiligten sind – bewußt oder unbewußt – imstande, sich den Gerechtigkeitskonten zu stellen, und fähig, die Asymmetrie des Austauschs auf eine Kompensation der Asymmetrie der Vorteile abzustimmen." (Boszormenyi-Nagy & Spark, 1993, S. 208)

Diese Sichtweise warnt auch vor vorschnellen Bewertungen von Beziehungsmustern auf der Grundlage oberflächlicher Beobachtungen: Ob eine Beziehung „ausbeutend" ist, ob ein bestimmtes Handeln „märtyrerhaft" ist, ob „Verrat" vorliegt etc., kann nicht aufgrund eines Beobachtungsresultats bestimmt werden, sondern nur in Bezug auf das „Hauptbuch" der Beziehung, in der die jeweilige Interaktion „verbucht" wird.

6.3 Spiel oder Ernst? – Die poetische Dimension sozialer Interaktion

Auf einer weiteren, dritten, Ebene sozialer Interaktion geht es um das Verhältnis von Kommunikation und Wirklichkeit. Sich dieses Verhältnis als eines der Abbildung vorzustellen, wäre eine dramatische Fehleinschätzung des Wesens von Kommunikation – schon allein deshalb, weil es bekanntlich sehr unterschiedliche Wirklichkeitssphären gibt, in denen etwas gesagt werden kann: im Ernst, im Scherz, im Rausch, im Affekt, …. Diejenigen, die mit Sprache in einer künstlerischen Weise umgehen, wussten schon immer von der wirklichkeitserzeugenden Kraft der Sprache, davon, dass man mit Sprache Welten schaffen kann, nicht nur abbilden. Wie sonst könnte man die folgenden Zeilen verstehen, die Horace Walpole 1785 in seinen „Hieroglyphischen Geschichten" zu Papier brachte:

> „Es gab einmal einen König, der hatte drei Töchter, das heißt, er hätte drei gehabt, wenn er eine mehr gehabt hätte, aber auf irgendeine nicht näher geklärte Weise war die älteste Tochter nie richtig geboren worden. Sie

war ungemein schön, besaß einen sprühenden Geist und sprach perfekt Französisch, wie alle Autoren jener Epoche versichern; und dennoch wollte keiner von ihnen behaupten, daß sie je gelebt habe." (Walpole, 1988, S. 33).

und der argentinische Autor Jorge Luis Borges erinnert an seinen Vater:

„Er war es, der mir die Augen für die Macht der Dichtung öffnete – die Tatsache, daß Wörter nicht nur ein Mittel zur Kommunikation sind, sondern auch magische Symbole und Musik." (Borges, 1991, S. 10).

Diese Gestaltungs- oder poetische Kraft ist aber beileibe nicht nur eine Angelegenheit jener Sphäre des Gesellschaftlichen, die wir als „zweckfreie Dichtkunst" betrachten. Der Kunstcharakter von Kommunikation ist vielmehr ein zentrales Moment unseres kommunikativen Alltags. Anderenfalls wären Täuschungen nicht möglich. Es ist sprachliche Kreativität, die uns Ausflüge in außersprachlich nichtexistierende Welten ermöglicht und in die wir durch Andere geführt und verführt werden. Es ist die Gestaltungskraft kommunikativer Situationen, die symbolische Welten schafft, Welten, die in ihrer symbolischen Natur sehr real sind. Der Schweizer Literaturwissenschaftler Peter v. Matt geht so weit zu sagen, dass unsere moderne Vorstellung von Individualität gekoppelt ist an die Fähigkeit, Andere täuschen zu können (s. o. 4.1). Seit Anbeginn modernen europäischen Bewusstseins stellt die Unterscheidung von Echtheit und Täuschung denn auch einen Leitgesichtspunkt der Betrachtung von Kommunikation dar. 1647 mahnt der Jesuit am spanischen Hof Baltasar Gracián in seinem „Handorakel und die Kunst der Weltklugheit" (weltklugerweise unter Pseudonym):

„Einst war es die Kunst aller Künste, reden zu können, jetzt reicht das nicht mehr aus; erraten muß man können, vorzüglich, wo es auf Zerstörung unserer Täuschung abgesehen ist." (Gracián, 2015, Maxime 25).

und aktuell wird der Text u.a. unter dem Titel „Gracián für Manager" wieder aufgelegt (Buchegger, 1996; Hemel, 2008).

In Interaktion zu spielen, Wirklichkeit schaffen zu können, ist in der Entwicklung eines Menschen und für diesen von zentraler Wichtigkeit, wie Schiller 1795 empfatisch formulierte als „Der Mensch ist nur da ganz Mensch, wo er spielt", und wie die Entwicklungspsychologie einhellig immer wieder nachweist. Erickson konstatiert eine „sehr menschliche Fähigkeit zur Schauspielerei" (Erickson, 1978, S. 83) und und schreibt vom „[...] *Rollenspiel* auf realer geschichtlicher Bühne in tödlichem Ernst" (Erickson, 1978, S. 83).

Begegnungen mit anderen Menschen haben, so kann man formulieren, einen Aufführungscharakter. In dem Text des französischen Aufklärers Denis Diderot „Rameaus Neffe" (um 1750) ist dies in vollendeter Weise auf die Spitze getrieben (Diderot, 2008). Damit sind zwei sich ergänzende Aspekte von Kommunikation angesprochen: zum einen geht es um den Inszenierungscharakter sozialer Interaktion und zum anderen darum, dass in und durch Kommunikation etwas hervorgebracht wird. Beide Aspekte sollen im Folgenden erläutert werden.

6.3.1 Der Inszenierungscharakter sozialer Interaktion

Soziale Interaktion ist Kommunikation im Beisein anderer Menschen. In sozialer Interaktion steht man damit „unter Beobachtung". Selbst wenn es sich um eine Begegnung von nur zwei Menschen handelt, ist der Andere als Mit-Handelnder zugleich auch Beobachter meines Handelns. Ein Großteil unseres kommunikativen Alltags vollzieht sich aber ohnehin in Mehrpersonenkonstellationen – in Arbeitsgruppen, im Familienkreis, unter Freunden. In diesen Konstellationen kommt der Aufführungscharakter von Kommunikation noch stärker zur Geltung: Spricht man in Anwesenheit Dritter zu einem Anderen, so haben diese Dritten ohnehin den Status von Zuschauern; spricht man zu allen Beteiligten zugleich, so spricht man gleichsam *vor* ihnen, und dadurch erhalten sie ebenfalls Zuschauer-Status. Freilich ist es schon an dieser Stelle geboten, verschiedene Typen von „Zuschauern" zu unterscheiden (und auch damit dem simplen Sprecher-Hörer-Modell eine differenziertere Betrachtung der Angelegenheit gegenüberzustellen). Diese Differenzierung verdanken wir Erving Goffman (1979). Wir können in sozialer Interaktion, so stellt er fest, in sehr unterschiedlicher Weise als Hörer beteiligt sein:

- als direkt Angesprochener,
- als „Zielobjekt", d. h. als jemand, der zwar anwesend, aber nicht angesprochen ist, an den die Botschaft aber gerade gerichtet ist,
- als Teil des Publikums, d. h. als jemand, der zuhört, ohne sich in erheblichem Maße an der Interaktion zu beteiligen,
- als jemand, der zwar auch anwesend ist und zuhört, aber nicht zum Publikum dazugehört und nicht an der Interaktion teilnimmt,
- als „Lauscher", der an der Interaktion interessiert ist, aber nur heimlich anwesend ist.

Ferner müssen wir uns von einem Verständnis des Ausdrucks „Hörer" oder „Zuschauer" freimachen, demzufolge

6 Vier Ebenen sozialer Interaktion

dieser dem Geschehen im Wesentlichen rezeptiv-passiv und still folgt und nur an vorgeschriebenen Stellen im Geschehen einen bestimmten Beitrag absondert (Beifall und Rufe nach „Zugabe"). Ein solches Verständnis entspricht einer Aufführungspraxis, die sich in Europa im Laufe der letzten Jahrhunderte durchgesetzt hat. Demgegenüber waren Zuschauer etwa zu Zeiten Shakespeares in erheblichem Maße am Geschehen auf einer Bühne beteiligt, begleiteten das Geschehen mit lauten Kommentaren, forderten Wiederholung einzelner, besonders gelungener Passagen, „buhten" schlechte Akteure aus und verzehrten mitgebrachte Köstlichkeiten. Wenn wir in Bezug auf soziale Interaktion von „Zuschauer" sprechen, dann haben wir solche aktiven Beteiligten im Sinn, die sich je nach situativer Passfähigkeit und kultureller Gepflogenheiten mit Mimik, Gestik, Blickkontakt, Verstehenssignalen, Ausrufen, Kommentaren, Körperwendungen etc. am interaktiven Geschehen beteiligen und damit den gerade hauptsächlich Sprechenden in erheblichem Maße in seinen Darstellungen beeinflussen können. Sie können ihn bestärken, honorieren (durch Applaudieren, anerkennendes Kommentieren), irritieren (durch längeres Unterbrechen des Blickkontakts), beschämen (durch Auslachen), anspornen (durch aufmunternde Gesten), hemmen (durch abwehrende Gesten) etc. etc. Zu Recht hat der Sprachforscher Johannes Schwitalla betont, dass es sich beim Sprechen in Interaktion um einen Prozess handelt, an dem der Zuhörer stets in erheblichem Maße mitbeteiligt ist (1992).

Mit dem Publikum in Interaktion sind in besonderer Weise Anerkennungsfragen verbunden: Sprechen vor Publikum bedeutet immer die Möglichkeit, zu „glänzen" und sich in hohem Maße zu profilieren (deswegen werden Jagd-, Angel, Eroberungs- und Krankengeschichten besonders gern vor Publikum erzählt). Zugleich ist stets das Risiko des Scheiterns präsent, sei es, dass die Geschichte nicht gut erzählt ist, sei es, dass Andere bessere Geschichten zum besten geben können. Heikel und beschämend ist die Degradierung vor Publikum, also z. B. die Kritik eines Vorgesetzten an einen Mitarbeiter vor den Augen seiner Kollegen.

Mit Inszenierungscharakter ist gemeint, dass wir Begegnungen mit anderen Menschen so verstehen können, dass wir in ihnen kleine (und manchmal auch größere) Dramen spielen. Dies beginnt schon bei den kleinen Elementen sozialer Interaktion, einzelnen Äußerungen. Alles, was wir unseren Gesprächspartnern mitteilen wollen, muss in irgendeiner Weise sprachlich und auch nichtsprachlich gefasst werden, in Worte gekleidet werden, wie man etwas sagt. Diese sprachliche, non-verbale und körperliche Ausgestaltung des Sprechens erfolgt in Abhängigkeit vom Redegegenstand, den Adressaten und anderen Beteiligten (Zielperson!) und von der Situation, in der die Kommunikation stattfindet.

> **Beispiel**
>
> Wenn ich im Freundeskreis von einem Erlebnis am letzten Wochenende erzähle, werde ich besondere Einzelheiten dieses Erlebnisses hervorheben, übertreiben, ausmalen, Momente hinzudichten, das Geschehen in dramatischer Weise schildern, Akteuren der Geschichte Stimmen verleihen, sie imitieren, ich werde die Stimme mal heben mal senken, Kunstpausen setzen, die Zuhörer durch meinen Blickkontakt binden, an bestimmten Stellen Kommentare der Zuhörer einfordern, etc.
>
> Wenn ich meinem Arzt meine Beschwerden schildere, werde ich die Schmerzen lautmalerisch ausdrücken, mein Gesicht in schmerzliche Falten legen, werde berichten, was vorher passiert ist und was ich zur Schmerzlinderung bereits unternommen habe – und ich werde mich kurzfassen, denn ich weiß: der Arzt hat keine Zeit.

6 Vier Ebenen sozialer Interaktion

> Wenn ich meinen Sohn beim familialen Abendessen zur Ordnung rufe, werde ich meine Stimme erheben („laut werden"), meinen Sohn scharf anblicken, meine Familie mit einer Handbewegung, die Entschiedenheit ausdrücken soll, daran hindern, sich zugunsten meines Sohnes einzumischen, mit Konsequenzen drohen, etc.
> Wenn ich meiner Tante bei der Beerdigung ihres Gatten mein Beileid ausspreche, werde ich den Blick senken, mit gedämpfter Stimme sprechen, ihre Hand halten.

In allen Fällen bedarf es, damit mein Handeln wirksam wird, erfolgreich ist oder gelingt, einer besonderen, je spezifischen kommunikativen Ausgestaltung.

Schießt man allerdings über das Ziel hinaus und überzeichnet in der dramatischen Ausgestaltung, empfinden wir dies als „theatralisch". Eine solche Bewertung weist schon darauf hin, dass – jedenfalls in vielen Fällen – die Kriterien, mit deren Hilfe wir solche Darstellungen wahrnehmen, Kriterien des Gelingens und des Geschmacks, mithin ästhetische Kriterien sind.

Darüber hinaus ist mit jeder Äußerung eine spezifische Beteiligungsweise verbunden – eine Gesprächsrolle, die ich gerade in der Begegnung spiele (diese Gesprächsrolle *kann* mit der sozialen Rolle übereinstimmen) – als Erzähler einer Geschichte, als Patient gegenüber meinem Arzt, als Vater gegenüber meinem Sohn, als Trauernder gegenüber einer Betroffenen.

Ferner besitzt jede Äußerung einen Aufforderungscharakter gegenüber den anderen Beteiligten (manchmal militärisch inspiriert auch „Appell" genannt), in welcher Weise sie sich zu der Äußerung verhalten sollen: eine Erzählung honorieren, eine Sorge vor Erkrankung ausräumen, sich für eine Untat entschuldigen, eine Trauerbekundung entgegennehmen. Und natürlich gelten für diese Verhaltensweisen die gleichen Anforderungen an ästhetischer Ausgestaltung auch.

Damit ist die Dramaturgie einer Szene gesetzt – die Beteiligten nehmen ihre Rollen und Positionen ein, das Geschehen folgt einem Skript, das Spiel beginnt.

Immer ist es eine Mischung des Befolgens von Darstellungskonventionen und des Improvisierens aus dem Stand.

Auch wenn die Behauptung, unser Leben würde daraus bestehen, Seifenopern nachzuspielen, vielleicht überzogen ist, so orientieren wir uns in bestimmten Situationen sicher an dramaturgischen Vorlagen. Der Theaterwissenschaftler und -praktiker Richard Schechner (1988) hat eine Analogie zwischen den Abläufen um die Entlassung von Mitarbeitern der Nixon-Administration durch den nachfolgenden Präsidenten Ford und dem Ablauf des Romeo-und-Julia-Dramas festgestellt. Er betont, dass „Politiker, Aktivisten, militante Gruppen, Terroristen Techniken des Theaters – vor allem Inszenierungsstrategien – verwenden, um auf soziale Aktionen aufmerksam zu machen" (Fischer-Lichte, 2012, S. 50).

Besondere Formen kleiner Dramen sind die „Spiele für Erwachsenen", die der US-amerikanische Psychiater Eric Berne schon vor mehr als 50 Jahren anschaulich beschrieben hat (2002, urspr. 1964).

Prägnante Beispiele für inszenatorische Auftritte hat die US-amerikanische Soziologin Arlie Hochschild (2006) in ihrer Studie zu „Gefühlsarbeit" zusammengestellt. Hochschild hat Berufe untersucht, bei denen Gefühle in besonders hohem Maße eine Rolle spielen.

> „Typische Gefühlsarbeiter in diesem Sinne sind Friseure, Lehrerinnen, Pastoren, Vermögensberaterinnen, Arbeitsvermittler, Krankenpfleger, Hostessen, Flugbegleiter usw. Aber auch in Arbeitsbereichen, in denen man die Relevanz

von Gefühlen nicht ohne weiteres erwarten würde, tritt Gefühlsarbeit auf, z. B. bei EDV-Mitarbeiterinnen des Benutzer-Service oder bei Schuldnerberatern – für beide ist ein professioneller – und das heißt empathischer Umgang mit z. B. Schamgefühlen ihrer Klienten wesentlicher Teil ihrer Arbeit." (Pfab, 2020b, S. 7).

Solche Gefühlsarbeiter sind qua Arbeitsaufgabe zu einer besonders ausgearbeiteten (!) Darstellung von Gefühlen verpflichtet – unabhängig davon, ob sie diese Gefühle nun „echt" empfinden oder nicht, und zu einem „Handling " der Gefühle ihrer Kunden. Hochschild erfährt von einem Schuldeneintreiber:

„Die Arbeit geht leichter, wenn der Angestellte schnell spricht, erklärte mir ein Mitarbeiter. ‚Sie stellen die Identität fest und sagen dann, wer sie selbst sind. Dann ist man auch schon beim Kern der Sache angelangt und man kann es schnell erledigen, etwa indem man sagt: ‚Sie müssen den Betrag bis morgen beibringen'. Dann macht man eine Sekunde Pause. Sie müssen versuchen, ihn aus der Ruhe zu bringen. Wenn Sie zu freundlich sind, dann haben Sie harte Arbeit vor sich, das können Sie mir glauben.'" (Hochschild, 2006, S. 114)

Hochschild macht auch darauf aufmerksam, dass dauerhafte Darstellung von Gefühlen zu ernsthaften psychischen Problemen führen kann. „Der Umgang mit der Spannung zwischen Darstellung und Empfindung ist ein wesentlicher Bereich produktiver Arbeitsbewältigung, und es kann in Fällen des dauerhaften Scheiterns zu emotionaler Erschöpfung und burn-out kommen, wie schon seit längerem bekannt ist. (Rafaeli & Sutton, 1987)." (Pfab, 2020b, S. 7 f.).

Der Inszenierungscharakter betrifft darüber hinaus Arbeit ganz generell: „Arbeit muss sichtbar sein, insbesondere unter Arbeitsbedingungen, die durch Auflösung stabiler Strukturen gekennzeichnet sind (Voswinkel, 2010)." (Pfab, 2020b, S. 20).

Alle diese Fälle zeigen, dass wir mit unseren herkömmlichen Vorstellungen und Begriffen, mit denen wir die Welt betrachten, in praktische Schwierigkeiten geraten:

> **Beispiel**
>
> Ist die Anteilnahme des Friseurs an der Geschichte, die ich ihm während des Haareschneidens erzähle, nun geheuchelt oder echt?
> Ist der erste Auftritt der neuen Führungskraft Ausdruck eines starken Selbstbewusstseins oder überspielt er damit nur seine Unsicherheit?
> Gelingt es einem Gesprächsteilnehmer, Informationen, die ihn diskreditieren würden, aus dem Gespräch herauszuhalten, gelingt ihm also, was Goffman (1967) „impression management" nennt?
> Ist die spitze Bemerkung des Kollegen beim Mittagstisch eine Beleidigung oder Moment spielerischer Provokation, ist sie ernst oder unernst?

Die Mischung aus Ernsthaftigkeit und spielerischen Elementen kann man besonders gut zeigen für Fälle von Kommunikation, die als ganz besonders ernst und gewichtig gelten, für Fälle des Streitens.

Der Gesprächsanalytiker Werner Nothdurft hat bei einer Untersuchung von Schlichtungsgesprächen bei Nachbarschaftskonflikten festgestellt, dass in diesen eine Vielzahl von Elementen auftauchen, die gemeinhin der Sphäre spielerischer Kommunikation zugerechnet werden. So legt es z. B. in einem dieser Konfliktgespräche der beschuldigte Nachbar darauf an, „[…] in besonders übersteigerter, karikierender Weise mit den Anschuldigungen fertig zu werden, sie in besonders witziger und kunstvoller

Weise abzustreiten und seine Gesprächspartnerin durch inkohärente Reaktionen zu irritieren. Er inszeniert in der Gesprächssituation ein Verwirrspiel für den Schlichter." (Nothdurft, 2002, S. 488). Beide Kontrahenten nutzen stilistische Mittel zur Ausgestaltung ihrer Botschaften. So unterstreicht die Nachbarin ihre Anschuldigung, permanent von ihrem Nachbarn belästigt zu werden, durch Wiederholungen im Intonationsmuster ihres Redebeitrags. Der Angeschuldigte seinerseits entwickelt eine kunstvolle „Nonsense-Konstruktion" (Nothdurft, 2002, S. 494). Zunächst greift er die Anschuldigung „immer immer Sie waren immer besoffen" auf: „Jeden (betont) Abend war ich besoffen?", um dann in einer überraschenden Wendung zu folgern: „Dann darf ich ja gar keinen Tankwagen fahren", um nach der dann erfolgenden Sprachlosigkeit seiner Gegnerin zu erklären: „Dann trink ich das ganze Öl aus".

„Der Grund, warum die poetischen Qualitäten so wesentlich zur rhetorischen Wirksamkeit von Sprechen beitragen, liegt darin, dass sie erfahrungsbezogen und nicht wissensbezogen sind, d. h. eine Verstehensschicht beim Hörer ansprechen, die unmittelbar und wenig reflektiert wirksam wird. Die sprachliche Inszenierung und lautmalerische Ausgestaltung in der Ereignisbeschreibung bietet dem Zuhörer ein Bild, das er in seiner eigenen Phantasie auffüllen und an dem er seine Phantasie weiterentwickeln kann (vgl. Davidson, 1990). Rhythmus, Wiederholung und Klangzauber des Sprechens schaffen eine musikalische Sphäre, die beim Zuhörer unmittelbar verfängt." (Nothdurft, 2002, S. 482).

Eine besonders kunstvolle Ausgestaltung des Sprechens in Konfliktsituationen kann man in Formen ritueller Beleidigungen finden, etwa beim kommunikativen Duell des „Dissens" unter Jugendlichen oder des „Frotzelns", in denen es wesentlich um Einfallsreichtum beim Formulieren sprachlicher Angriffe einerseits und beim Erwidern solcher Angriffe andererseits geht, um Schlagfertigkeit und sprachliche Kreativität. Auch bei diesen Formen findet sich das Spannungsfeld von Spiel und Ernst – es geht in spielerischer Weise darum, den Anderen zu degradieren und das Geschehen hat hohen Unterhaltungswert und schafft Vergnügen (jedenfalls beim Publikum) und entscheidet gleichzeitig über den Status der Duellanten in der Gruppenordnung (vgl. Nothdurft, 2007b, S. 119 f.). Das Geschehen ist dezidiert nicht ernst, ist aber geprägt von den Folgen, die daraus erwachsen.

6.3.2 Die wirklichkeitsschaffende Kraft interaktiver Veranstaltungen

Als der englische Philosoph John Austin „entdeckte", dass man mit Sprechen eine Tätigkeit ausführt und soziale Tatsachen schaffen kann, geriet damals die ganze Philosophie aus dem Häuschen, hatte man doch bis dahin in dieser Zunft angenommen, dass Sinn und Zweck von Sprechen ist, auf Aspekte der Wirklichkeit zu verweisen, etwas über die Welt auszusagen, dass also „[…] die einzige bzw. einzig interessante Aufgabe jeder Äußerung -also all dessen, was wir sagen – darin besteht, wahr zu sein oder zumindest falsch" (Austin, 1986, S. 305). Austin zeigte, dass insbesondere durch bestimmte Äußerungen – solche, die mit „Hiermit …" beginnen – etwas geschaffen wird, was anderweitig in dieser Weise nicht zustande kommen würde, Äußerungen, die, wie er sagte, „performative Kraft" besitzen: „Hiermit erkläre ich Sie zu Mann und Frau". Es ging also auch Austin um den Zusammenhang von Sprache und Wirklichkeit, aber eben in anderer Weise –

nämlich unter dem Aspekt des Herstellens von Tatsachen durch Sprechen. Verheiratet zu sein, ist eine sehr harte Tatsache, und diese wird hergestellt durch einen Akt des Sprechens (unter dafür geeigneten Rahmenbedingungen). Die Frage nach wahr oder falsch macht keinen Sinn, entscheidend ist vielmehr die Frage, ob die Handlung gelungen ist oder nicht. Während Austin seinerzeit, 1956, in typisch britischem Understatement noch schrieb: „Es ist durchaus verzeihlich, nicht zu wissen, was das Wort ‚performativ' bedeutet. Es ist ein neues Wort und ein garstiges Wort, und vielleicht hat es auch keine sonderlich großartige Bedeutung. Eines spricht jedenfalls für dieses Wort, nämlich, daß es nicht tief klingt." (Austin, 1986, S. 305), gehört der Ausdruck „performativ" inzwischen zum Grundwortschatz kommunikationswissenschaftlicher Forschung und hat eine „sonderlich großartige Bedeutung" bekommen.

Konzentrierte sich die durch Austin inspirierte Forschung anfangs noch auf die Untersuchung der performativen Kraft einzelner Handlungen, sg. „Sprechakte", liegt der Fokus mittlerweile darauf, wie durch das interaktive Zusammenspiel von Beteiligten etwas zur sozialen Tatsache wird.

Die performative Kraft eines interaktiven Zusammenspiels im Hervorbringen einer sozialen Tatsache soll im Folgenden anhand eines „exotischen" Beispiels veranschaulicht werden. Exotisch ist dieses Beispiel, weil die Interaktion am anderen Ende der Welt stattfand, in Neu-Guinea, vor allem aber, weil es sich bei der interaktiv hervorgebrachten sozialen Tatsache um die Präsenz von Geistern in der Interaktion handelt – eine Anwesenheit, deren Wirklichkeit aus moderner europäischer Perspektive eher zweifelhafter Status zugesprochen wird. Dem Autor der Studie, dem Ethnologen Edward Schieffelin, geht es darum, die „interactional creation of a performance reality" (Schieffelin, 1985, S. 707) zu rekonstruieren. Schieffelin beschreibt das Vorfeld und den Verlauf eines Heilungsrituals bei den Kaluli. Heilungsrituale erfolgen bei Erkrankung eines Stammesmitglieds, und Erkrankungen sind, so die Auffassung der Kaluli, wie vieles andere auch auf das Einwirken von bösen Geistern (*Seis*) zurückzuführen. Diese können, wenn sie bei einem Heilungsritual anwesend sind, Auskunft über die Erkrankung geben. Bei einem Heilungsritual treten entsprechend Geister in Erscheinung, und Schieffelin beschreibt sehr genau, wie deren Auftritt zustande kommt. Es beginnt schon in der Vorbereitung des Rituals. Ein als Heiler bekanntes und renommiertes Stammesmitglied wird gebeten, das Ritual anzuleiten. Er jedoch „ziert sich" zunächst, und es bedarf eines hohen interaktiven Aufwands, ihn nach gehörigem Hin-und-Her dazu zu bewegen, das Ritual doch durchzuführen. Durch dieses Sich-Zieren, die dadurch entstehende Furcht und Anspannung, das Ritual könnte nicht stattfinden, wird bereits ein besonderer Erwartungskontext geschaffen. „This anxiety and expectancy charges the atmosphere with a certain tension before the séance begins, and it is this tension that the séance must pick up and deal with, if it is to have an effect" (Schieffelin, 1985, S. 712). Das Ritual wird dann abends bei völliger Dunkelheit durchgeführt. Aufgrund der Dunkelheit spielt sich das Geschehen wesentlich im akustischen Medium ab. "There is an atmosphere of hushed exitement." (Schieffelin, 1985, S. 713). Schieffelin betont, dass die Anwesenden wohl miteinander die Auffassung teilen, dass es Geister gibt, dass sie aber nicht davon ausgehen, dass im stattfindenden Ritual die Geister ohne weiteres auftreten. Werden ihre Erwartungen durch das, was im Ritual passiert, nicht erfüllt, sind sie entschieden, den Heiler als Scharlatan zu betrachten und die Situation verärgert und angewidert zu verlassen. Das Ritual muss, wie jede Performance, gelingen. Eine der wichtigsten Aufgaben des Heilers besteht darin, die Aufmerksamkeit der Anwesenden auf das Geschehen zu fokussieren und eine bestimmte Atmosphäre zu schaffen und aufrecht zu erhalten. Das Ritual bricht zusammen, wenn dies dem Heiler nicht gelingt. Das Ritual gelingt wesentlich durch gemeinsames Singen. Der Heiler beginnt damit, einen pathetischen sentimentalen Gesang anzustimmen, dessen Passagen die Anwesenden gemeinsam als Chor wiederholen. In diesen Gesängen erfolgen Anspielungen an bestimmte Orte und Andeutungen von Personen. Diese Mehrdeutigkeit ist wesentlich: sie löst laute Vermutungen und Spekulationen unter den Anwesenden aus, durch die diese noch stärker in das Geschehen involviert werden, mit dem typischen Effekt, dass im engagierten Rätselraten die eigenen Ergänzungen für Vereindeutigungen dessen gehalten werden, was Gegenstand der Gesänge ist, und der Eigenanteil aus dem Bewusstsein gerät. „The deciphering of the spirit's message is a cooperative construction of reality in the guise of a search for hidden meaning. That is, as the people search for clarification of the spirit's message they create the meaning they discover." (Schieffelin, 1985, S. 719). In der Dunkelheit entsteht eingedenk des bösen Charakters der Geister eine besondere Atmosphäre. „[...] the ambiance of anger and anxiety coupled with a jumpy alertness to small noises of the night can generate an awareness of evil presence [...] the séance does not simply discuss seis, it presents them concretely as real. Here, theater becomes reality: the characters are not on the stage, they are out in the world." (Schieffelin, 1985, S. 719). Für Schieffelin beruht das Geschehen einer solchen Performance auf dem Zusammenspiel von Überzeugungen und performativem Handeln. Er betont aber, dass das System der Überzeugungen keineswegs als eine stabile Größe zu betrachten ist, sondern selbst durch jede Performance verändert, stabilisiert, umakzentuiert, irritiert wird. „In this sense it is more the performance of séances that counts for the nature and content of Kaluli belief than the other way around." (Schieffelin, 1985, S. 720). Rituale erweisen aber auch in modernen westlichen Gesellschaften ihre transformative Kraft, wie die Soziologin und Supervisorin Antje Pfab (2021) am Beispiel von Übergangsritualen im Coaching gezeigt hat. Mit Rückgriff auf Überlegungen der Sozialphilosophen Ricoeur und Joas charakterisiert sie das Übergangsritual als ein Kommunikationsformat, das durch Struktur und Vollzug Momente echter Anerkennung und Sakralität schaffen kann, und damit Klienten besondere, biographisch hochwirksame Erfahrungen ermöglicht.

6.4 Gesellschaftlichkeit als Gegenstand und Bedingung sozialer Interaktion

Zwar spielte der gesellschaftliche Charakter sozialer Interaktion auch auf den anderen Ebenen eine zentrale Rolle. Der Ausdruck „gesellschaftlicher Charakter" suggeriert allerdings eine Einheitlichkeit des Gegenstandes, die faktisch nicht gegeben ist. Wenn man vom „gesellschaftlichen Charakter sozialer Interaktion" spricht, besteht daher die Gefahr, sehr unterschiedliche Phänomene zusammenzufassen, die in Hinblick auf soziale Interaktion differenziert betrachtet werden müssen – moralische Kategorien, Körperkonzepte, Vorstellungen der Selbstbeschreibung, Makrostrukturen des Sozialen spielen in Hinblick auf soziale Interaktion alle eine Rolle, aber auf unterschiedlichen Ebenen:

- auf der Ebene unmittelbarer Verbundenheit (Abschn. 6.1) sind sie z. B. als gesellschaftlich bestimmte Vorstellungen von Bindung, Nähe, Distanz und Körperlichkeit relevant,
- auf der Ebene des moralischen Charakters (Abschn. 6.2) als gesellschaftlich bestimmte moralische Kategorien von Achtung, Würde und Verantwortung,
- auf der Aufführungsebene sozialer Interaktion (Abschn. 6.3) sind sie als kulturelle Festlegungen dessen, was als real gilt – und was als Täuschung, und in sozialen Kategorien wie Authentizität präsent.

Nun, in diesem Abschn. 6.4, geht es um den Zusammenhang sozialer Interaktion mit Grundstrukturen gesellschaftlicher Organisation und Verfasstheit.

Wird dieser Zusammenhang in der Forschung „kommunikationssoziologisch" zum Gegenstand gemacht, so häufig entweder in korrelativ-additiver Weise als „Kommunikation und ...", etwa „Kommunikation und Gruppe/Kultur/Geschlecht/Habitus/etc." oder in funktionalistischer Weise wird Kommunikation als „Lösung" für gesellschaftliche Probleme betrachtet: „Kommunikation dient zu ...". Beide Betrachtungsweisen mögen in der Soziologie ihre Verdienste haben, unter Gesichtspunkten der Betrachtung sozialer Kommunikation sind sie unbefriedigend: Studien, die den Zusammenhang korrelativ sehen, verheddern sich schnell im „und": Was genau ist „männliches Gesprächsverhalten"?, was „finnisches" Kommunikationsverhalten? Was genau ist Kommunikationsverhalten des Geschmackshabitus: Bauhaus-Mondrian-Minimalmusic? Ansätze wiederum, die Kommunikation durch die Brille einer funktionalistisch geprägten Denkweise betrachten, reduzieren die Betrachtungen auf Leistungen, ohne „Folgekosten" zu berücksichtigen.

Es bedarf aber gar nicht solcher funktionalistischen Bestimmungen, man kann stattdessen mit Goffman (2001, S. 77) schlicht feststellen, dass sich Formen des unmittelbaren Zusammenlebens durch „[...] die beständige Wiederholung [...] einspielen."
Angemessener ist es, den Zusammenhang zwischen Kommunikation und gesellschaftlicher Verfasstheit als eine dynamische Wechselwirkung zu betrachten zwischen kommunikativer Vergesellschaftung zum einen und gesellschaftlicher Formbestimmtheit von Kommunikation zum andern.
Die Vorstellung kommunikativer Vergesellschaftung geht auf Gedanken des ungarisch-US-amerikanischen Soziologen Ernst Manheim zurück. Manheim hat – bereits 1933 – gezeigt, dass sich der Zusammenhang von Kommunikation und gesellschaftlichen Strukturen im Verlauf der europäischen Geschichte entscheidend verändert hat. In einer ständisch geprägten Gesellschaft war aufgrund der sozialen Strukturen festgelegt, wer mit wem wann wo und wie kommunizieren konnte bzw. durfte. In der Frühzeit der Moderne (17. Jhdt.) verändert sich dies durch Entwicklungsprozesse im Bereich der Kommunikation selbst hin zu einer „publizistischen Vergesellschaftung", d. h. zu einer „[...] durch gegenseitige Kommunikation bewirkte oder in ihrem Bestand garantierte Vergesellschaftung" (Manheim, 1933, S. 32). Ein Ergebnis dieses Prozesses ist, dass das Verhältnis der Beteiligten in dieser Form der Vergesellschaftung nicht mehr wesentlich durch soziale Strukturen vorgegeben ist, sondern sich primär in der Interaktion selbst bestimmt und reproduziert, „ausgehandelt" wird. Erst unter solchen gesellschaftlichen Bedingungen gewinnt die Kategorie der

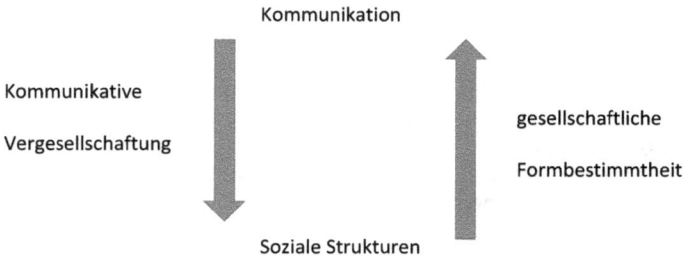

Abb. 6.2 Kommunikation und Sozialstruktur

"Beziehung" jene Bedeutung und Relevanz, die uns heutzutage selbstverständlich erscheint.

Gleichzeitig gilt aber auch, dass sich in einer Gesellschaft ihr angemessene Kommunikationsformen herausbilden und in diesem Sinne durch soziale Strukturen eine Formbestimmtheit von Kommunikation zustande kommt.

Diese Dynamik soll in Abb. 6.2 dargestellt werden.

Zur Veranschaulichung dieser Dynamik einige Beispiele:

> **Beispiel**
>
> Als Beispiel für den Prozess der kommunikativen Vergesellschaftung sei an den Aufstieg des Bürgertums durch die Entwicklung des Zeitungs- und Zeitschriftenwesens erinnert, der bereits in Abschn. 4.2 dargestellt wurde.
>
> Der japanische Ethnologe Miyako Inoue zeigt, dass in ähnlicher Weise in Japan zu Beginn des 20. Jhdts. der soziale Status der japanischen Frau zur "modernen Frau" durch die Expansion eines bestimmten Typus von Zeitschriften zustande gekommen ist (2002).
>
> Ein weiteres Beispiel stellt die Entwicklung des Nationalismus dar, die, wie Benedikt Anderson nachgewiesen hat, wesentlich durch den Buchdruck befördert wurde (2005).

> Ein weiteres Beispiel ist die Distinktion gesellschaftlicher Schichten durch kommunikative Phänomene, insbesondere des Bürgertums gegenüber dem Proletariat im 19. Jhdt., etwa durch Hochsprache gegenüber Dialekt, Verhaltenscodes des Gehens (gemessen statt eilig), oder des Essens (in aufrechter Haltung statt gebeugt), Einführung der Orthographie, etc. (aktuell verstanden als „kommunikatives Kapital").

Ein aktuelles Beispiel, an dem sich der Prozess der kommunikativen Vergesellschaftung prägnant zeigen lässt, stellt das gesellschaftliche Strukturmoment der Arbeit dar. Arbeit ist in modernen, sg. dienstleistungsorientierten Gesellschaften in einem ganz wesentlichen Ausmaß kommunikative Arbeit. Das Verhältnis von Kommunikation und Tätigkeitsvollzug verändert sich damit entscheidend. Zu Beginn des 20. Jhdts. hatte Kommunikation im Arbeitskontext von Fließbandarbeit „entweder den Status überflüssiger oder gar „ablenkender" Rede („Geschwätz" während der Arbeit oder „verschwendete" Arbeitszeit) oder der „Reparatur" auftretender Pannen, Zwischenfälle oder nicht erwarteter Situationen" (Pfab, 2020b, S. 3).

„[…] arbeitsbezogene Kommunikation [hatte] den Charakter von Befehl, Weisung und Zermürbung. Arbeiter mussten sich zu dieser Zeit „in Angelegenheiten der Einstellung und Entlassung, der Bezahlung, Förderung und Arbeitslast der Autorität der Vorarbeiter unterordnen. Die meisten Vorarbeiter benutzten dabei eine Art 'Treibjagtsystem', also eine Methode, die strikte Überwachung und verbale Beleidigungen beinhaltete« (Shenhav, S. 21)." (Illouz, 2007, S. 32). Mit Ausweitung des Management-Bereichs in Unternehmen gelangte aber zunehmend eine neue Sprache in die Arbeitswelt, eine Sprache, die stark durch einen psychologisierenden Jargon geprägt war. Eine Schlüsselstellung nahm dabei eine Untersuchung der Arbeitsverhältnisse einer Fabrik des Unternehmens Western Electric unter der Leitung des Psychologen Elton Mayo in den 30er Jahren ein. Er behauptete, dass eine aufmerksame, zuhörende, empathische Haltung den Arbeiterinnen gegenüber deren Produktivität steigern würde. Dies war die Geburtsstunde der „human-relation-Bewegung". Unter dem Einfluss von Psychologen in Unternehmen etablierte sich eine neues Unternehmens-Modell: ein Modell des Umgangs *miteinander,* und „Kommunikation" wurde zum Leitmodell des Umgangs miteinander in der Arbeitswelt. In ihrem betriebswirtschaftlichen Bestseller „Auf der Suche nach Spitzenleistung" (engl. Original: In Search of Excellence") bringen die Autoren dies auf den Punkt: „Die Produktivität hängt vor allem davon ab, dass *die Beschäftigten sich be- und geachtet fühlen* – nicht von den Arbeitsbedingungen an sich." (Peters & Waterman, 2003, S. 28)." (Pfab, 2020b, S. 4).

Diese „Kommunikativierung von Arbeit" führt zu charakteristischen Irritationen, weil die Vorstellungen, die wir mit Kommunikation verbinden, zu denen von Arbeit nicht anschlussfähig sind. Einerseits wird Kommunikation nun unter Kategorien von Arbeit betrachtet – es kommt zu Fragen „[...] der „Qualität" von Kommunikation, der „Effektivität" von Kommunikation und kommunikativem „Stress", so wie Arbeit auch unter sozusagen „artfremden" Gesichtspunkten von Kommunikation betrachtet wird, z. B. eine Dienstleistungsbeziehung unter dem kommunikativen Gesichtspunkt von Empathie zum Kunden, oder es wird die Frage des Umgangs mit Emotionen in einer Projektbesprechung arbeits-bedeutsam." (Pfab, 2020b, S. 7).

Diese „Kommunikativierung" hebt strukturelle Merkmale von Arbeit nicht auf. Insofern ist eine Formulierung wie „Für den Lehrer bedeutet Sprechen beruflich fast alles" (Ehlich & Rehbein, 1986, S. 1) irreführend, weil sie den Arbeitscharakter von Kommunikation unterschlägt.

„Für Kommunikation in der Arbeitswelt bleibt der Gesichtspunkt der Arbeits-Produktivität ausschlaggebend – der Herstellung eines Produkts, der Bearbeitung eines Auftrags, der Behandlung eines Themas, der Arbeit an einem Objekt. Nur muss gesehen werden, dass die Herstellung eines Produkts *im Medium* sozialer Interaktion erfolgt und die Produktqualität daher von den Interaktionsbedingungen abhängt, innerhalb derer das Produkt hergestellt wird – so wie auch die betriebliche Kommunikation nicht losgelöst von den Arbeitszielen und -bedingungen betrachtet werden kann (Wedekind, 1988)." (Pfab, 2020b, S. 8).

Dieser Zusammenhang soll in Abb. 6.3 visualisiert werden.

Als Beispiel für die gesellschaftliche Formbestimmtheit von Kommunikation sei an die Ausführungen zur Veränderung von Kommunikationsweisen durch die Entwicklung großer Städte erinnert (Abschn. 4.3). Die Ausbreitung der Städte führte zu Anonymität, die wiederum zu neuen Verhaltensmustern in der Öffentlichkeit und neuen Formen des Umgangs miteinander führt (Formen der „Vergegnung", der „Flaneur"), neuen Kategorien von Beziehungen (die „Bekanntschaft") und

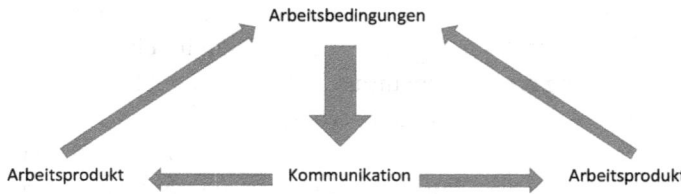

Abb. 6.3 Arbeit ist kommunikativ mediatisiert

neuen kommunikativen Haltungen („Gleichgültigkeit", „Blasiertheit"). In diesem Wechselspiel kommunikativer und makrostruktureller Prozesse entsteht und verändert sich das, was der österreichisch-deutsche Soziologe Thomas Luckmann soziologisch-buchhalterisch den „kommunikativen Haushalt" (1988, S. 284) einer Kommunikationsgemeinschaft genannt hat. Machttheoretisch inspiriert spricht man von „Arsenalen". Darauf wird in Abschn. 6.4.1 genauer eingegangen. Darüber hinaus soll in Abschn. 6.4.2 ein anderes gesamtgesellschaftliches Kommunikationsphänomen betrachtet werden: Kommunikationsmoden und -programme.

6.4.1 Kommunikationsformate

Kommunikation vollzieht sich in gesellschaftlich bestimmten Formen, Mustern und Formaten, die eng an die jeweiligen sozio-kulturellen Rahmenbedingungen angebunden sind. Dazu gehören im Bereich gesellschaftlicher Rationalität zweckbestimmte Formen wie z. B. Beraten, Besprechen, Unterrichten, Verkaufen, Verhören.

Allerdings, Angelika Linke weist darauf hin, sind

„[…] kommunikative Muster und eventuell auch ganze kommunikative Haushalte nicht nur an sachfunktional bestimmbare wiederkehrende kommunikative Aufgaben einer Gesellschaft gebunden [, sondern] auch durch unausgesprochene Werte und Einstellungen, durch nicht mehr funktionale Routinen, durch gesellschaftliche Glücks- wie Schreckphantasien, durch idealisierende Selbstzuschreibungen und durch sich nur langsam verändernde mentalitäre Dispositionen geprägt […]." (Linke, 2008, S. 36)

Hinzu kommen Formen, die nicht unmittelbar auf gesellschaftliche Zwecke oder kulturelle Gesichtspunkte bezogen sind, sondern primär auf die Kommunikationsbeteiligten wie z. B. Trösten, Sich Entschuldigen, Vorwerfen. Darüber hinaus gibt es Gattungen wie z. B. einen Witz zum Besten geben, eine Geschichte erzählen, etc. Mit diesen Formaten sind jeweils spezifische Geltungsbedingungen verknüpft: ein Witz muss in bestimmter Weise erzählt werden, eine Entschuldigung formvollendet erfolgen, ein Problem erkennbar in seiner Problemkontur dargestellt werden, etc.

Der Großteil unseres kommunikativen Alltags verläuft in solchen Formen: Auf dem Weg zum Arbeitsplatz lassen wir uns auf *small-talk* mit anderen Liftfahrern ein, nehmen an einer *Arbeitsbesprechung* teil, später führen wir *Kundengespräche* durch, in der Mittagspause unterhalten wir Kolleginnen, indem wir einen *Witz erzählen* und *frotzeln* mit- und gegeneinander, nachmittags stehen *Bewerbungsgespräche* auf der Agenda und im Anschluss an die Arbeit steht noch ein Termin bei der *Rechtsberatung* an.

Mit der Orientierung an solchen Formaten bestätigen und reproduzieren wir als Kommunikationsteilnehmer sozio-kulturelle Traditionen des Sprechens und deren jeweils aktuelle modische Ausformungen. Wir werden dadurch mit Kompetenzausweisen belohnt, mit denen wir unser kulturelles Kapital als kompetente Kommunikations- und Kulturmitglieder einer Sprechgemeinschaft erhöhen können, so z. B. wenn wir im Arbeitskontext Fragen der Arbeitsorganisation nicht mehr "besprechen", sondern „challengen".

In der Forschung werden solche Formate – je nach Disziplin – als Kommunikative Gattungen (Soziologie), Genres (Literaturwissenschaft), Handlungsmuster oder Verfahren (Linguistik), Skript oder Verhaltensmuster (Psychologie) oder eben Kommunikationsformate bezeichnet.

So heterogen die Bezeichnungen sind, so vielfältig ist auch die Gesamtheit der Phänomene. Die Formate unterscheiden sich in Hinblick auf

- Erkennbarkeit (markiert – unmarkiert): eine Witzerzählung erkennt man an der standardisierten Eingangsformel: „Kam ein X zu Y ..."; demgegenüber gilt für das Format des „hinters Licht führen", dass es gerade unmarkiert erfolgen muss;
- Komplexität (einfach – komplex): eine Begrüßung z. B. ist – jedenfalls in vielen Situationen – ein zweizügiger Austausch: "Tach" – „Tach". Demgegenüber sind insbes. institutionell eingebundene Formate häufig von komplexer Gestalt: eine Vernehmung, ein Beratungsgespräch, eine Unterrichtsstunde;
- Fixierung (festgelegt – flexibel): eine liturgische Handlung besitzt eine starre Ordnung bis hin zu einem festgelegten „Wording" – da würde jeder Versprecher das Format ruinieren, z. B. beim Segensspruch im Gottesdienst; andere Formen weisen eine große Bandbreite an Realisierungsmöglichkeiten auf: jemanden zum Essen einladen, miteinander verhandeln.

In jedem Fall aber gilt, dass die Formbestimmtheit der Formate sozio-kultureller Natur ist. Dies zeigt sich sehr prägnant an kulturvergleichenden Studien zu solchen Formaten. Instruktive Beispiele zeigen Untersuchungen des US-amerikanischen Ethnologen Charles Frake, der in Studien zu seinem „Stamm" untersucht hat, wie man es dort macht, ein Haus zu betreten oder nach einem Drink zu fragen (Frake, 1964, 1975), oder Untersuchungen zur Frage, wie man beim Arzt seine Beschwerden schildert (Zimmermann, 2000; Nothdurft, 1985). Nothdurft & Spranz-Fogasy (1986) haben gezeigt, dass das Format des „Streitschlichtens" eng verkoppelt ist mit Wertorientierungen der jeweiligen Kultur, dass z. B. westliche Gerechtigkeits- oder Gleichheitsvorstellungen (beide Streitparteien werden in Absehung von ihrem sozialen Status gleichbehandelt) in anderen Kulturen nicht gelten und dort mit der Partei mit höherem Status in bevorzugter Weise umgegangen wird.

Auch durch kommunikationshistorische Studien lässt sich die sozio-kulturelle Formbestimmtheit der Formate gut zeigen, so hat sich z. B. die Sprachhistorikerin Angelika Linke mit einem Kommunikationsformat beschäftigt, dass heutzutage in westlichen Gesellschaften weitgehend ausgestorben ist (vielleicht bis auf letzte nostalgisch fixierte Reste einer Adelskultur): das Kommunikationsformat des „Visite machen" (Linke, 1996, S. 180), weil die sozio-kulturellen Rahmenbedingungen in diesen Gesellschaften sich verändert haben. Ein anderes Beispiel ist die „Insinuation", eine bestimmte Weise des höfischen Sprechens im Barockzeitalter, in der es Höflingen möglich war, ihren absolutistischen Fürsten in sehr andeutender Weise Gedanken zuzutragen, ohne damit Status-Überschreitungen zu begehen (Braungart, 1988).

Wie sich sozio-kulturelle Veränderungen in der Struktur eines Kommunikationsformats niederschlagen, lässt sich gut am Beispiel der „Supervision" zeigen.

> „Supervision begann – wie das Wort auch schon andeutet (überwachen) – zu Beginn des 20. Jahrhunderts als Kontrollaktivität des Handelns von Mitarbeitern durch ihre Vorgesetzten, speziell im sozialen Bereich als Kontrolle ehrenamtlicher Helfer durch ausgebildete Kräfte. Sie war als Kontrollaktivität in den regulären Arbeitsablauf in hierarchisch geprägten Organisationen eingebunden. Nach dem 2. Weltkrieg setzte sich immer mehr durch,

diese Kontrollfunktion von der Rolle der Vorgesetzten zu trennen und von externen Kräften durchführen zu lassen. Damit wurde Supervision aus dem Arbeitsvollzug herausgelöst und zu einer separaten Aktivität. Das Format Supervision in der heute verstandenen Weise war damit geboren. Durch die Beauftragung externer Experten und im Zuge gesellschaftlicher Reformen (Humanisierung der Arbeitswelt) trat der Aspekt der Kontrolle in den Hintergrund und Supervision orientierte sich primär an sozialstaatlich geprägten Wertmaßstäben. Die Passfähigkeit von Supervision in diesem politischen Kontext führte zu einer Erweiterung der Tätigkeitsfelder, zu einer Diversifizierung der Formen [...] und einer weiteren Autonomisierung als eigenständiges Beratungsformat. Diese Tendenzen hatten im Selbstverständnis von Supervision eine Loslösung von der sozialstaatlichen und wohlfahrtsstaatlichen Orientierung zur Folge – Supervision fand jetzt auch in anderen Anwendungsfeldern statt – und führte zu der Suche nach einem geeigneten Orientierungsdiskurs, der diese Erweiterung abdeckte. Dieser fand sich im Theorie-Diskurs der Psychotherapie. Die politische emanzipatorische Orientierung geriet damit zugunsten einer therapeutischen Orientierung in den Hintergrund. In dieser Phase der Entwicklung fanden nun zeitgleich massive Veränderungen in der Arbeitswelt, auch in der Sozialfürsorge statt (Deregulierung, Ökonomisierung), die zu erheblichen arbeitsweltlichen Reorganisationen führten. Diese Veränderungen zwangen Supervision zu einer abermaligen Erweiterung des Selbstverständnisses. Der semi-therapeutische Anspruch kann ohne Berücksichtigung des organisatorischen Umfelds nicht aufrechterhalten werden; er wird um den Anspruch einer system-bezogenen Betrachtungsweise erweitert und Supervision wird zur „reflektierten Organisationsentwicklung" (Siller, S. 16). Diese nochmalige Erweiterung des Gegenstandsbereichs verstärkt die Frage nach der eigenständigen Fachlichkeit von Supervision als Beruf und führt zu einer andauernden Diskussion um Professionalität mit der Erarbeitung von Qualitätsstandards für Ausbildung und Tätigkeit. Zugleich wird seitens der Organisationen der Beitrag von Supervision zu einer qualitativ hochwertigen Arbeit zunehmend gesehen und Supervision organisationsstrukturell implementiert. Alle diese Entwicklungsphasen haben in Supervision ihre Spuren hinterlassen und prägen ihren gegenwärtigen Status: es gibt den gesellschaftlich-emanzipatorischen Anspruch, es gibt die semi-therapeutische Orientierung und den systemischen Organisationsbezug und es gibt das Moment der Arbeitskontrolle, je nach Supervisionskonzept in unterschiedlichen Anteilen und durchaus auch in einem Spannungsverhältnis zueinander." (Pfab, 2020a, S. 175 f.)

Insbesondere für Kommunikationsformate, die in institutionelle bzw. organisatorische Zusammenhänge eingebunden sind, gilt eine besondere Musterhaftigkeit.

„Im gesellschaftlich bestimmten Muster sind die Zwecke, denen das Format dienen soll, die vorgesehenen Komponenten, Phasen und Aktivitäten, der geplante Ablauf, Anforderungen (manchmal durchaus paradoxe, s. u.) an die Beteiligten und das angestrebte Ergebnis formuliert. Es ist gleichsam der Plan für das Format – die Blaupause. Solche Muster sind gesellschaftlich verbreitet und bekannt." (Pfab, 2020b, S. 29).

Es wäre allerdings verfehlt, solche Muster für „bare Münze" zu nehmen. Vielmehr ist es sinnvoll, zu differenzieren zwischen Beschreibungen solcher Muster, dem Gebrauch eines solchen Musters im praktischen Vollzug (der „Praxis" dieses Musters) und dem Mythos eines solchen Musters in der jeweiligen Kommunikationsgemeinschaft, d. h. den Phantasien, Sehnsüchten, Verheißungen und Dämonisierungen, die mit diesem

Muster verbunden sind. Die Unterscheidung dieser drei Aspekte soll am Beispiel des Kommunikationsformats „Teambesprechung" veranschaulicht werden.

Das *Muster* Teambesprechung umfasst die Ziele, die mit einer Teambesprechung typischerweise verfolgt werden, die Ergebnisse, die erzielt werden sollen, Voraussetzungen zur Teilnahme und die einzelnen Komponenten oder Phasen (Begrüßung, Abstimmung der TO, Berichte, Diskussionen, Prozesse der Entscheidungsfindung, Abschluss).

Die *Praxis* der Teambesprechung ist die jeweils konkrete Realisierung dieses Musters durch die jeweiligen Beteiligten. Dabei kann es zu „Umfunktionierungen" des Musters kommen aus gemeinsamen oder individuellen Zielsetzungen heraus, die mit dem Muster als solchem nichts zu tun haben, für die sich dieses Muster aber eignet. Einige solcher „Modulationen" sind (Bolte, 2008; Pfab, 2020b):

- die Besprechung kann zur Bühne für Selbstdarstellungen werden,
- sie kann zur Arena mutieren, in der Machtkämpfe ausgetragen werden,
- sie kann als Absicherungsgemeinschaft für Entscheidungen dienen oder
- sie kann zum Generator für weitere Probleme und damit zur Legitimationsbasis für Nicht-Entscheidungen werden.

Das Muster kann ferner parodiert, karikiert oder imitiert werden.

Der *Mythos* Teambesprechung ist typischerweise ambivalent: Er beinhaltet auf der einen Seite optimistische Versprechungen und Verheißungen, niedergelegt in der einschlägigen Management-Literatur und in Begrüßungsworten des Teamleiters, und auf der anderen

Seite resignative und frustrierte Verdammungen und Verurteilungen („Zeitverschwendung", „Schmierenkomödie"). Diese Drei-Dimensionalität findet sich bei jedem institutionell eingebundenen Kommunikationsformat. Darüber hinaus ist eine Reihe solcher Formate durch Paradoxien oder Doppelbödigkeit gekennzeichnet.

Paradoxien entstehen in Kommunikationsformaten, die mit verschiedenen Zwecksetzungen überfrachtet sind. Sie führen zu Spannungsfeldern, die in dem Format bewältigt werden sollen. Sozialamtliche Beratung ist ein gutes Beispiel. Hier finden wir gleich drei solcher Spannungsfelder:

- „[...] das Spannungsfeld von Hilfe und Kontrolle, kurz gesagt die Spannung zwischen der Anforderung, den Klienten zu befähigen und zu unterstützen, seine Notlage zu bewältigen und eine von ihm individuell gewünschte Lebensweise schaffen zu können einerseits und der Anforderung, den Klienten in die gesellschaftliche Ordnung wiedereinzugliedern andererseits;
- das Spannungsfeld von Therapie und Recht, kurz gesagt die Spannung zwischen der Anforderung, die Beratungstätigkeit auf jeden einzelnen Klienten in seiner individuellen Besonderheit hin zu orientieren einerseits und der Anforderung, alle Klienten gleich zu behandeln, andererseits;
- das Spannungsfeld von Autonomie und Bürokratie, kurz gesagt die Spannung zwischen eigenen, persönlichen Vorstellungen der Beraterin von ihrem beraterischen Handeln einerseits und den Erwartungen, Anforderungen und Standards der Institution, in der sie ihre Beratungstätigkeit ausübt, andererseits. In diesem Spannungsfeld taucht der Klient zwar nicht unmittelbar auf. Es ist gleichwohl wichtig zu berücksichtigen, weil die Haltung der Beraterin ihrem Klienten gegenüber wesentlich von ihrer Einstellung zu ihrer Arbeit und

ihrer Positionierung in diesem Spannungsfeld bestimmt wird." (Pfab, 2020a, S. 59).

Für Schlichtungsgespräche in der Institution der Vergleichsbehörde (oder beim „Schiedsmann") lassen sich ebenfalls Paradoxa ausmachen (Nothdurft, 1989, S. 201 ff.):

- ein Paradox im Konflikt-Management: Der Schlichter muss den Konflikt so weit ausloten, dass er genügend Gesichtspunkte erkennen kann, aus denen sich eine konsensuelle Einigung zwischen den Streitparteien entwickeln lässt. Je weiter er aber den Konflikt auslotet, desto grösser wird der Bereich dessen, was von den Streitparteien als strittig wahrgenommen wird und zu neuen Streitigkeiten („Generalabrechnung") führen kann;
- ein Paradox in der Schlichtungsorientierung: Diese Gespräche haben den Status vorgerichtlicher Verhandlungen und damit dezidiert alltagsweltlichen, nicht-juristischen Charakter. Verzichtet der Schlichter aber auf die Einführung juristischer Gesichtspunkte, begibt er sich damit der wesentlichen Ressourcen, aus denen heraus er Einigungsvorschläge entwickeln kann.
- ein Paradox in der Rollendarstellung: Eine Schlichtung erfolgt auf Antrag eines Geschädigten. Damit entsteht für den Schlichter ein Rollenkonflikt: Nimmt er die Gesichtspunkte des Geschädigten auf, verliert er gegenüber dem Angeschuldigten die für Schlichtung entscheidende Neutralität. Nimmt er die Gesichtspunkte nicht auf, […] geht für das Opfer der Sinn des Verfahrens verloren und es besteht die Gefahr, daß es keine Bereitschaft zur Einigung mehr zeigt." (Nothdurft, 1989, S. 204).

Über solche Paradoxa hinaus gilt für manche institutionellen Kommunikationsformate eine gewisse *Doppelbödigkeit,* d. h. gleichsam „unter" dem Deckmantel des „offiziell" vollzogenen Formats läuft „unter der Hand" noch ein anderes Format ab. Auch diese Doppelbödigkeit soll anhand eines Beispiels illustriert werden – der Unterrichtsnachbesprechung in der Lehrerausbildung (Boettcher & Bremerich-Vos, 1986):

Die Unterrichtsnachbesprechung ist zweierlei zugleich – *Beratung* eines Novizen durch einen Mentor und *Beurteilung* eines Prüflings durch einen Prüfer. Dies hat unmittelbare Auswirkungen auf die Redegegenstände, um die es geht, die Referendare verhalten sich strategisch:

„Das Problem darf – in der vermuteten Perspektive des Beraters – weder zu trivial geraten; dies könnte ja als Versuch verstanden werden, sich von der Rolle des Beratungsbedürftigen zu distanzieren und damit auch die Beraterrolle attackieren. Es darf aber auch nicht als so relevant angesehen werden können, daß es als hinreichender Grund für eine schlechte Bewertung gesehen werden muß." (Boettcher & Bremerich-Vos, 1986, S. 248)."

Doppelbödigkeit besteht auch in Gesprächen, die als „Kunden*beratung*" deklariert sind, denen aber gleichzeitig eine *Verkaufs*absicht zugrunde liegt, Bewerbungsgesprächen, die als „sich-kennenlernen" gerahmt sind, u. a.m.

6.4.2 Veränderungen im Kommunikationsarsenal: Moden und Programme

Kommunikationsmoden
Veränderungen im Arsenal der Formen einer Kommunikationsgemeinschaft sind Ergebnis und ihrerseits

6 Vier Ebenen sozialer Interaktion

Bestandteil und Ursache komplexer kultureller Prozesse. Sie sind mit Moden vergleichbar.

„Sie entwickeln sich, setzen sich durch und flauen wieder ab. Wesentliche Triebkräfte sind Faktoren wie Geschmack, Lebenseinstellung, kollektive Überzeugungen und Phantasien. Argumentativ geprägte Begründungen haben in diesem Zusammenhang den Stellenwert sekundärer Rationalisierungen. In Moden setzen sich bestimmte Formen, Muster, Arrangements etc. durch aufgrund eines komplexen Zusammenspiels von Lebensgefühl, Traditionen, Zitaten von Traditionen, aktuellen herausragenden Medienereignissen, v. a. Filmen, Entwicklungen in der bildenden Kunst etc." (Nothdurft, 2001, S. 41).

Im Rahmen der Betriebswirtschaftslehre behandelt Kieser (1996) Management-Methoden (lean management, kaizen, etc.) ebenfalls als Moden.

Um modisch zu werden, muss eine Veränderung Resonanz in der Kommunikationsgemeinschaft finden – sie muss deren Geschmack treffen. Geschmack ist keineswegs eine individuelle subjektive Privatangelegenheit. Geschmack ist vielmehr eine „kulturell geprägte Empfindungsfähigkeit, die uns instinktiv (spontan, mit einem Gefühl von Gewissheit) ein kulturelles Phänomen als schön, passend, ungeschickt, daneben, angemessen, chic, gekonnt etc. empfinden lässt." (Nothdurft, 2001, S. 41). Geschmack ist ein „Verständigungszusammenhang" (Cleve, 1996), an dessen Herausbildung und Etablierung viele soziokulturelle Faktoren beteiligt sind. Cleve führt für die Herausbildung des bürgerlichen Geschmacks im 19. Jhdt. an Instanzen an: Institutionen ästhetischer Bildung, neue Formen von Öffentlichkeit, Vorstellungen von „Bürgerlichkeit", Akzentuierungen zwischen „Hauptstadt" und „Provinz", Musterbücher, Industrie und, vor allem, Museen.

Geschmack ist eine zentrale gesellschaftliche Wahrnehmungsinstanz auch im Bereich der Kommunikationskultur. Eine Auffassung, der zufolge die Herausbildung neuer kommunikativer Formen als wesentlich von zweckrationalen Gesichtspunkten gesteuert betrachtet wird, überschätzt die Relevanz zweckrationaler Überlegungen und sitzt den Suggestionen eines Rationalitätsmodells von sozialer Organisation auf. In jeder Kommunikationsgemeinschaft gibt es stets eine Reihe modischer Erscheinungen, z. B. das „Gendern".

Ein solches Kommunikationsformat, das Mode geworden ist, ist die Mediation. Sie soll im Folgenden als Beispiel für eine Kommunikationsmode dargestellt werden. Die Mediation versteht sich als kommunikative Form, Konflikte dadurch zu lösen, dass ein Mediator zwischen Konfliktparteien und mit ihnen zusammen eine einvernehmliche Lösung des Konflikts herbeiführt. Mediation hat sich als Verfahren der Konfliktbewältigung in vielen gesellschaftlichen Bereichen seinen Platz geschaffen:

- im juristischen Bereich, v. a. in Ehe-, Familien und Wirtschaftssachen
- im pädagogischen Bereich in Gestalt der Schulmediation
- bei Umweltkonflikten.

Die Promotoren dieses Verfahrens betreiben eine Exotisierung dieses Verfahrens, indem sie dessen Ursprünge in wenig komplexen Gemeinschaften („small-scale-societies") und deren Traditionen der Konfliktbewältigung lokalisieren. „Zum Prototyp wurde die Interaktionsform des ‚Palavers' in afrikanischen Stämmen." (Nothdurft, 2001, S. 42). Gleichwohl wird mit dem Verfahren der Anspruch erhoben und das Versprechen gegeben, auch in komplexen modernen Gesellschaften zu „funktionieren". In der Tat bedient die Kommunikationsform der Mediation eine Reihe soziokultureller Gesichtspunkte post-moderner Kultur.

Im Folgenden sollen drei Faktoren aufgeführt werden, die die Entwicklung von Mediation als Mode in Fahrt gebracht haben.

- Anschluss an kollektive Leitvorstellungen von Kommunikation
- Institutionalisierung
- Selbstinszenierung

Im Einzelnen:
Anschluss an kollektive Leitvorstellungen von Kommunikation

- Mediation bedient eine aktuelle Haltung staatlichen Instanzen gegenüber, für die Gesichtspunkte der Autonomie und Emanzipation wesentlich sind. „Es unterscheidet sich vom traditionellen Verwaltungshandeln, ist innovativ und gibt der Öffentlichkeit (unten) gegenüber der Behörde (oben) Stimme. Es setzt so Reden an die Stelle von Schweigen und es ermöglicht auf diese Weise eine faire Konfliktaustragung, die nicht den Dissens eskalieren lässt, sondern das Ausloten des Konsenses ermöglicht." (Wiedemann & Nothdurft, 1997, S. 180).
- Mediation „schwimmt auf der Welle" einer Hochwertigkeit von Kommunikation in der Selbstbeschreibung moderner Gesellschaften.
- Mediation propagiert Konsens als Lösungsweg für Konflikte und korrespondiert damit einem konstruktivistischen Selbstverständnis, dem zufolge „jeder seine eigene Sichtweise" hat und es entsprechend

darum geht, diese Sichtweise aufeinander zu beziehen und zu verhandeln, statt auf verbriefte, recht- oder werte-basierte Ansprüche zu pochen („Ich als dein Vater ...").

Institutionalisierung Mediation erhielt einen erheblichen Anschub dadurch, dass das Format in einigen gesellschaftlich wesentlichen Bereichen institutionalisiert wurde, insbes. im Rechtssystem und in der Schulorganisation. Nothdurft (2001) nennt diese Bereiche „Sondergesprächszonen" (SGZ).

> „Sondergesprächszonen zeichnen sich v. a. dadurch aus, dass in ihnen das kommunikative Geschehen in besonders striktem Maße kontrolliert wird. Dies gilt v. a. für die Institution Schule, in der jedenfalls das Kommunikationsverhalten von SchülerInnen Gegenstand der Überwachung und ggf. auch Bestrafung ist. Das Repertoire der in der Institution Schule zugelassenen Kommunikations- und Interaktionsformen ist begrenzt und strikt vorgeschrieben. Nicht in der Institution vorgesehenes Kommunikationsverhalten (abschreiben, Briefchen schicken) erfolgt typischerweise heimlich. Der Hinweis darauf, dass es sich bei der Schule um eine SGZ handelt, ist deswegen wichtig, weil unter den strikten Bedingungen einer SGZ neue Kommunikationsformen leichter eingeführt werden können als im vergleichsweise ungeregelten Bereich des öffentlichen, gesellschaftlichen Lebens. [...] In SGZ kann die Einführung nämlich exekutiert werden. Im Extremfall könnte die Einführung von Mediation in der Schule – jedenfalls im Geltungsbereich eines Bundeslandes – flächendeckend „erlassen" werden. Im Gesamtgeschehen eines gesellschaftlichen Kommunikationshaushalts hätte dies durchaus die Dimension eines Quantensprungs [...]." (Nothdurft, 2001, S. 45).

Selbstinszenierung „Ein wesentlicher Aspekt von Selbstinszenierung ist die Namensgebung." (Nothdurft, 2001, S. 46). Der Ausdruck „Mediation" suggeriert die Existenz eines eigenständigen Musters – während faktisch unter dem Siegel dieses Musters außerordentlich heterogene Fälle von Konfliktbewältigung stattfinden. Der Ausdruck unterstützt darüber hinaus die Entwicklung eines eigenen Diskurses auf Verfahrensebene, u. a. mit Typisierungen „schwieriger Beteiligter: Der Angstbeißer. Der Harmoniesüchtige. Das Cleverle. Der Froster" (aus einem Prospekt der „Centrale für Mediation", zit. nach Nothdurft, 2001, S. 45). Selbstinszenierung erfolgt auch in Marketingaktivitäten, etwa – aus einem Seminarangebot der „Centrale für Mediation":

„Das Spektrum, in dem mediatives Vorgehen zur Konfliktlösung eingesetzt wird, wächst ständig. Dennoch ist es nach wie vor ein Problem für den Mediator, das Produkt „Mediation" nach außen zu verkaufen und damit neue Mandanten zu gewinnen. In unserem CfM-Seminar Mediation und Marketing zeigt unsere Referentin (…) wie Sie sich und Ihre Kanzlei/Praxis an die Chancen des Marktes anpassen und die Schritte und Veränderungen einleiten, um der Betätigung als Mediator in Ihrem beruflichen Alltag mehr Gewicht zu verleihen." (zit. nach Nothdurft, 2001, S. 46).

Kommunikationsprogramme
Kommunikationsprogrammen liegen Vorstellungen für die systematische Gestaltung oder Umgestaltung gesellschaftlicher Verhältnisse auf gesamtgesellschaftlicher Ebene oder für einzelne gesellschaftliche Segmente, z. B. die Arbeitswelt, zugrunde. Entwickelt werden solche Vorstellungen i. d. R. in gesellschaftlichen Diskursen, die nicht unmittelbar auf Kommunikation bezogen sind,

vorzugsweise in Diskursen gesellschaftlicher Reflexion, z. B. politiktheoretische, pädagogische, soziologische, betriebswirtschaftliche. Solche Vorstellungen entwickeln sich innerhalb des jeweiligen Diskurses aufgrund dessen interner Dynamik als Antworten auf Fragestellungen, die innerhalb dieses Diskurses als relevant gelten. Vorstellungen im Rahmen eines solchen Diskurses sind dem Geltungsprinzip rationaler Überzeugung verpflichtet: Es muss dargestellt werden, warum eine entwickelte Vorstellung vernünftig ist. Diese Vorstellung erhält dann den Status einer guten Idee. Die Güte dieser Idee ergibt sich aus der Erfüllung der Geltungsbedingungen des jeweiligen Diskurses und diese sind theoretischer Natur.

Soweit ist von Kommunikation noch nicht die Rede.

Ideen jedoch sind nie praktisch und müssen es als Nachweis ihrer Güte auch nicht sein. Fragen der Umsetzung solcher Ideen oder gar Schwierigkeiten ihrer Realisierung im Alltag der mit ihrer Realisierung befassten Akteure spielen unter Gesichtspunkten theorieorientierter Geltung keine vorrangige Rolle.

Gleichwohl sollen solche Vorstellungen von überzeugender diskursiver Güte auch praktisch umgesetzt oder realisiert werden. In diesem Zusammenhang kommt Kommunikation ins Spiel. Kommunikation wird in solchen Vorstellungen eine instrumentelle Funktion zugeschrieben, d. h. diese Vorstellungen sollen durch kommunikative Verhältnisse und Prozesse umgesetzt oder realisiert werden. Dann wird aus diesen Vorstellungen ein Kommunikationsprogramm.

Kommunikative Verhältnisse sind auf solche Programme je nachdem mehr oder weniger gut vorbereitet – sie werden ggf. „kalt erwischt", oder, im schwierigsten Fall, erfüllen nicht die Bedingungen, die zur Realisierung eines solchen Programms erfüllt sein müssten – dann hat man „die Rechnung ohne den Wirt" gemacht.

6 Vier Ebenen sozialer Interaktion

Dies kann am Beispielfall „Partizipation" erläutert werden.

„Partizipation" gilt innerhalb des demokratietheoretischen Diskurses als Antwort auf die Frage, wie man Demokratie in einem Gemeinwesen fördern kann. Im Rahmen dieses Diskurses ist der Partizipationsbegriff auf die Vorstellung der Transformation von Staatsbürgern hin zur „Selbstverwirklichung des Menschen" (Barber, 1994, S. 207) bezogen. Partizipation schafft, so Barber, politische Verhältnisse, in denen sich „abhängige, private Individuen in freie Bürger und partikulare wie private Interessen in öffentliche Güter" (Barber, 1994, S. 121) wandeln. „Auf der Subjektebene wird damit der Aspekt der Entwicklung von Menschen durch Partizipation zentral" (Nieß, 2016, S. 124).

In diesem Diskurs erweist sich Partizipation als überzeugende Lösung für das diskurs-intern gestellte Problem. Das daraus folgende Kommunikationsprogramm lautet entsprechend: 1. Schaffe kommunikative Bedingungen, die Partizipation ermöglichen. 2. Gestalte kommunikative Prozesse derart, dass durch diese Gestaltung Partizipation realisiert wird.

Die systematische Schwierigkeit solcher systematischen Programme liegt darin, dass ihre Zielgrößen zwangsläufig nicht im Rahmen eines kommunikationstheoretischen Diskurses entwickelt werden, sondern im Rahmen eines gesellschaftstheoretischen Diskurses, in dem kommunikative Gesichtspunkte keine zentrale Rolle spielen und, dass diese Zielgrößen tatsächlich aber kommunikativer Natur sind. Entwickelt man aber auf kommunikationstheoretischer Basis einen Begriff von Partizipation, stellt sich heraus, dass ein solcher mit einem demokratietheoretisch bestimmten Begriff von Partizipation nicht kompatibel ist. Im Bereich der Interaktionsforschung gilt Partizipation als ein zentrales Prinzip der dialogischen Organisation sozialer Interaktion. Einer der führenden Vertreter dieses Forschungsbereichs, Charles Goodwin, betont: „participation seems absolutely central to the dialogic organisation of human language" (Goodwin, 2007b, S. 17).

Bezugsgesichtspunkt eines interaktionstheoretischen Partizipationsbegriffs ist die Frage des „being with" (Boston Change Process Study Group, 2010), also die Frage, wie Menschen miteinander interagieren. In diesem Diskurs hat Partizipation nicht den Status eines zu ermöglichenden Zustands, sondern den einer interaktiven Grundstruktur. Dieser Diskurs ist somit sozialtheoretisch und gegenüber etwa professionellen Orientierungen der Sozialen Arbeit neutral. Er ist zugleich indifferent Machtgesichtspunkten gegenüber, die im reflexiv-methodischen Diskurs zentral sind.

Der interaktionstheoretische Partizipationsbegriff ist empirisch, nicht normativ – es geht darum, herauszufinden, in welcher Weise Individuen, die sich in sozialer Interaktion miteinander befinden, an dieser Interaktion beteiligt sind. Weisen der Interaktionsbeteiligung können sein: für einen Anderen sprechen, durch einen Anderen sprechen, als Anderer sprechen, über einen Anderen sprechen, für Alle sprechen, etc.

Auf der Grundlage von Arbeiten Erving Goffmans hat Charles Goodwin (2003, 2007b) Partizipation als strukturelles Moment des interaktiven Geschehens selbst bestimmt. In dem von ihm entwickelten Konzept eines „participation framework" umfasst Partizipation nicht nur die sprachlichen Handlungen eines Interaktionsteilnehmers, sondern auch seine non-verbalen Aktivitäten *und* Aktivitäten anderer Interaktionsbeteiligter, die auf das Handeln dieses Teilnehmers bezogen sind. Partizipation ist in diesem Diskurs ein interaktives Konzept. Es ist nicht auf einen Sprecher bezogen, sondern bildet eine Interaktionsstruktur ab, die Beteiligung – in jeweils unterschiedlicher Intensität – ermöglicht.

Diese Interaktionsstruktur entsteht durch das Zutun aller an der Interaktion Beteiligten.

Goodwin erläutert dieses Verständnis von Partizipation am Fall einer 3-Personen-Interaktion, deren einer Beteiligter aufgrund einer schweren aphasischen Beeinträchtigung auf der verbalen Ebene nur zu drei Äußerungsweisen in der Lage ist: „Ja", „Nein", „und". Goodwin zeigt anhand der Videoaufnahme der Interaktion, wie sich diese Person an der Interaktion beteiligen kann, indem sie sich durch Äußerungen der anderen Beteiligten äußert. In diesem Ansatz wird der Begriff Partizipation also gerade aus seiner Verbindung zum Begriff Person gelöst und auf das Interaktionsgeschehen bezogen. Der Teilnehmer mit Handicap kann sich äußern, indem er andere Teilnehmer dazu bringt, die Wörter zu sagen, die er für seine Äußerung benötigt. In diesem Sinne ist Goodwin zu verstehen, wenn er schreibt: „Rather than being located within a single individual, the speaker here is distributed across multiple bodies and is lodged within a sequence of utterances" (Goodwin, 2007b, S. 37). Goodwin (2003) verweist in diesem Zusammenhang auf Vygotskys Konzept der „Zone der nächsten Entwicklung" als ein Modell dieses Prozesses (Goodwin, 2003, S. 18, 107).

Im interaktionstheoretischen Diskurs um Partizipation stehen somit nicht die einzelnen Akteure im Mittelpunkt der Betrachtung. Die moralischen, kognitiven und sozialen Qualitäten von Akteuren an Interaktionen werden vielmehr aus einem interaktionstheoretisch bestimmten Konzept abgeleitet: „participants shape each other as moral, social, cognitive actors" (Goodwin, 2007a, S. 53). Diese Qualitäten bilden das, was als interaktionale Rolle bezeichnet wird. Die Unterscheidung zwischen dieser interaktionalen Rolle und der sozialen Rolle eines Beteiligten ist entscheidend in diesem Diskurs. Der Fokus liegt auf der interaktionalen Rolle, die sich aus der spezifischen Weise der Interaktionsbeteiligung ergibt. Die Figur eines mit Subjektivität ausgestatteten, vollbewusst und autonom Handelnden hat in diesem Diskurs (im Gegensatz etwa zum professionellen Diskurs) keinen systematischen Platz – sie kommt allenfalls im Einzelfall als je interaktiv zustande gekommene Konstruktion vor (vgl. Forrester, 2017). Die Relevanz dieser Unterscheidung wird besonders deutlich im Falle der Interaktion mit beeinträchtigten Menschen. Eine Fokussierung auf die Figur des „self-contained actor fully endowed with all that is necessary to produce language and construct action" erweist sich hier – in der Formulierung der Philosophin Martha Nussbaum (2001) – vielmehr als "fiction of competent adulthood" und verstellt den Blick auf die besondere Qualität des interaktiven Geschehens. In ihrer Untersuchung von Interaktionsprozessen mit dementen Personen charakterisiert die Gesprächsanalytikerin Pamela Shakespeare deren Teilnehmerstatus entsprechend auch als „less-than-full members" (1998, S. 23 ff.). Perkins (2003) zeigt, dass die Behandlung von Interaktionsbeteiligten aus Gründen der Gesichtswahrung in der fiktionalen sozialen Rolle als „competent adult" gerade zu Komplikationen in der Kommunikation führt – aus Gründen der Gesichtswahrung werden Missverständnisse nicht geklärt, sondern man geht „darüber hinweg" und tut so, als habe man verstanden. Die Wahrnehmung der Beteiligten in ihrer jeweiligen Interaktionsrolle, d. h. der spezifischen Beteiligung am interaktiven Geschehen, ermöglicht demgegenüber eine situationsangemessene Entfaltung ihrer Fähigkeiten.

6.5 Zusammenfassung

Zwischenmenschliche Kommunikation vollzieht sich stets auf vier Ebenen gleichzeitig:

- auf einer Ebene unmittelbarer Verbundenheit erfolgen Koordinierungs- und Synchronisierungsprozesse zwischen den Beteiligten
- auf einer Ebene moralischer Ordnung gehen die Beteiligten wechselseitig Verpflichtungen ein und tragen wechselseitig zur Identitätswahrung bei
- auf einer Ebene kommunikativ-schöpferischer (poetischer) Gestaltung entfaltet sich das wirklichkeitsschaffende Potential von Kommunikation
- auf einer Ebene gesellschaftlicher Bestimmung und Zwecksetzung vollzieht sich die gesellschaftliche Formbestimmung von Kommunikation wie auch die kommunikative Gestaltung gesellschaftlicher Verhältnisse.

Bei jedem Kommunikationsereignis sind diese vier Ebenen „aktiviert"; immer, wenn wir handeln, werden wir diese Ebenen berücksichtigen und jedes Kommunikationsereignis hinterlässt auf diesen Ebenen seine Spuren: die Beziehung zum Gegenüber wird bekräftigt, gestärkt oder gestört; auf dem Gerechtigkeitskonto wird ein Plus verbucht und unser Gegenüber wird uns verpflichtet; unsere Auffassung von dem, was ist oder gilt, wird bestärkt oder irritiert und wir erweisen uns mit unserer Handlung als kulturelle kompetentes Mitglied – oder eben nicht.

7

Vier einfache Wahrheiten über Kommunikation

In den vorangegangenen Kapiteln haben wir uns mit einer ganzen Reihe von Vor-Urteilen, festsitzenden irreführenden Überzeugungen und Annahmen auseinandergesetzt, die den Blick auf kommunikatives Geschehen verengen und zu einer Haltung führen können, mit der man sich nicht angemessen in Kommunikation verhält.

Die Revision, die wir vorgenommen haben, erfolgte auf der Grundlage kommunikationswissenschaftlicher, psychologischer, historischer und kulturwissenschaftlicher Erkenntnisse und verschaffte uns schon eine ganze Reihe an Anhaltspunkten, die für eine souveräne, kluge und angemessene Haltung Kommunikation gegenüber wichtig sind. Auf der Basis der bisherigen Ausführungen sollen in diesem Kapitel einige zentrale Erkenntnisse der Kommunikationswissenschaften in den Blick genommen werden, die zu einem vertieften Verständnis unseres kommunikativen Handelns beitragen können. Es sind „einfache" Wahrheiten in dem Sinne, dass sie für ein angemessenes Verständnis elementar sind, und in dem Sinne, dass sie sich kurz und bündig formulieren lassen. Die Konsequenzen, die sich aus ihnen für das eigene kommunikative Handeln ergeben, haben es allerdings in sich. Diese einfachen Wahrheiten, um die es gehen wird, lauten:

- Ob uns etwas gelingt, hängt von den Anderen ab (Abschn. 7.1)
- Wie wir etwas verstehen, ist an den Kontext gebunden (Abschn. 7.2)
- An Kommunikation sind wir stets mit allen Sinnen beteiligt (Abschn. 7.3)
- Wir sind in Kommunikation verstrickt (Abschn. 7.4)

Diese Dimensionen werden im Folgenden zunächst durch einige kleine Alltagsszenen von Kommunikation beispielhaft eingeführt. Anschließend wird anhand von Beispielen und ausgewählten Untersuchungen vermittelt, was es an wissenswerten Erkenntnissen zu den jeweiligen Punkten gibt und abschließend werden einige praktische Folgerungen aus diesen Erkenntnissen gezogen.

7.1 Ob uns etwas gelingt, hängt von den Anderen ab

Beispiel

Sie erklären Ihrer Arbeitskollegin ein neues Computerprogramm. Sie beginnen, begeistert die Vorzüge gegenüber dem alten Programm zu erklären, merken aber bald an ihren Rückfragen, dass sie offenbar nicht so recht weiß, worüber Sie eigentlich sprechen. Offenbar fehlt ihr das nötige Vorwissen. Sie stellen sich darauf ein und setzen noch einmal ganz neu und auf ihren Wissensstand bezogen an.

7 Vier einfache Wahrheiten über Kommunikation

> Sie wollen Ihrer Ehefrau etwas Gutes tun und bringen ihr, als Sie von der Arbeit kommen, einen schönen Strauß Rosen mit. Ihre Frau jedoch verzieht das Gesicht und meint, Sie hätten wohl etwas zu verbergen und offensichtlich ein schlechtes Gewissen.
>
> Sie erzählen Ihren Arbeitskolleginnen Ihre spannendste Urlaubsgeschichte. Während Sie erzählen, merken Sie, dass die Kolleginnen sich untereinander verstohlen Blicke zuwerfen. Dass irritiert Sie und Sie beenden Ihre Geschichte schneller als Sie geplant hatten.

An diesen drei Beispielen lässt sich illustrieren, wie das Verhalten der Sprecherin vom Verhalten der Zuhörerinnen beeinflusst wird. Diese Beeinflussung kann simultan erfolgen wie in Beispiel 3 oder zeitlich verschoben, wie in Beispiel 2, in dem die Angesprochene dem Sprecher „die Worte im Munde herumdreht"; die Beeinflussung kann nicht-sprachlich (non-verbal) erfolgen, wie in Beispiel 3, oder durch Wortbeiträge wie z. B. Rückfragen (Beispiel 1); die Beeinflussung kann darin bestehen, dass man sich auf die Gesprächspartnerin einstellt (Beispiel 1) oder dass ein eigener Beitrag durch die Gesprächspartnerin in seiner Bedeutung verändert wird (Beispiel 2) oder dass man im eigenen Redeverhalten auf Verhaltensweisen der Gesprächspartnerinnen reagiert (Beispiel 3) – in jedem Fall sind man im eigenen Gesprächsverhalten und in dem Gelingen des Handelns abhängig von oder orientiert am Verhalten der Anderen. Diesen Sachverhalt bezeichnet man auch als „interaktive Bezogenheit des Handelns": „Unter Interaktiver Bezogenheit des Handelns versteht man, dass das Verhalten des einen Gesprächsteilnehmers in zwischenmenschlicher Kommunikation abhängig ist vom Verhalten der anderen Gesprächsteilnehmer und dass Gesprächsteilnehmer diese Abhängigkeit in ihrem Verhalten berücksichtigen." (Langfeldt & Nothdurft, 2015, S. 138).

Der Tatbestand der wechselseitigen Abhängigkeit in Kommunikation ist in einer Reihe sozialwissenschaftlicher Ansätze herausgearbeitet worden:

In der Spieltheorie, die sich mit der Frage beschäftigt, wie Menschen Entscheidungen abwägen, wird der Tatbestand anhand des sg. „Gefangenen-Dilemmas" illustriert:

Eine Kommissarin hat zwei Verdächtige (A, B) eines Banküberfalls verhaftet, denen sie aber nichts nachweisen kann. Ihre einzige Chance ist, dass eine der beiden Verdächtigen gesteht. Sie lässt die beiden in getrennte Zellen sperren, sodass sie sich nicht miteinander verständigen können und macht jeder von ihnen ein Angebot, das in der folgenden Auszahlungsmatrix (Abb. 7.1) formalisiert ist.

Wenn A schweigt, könnte sie einen relativ hohen Belohnungswert von 5 bekommen. Schweigen lohnt sich also. Sie muss aber damit rechnen, dass B gesteht, weil dies für B mit hoher Belohnung verbunden ist (8 Punkte), und dann ist sie übel dran (-5 Punkte). Wenn sie stattdessen aber selbst gesteht, kann es sein, dass sie die hohe Belohnung von 8 Punkten bekommt, aber nur dann, wenn B auf die Ganovinnen-Solidarität von A vertrauend schweigt; wenn B ebenfalls gesteht, geht es – für beide – relativ übel aus (-3). Das Gleiche gilt umgekehrt für B ebenfalls. Die Belohnung für jede von ihnen hängt also davon ab, wie die jeweils Andere reagieren wird.

	A schweigt	A gesteht
B schweigt	5 \ 5	-5 \ 8
B gesteht	8 \ -5	-3 \ -3

Abb. 7.1 Auszahlungsmatrix beim Gefangenen-Dilemma

7 Vier einfache Wahrheiten über Kommunikation

In der Soziologie wird der Tatbestand wechselseitiger Abhängigkeit vom dem Organisationssoziologen Karl Weick (1985) durch die sg. „Wasserwaagen-Aufgabe" veranschaulicht:
Drei Personen sitzen an einem Tisch in Form eines gleichseitigen Dreiecks, jede an einer Ecke. Vor ihnen sind Knöpfe und vor jedem Knopf ist eine Wasserwaage angebracht. Jede der drei Personen hat die Aufgabe, die Luftblase ihrer Wasserwaage in die Mitte der Waage zu bringen. Wenn eine Person, z. B. A, ihren Knopf dreht, hebt oder senkt sich ihre Ecke, hat also Kontrolle über die vertikale Position des Tisches. Um die Aufgabe zu lösen, braucht A jedoch Kontrolle über die Horizontale. Diese liegt jedoch in dem Handeln von B und C, die durch ihre – ebenfalls vertikale Bewegungen – die horizontale Stellung des Tisches für A kontrollieren.

„So ist A beim Zentrieren seiner Wasserwaage abhängig von B und C, aber B ist beim Zentrieren der seinen ebenso abhängig von A und C. Und das gleiche gilt für C. Das Schicksal jeder einzelnen Person hängt von dem ab, was die beiden anderen tun; aber die Person, die von den anderen abhängig ist, kann deren Schicksal ebenfalls teilweise kontrollieren." (Weick, 1985, S. 99).

In der Familientherapie wurde aus der Einsicht in die Interdependenz eine wichtige Konsequenz für therapeutisches Handeln gezogen:

„A kann nicht einseitig bestimmen, was B tun wird. Die Lektion, die Familientherapeutinnen daraus gelernt haben, ist die, dass sie sich – unter optimaler Ausnutzung ihrer Fertigkeiten und ihres Könnens – so zu verhalten haben, daß die Wahrscheinlichkeit steigt, dass ihre Handlungen im Kontext einer guten Passung – als ausreichende

Perturbation [d. h. Irritation, W. P.] wirken, um eine Reorganisation der Individuen oder der Familie, mit der sie arbeiten, auszulösen. Welche Form diese Reorganisation dann annimmt, hat mehr zu tun mit der Geschichte der Familienmitglieder, ihren Bedeutungssystemen, Beziehungen und Beziehungsregeln und -mythen, ihrer Wahrnehmung der Beziehung zur Therapeutin etc. als mit dem spezifischen Inhalt der therapeutischen Handlung oder Botschaft." (Hoffman, 1995, S. 328).

In der Interaktionsforschung wird der Tatbestand der wechselseitigen Abhängigkeit u. a. unter dem Begriff des *recipient design* behandelt: Wir passen unsere Gesprächsbeiträge unseren Gesprächspartnerinnen an. In diesem Sinne sind es nicht vollständig *unsere* Gesprächsbeiträge, weil sie durch Anteile der Gesprächspartnerinnen mitbestimmt werden. Die Erkenntnis, dass das Geschehen in Kommunikation stets durch den wechselseitigen Bezug von Sprecherin und Hörerin zustande kommt, ist allerdings nicht neu. Der Sprachforscher Otto Behagel stellte bereits 1900 fest, dass „die Rede in hohem Maße als das Ergebnis zweier Größen erscheint: nicht lediglich dem Haupte des Redenden entsprungen, sondern gemeinsames Erzeugnis des Sprechers und des Hörers." (Behagel, zit. in Schwitalla, 1992, S. 68).

Es bedarf gar keiner Worte, um dieses Moment der wechselseitigen Abhängigkeit zu spüren. Sich anzublicken reicht aus, wie der französische Philosoph Jean Paul Sartre (1962) eindringlich geschildert hat.

Der Tatbestand der Interaktiven Bezogenheit bedeutet praktisch, dass man im Gelingen dessen, was man in zwischenmenschlicher Kommunikation sagt und tut, vom Verhalten des Gegenübers abhängig ist. *Eine* praktische Folgerung aus diesem Tatbestand ist, die Präsenz des Gegenübers in Fällen zwischenmenschlicher

Kommunikation anders zu betrachten, als wir es gemeinhin gewohnt sind. Eine übliche Haltung gerade in Fällen wahrgenommener Abhängigkeit, d. h. in Fällen, in denen wir merken, dass wir ohne Beteiligung der Anderen nichts ausrichten können, ist es nämlich, diese Andere als notwendiges Übel zu betrachten. Wohler wäre uns, wenn wir die Dinge auch ohne sie erledigen könnten, durch ihr Verhalten stört sie uns mehr in der Durchführung unseres Vorhabens als dass sie zu dessen Gelingen beiträgt – sie hat ihren eigenen Kopf und macht nicht das, was wir wollen. Als Konsequenz einer solchen Wahrnehmung ergibt sich dann der Versuch, die Andere beeinflussen, gar zwingen zu wollen, das zu tun, was wir von ihr wollen – im Zweifelsfall „mit dem Kopf durch die Wand". Leider aber tut uns unsere Gegenüber diesen Gefallen häufig nicht, ein Umstand, den wir dann verbittert unter der Rubrik „Die Andere als Störerin unserer Vorhaben" zu verbuchen geneigt sind. Wir müssen stattdessen fähig sein, mit dieser prinzipiellen Interdependenz unseres eigenen Handelns umzugehen. Dazu gehört, Handlungsspielräume für die anderen Beteiligten zu organisieren, die es diesen möglich machen, so zu handeln, dass man mit den eigenen Interessen anschließen kann.

7.2 Wie wir etwas verstehen, ist an den Kontext gebunden

> Eine Studentin kommt zu spät in die Lehrveranstaltung. Die Dozentin, verärgert, fragt in gereiztem Ton: „Können Sie mir sagen, wie spät es ist?" – Die Studentin, leichthin, „Ungefähr halb elf." Die Klasse kichert. Die Dozentin, perplex, murmelt vor sich hin: „Unverschämt".

Dieses Beispiel illustriert, worum es in diesem Abschnitt geht: Wir verstehen eine Äußerung stets vor dem Hintergrund des situativen Kontextes, auf dem sie erfolgt. Der überwiegende Anteil unserer kommunikativen Praxis erfolgt so, dass dieses Verstehen gleichsam von selbst, intuitiv, automatisch, „aus dem Bauch" erfolgt. „Wir verfügen über das entsprechende *know how*. Es bedarf nicht, wie viele Theorien […] behaupten, komplizierter Verstehensregeln, Schlussmechanismen oder Empathie, um […] zu verstehen." (Pfab, 2020a, S. 36). Im obigen Beispiel verstehen wir unter Berücksichtigung des situativen Kontextes – Seminarsituation, Frage einer Dozentin, eigenes zu-spät-kommen – die Frage der Dozentin als Rüge, unpünktlich zu sein, und würden als Reaktion der Studentin eine Entschuldigung erwarten („Entschuldigung") oder eine Ausrede („Der Bus war spät"). Darauf beruht die Pointe des Beispiels: Die Studentin ignoriert den aktuell relevanten Kontext und ersetzt ihn durch einen anderen, einen Kontext, in dem jemand nach der Uhrzeit fragt. Eine solche Reaktion empfinden wir als pfiffig, schlagfertig oder dreist, je nachdem welchen Kontext *wir* nun wiederum zum Verstehen aktivieren. Bestimmte Kontexte haben sich in der alltäglichen Routine in die Bedeutung von Äußerungen gleichsam „eingeschliffen"; so würden wir z. B. von der Frage „Können Sie mir sagen, wie spät es ist" sagen, dass sie „normalerweise" als Frage nach der Uhrzeit zu verstehen ist. Aber solche normativen Setzungen verkennen, dass die Frage in sehr unterschiedlicher Weise verstanden werden kann, wie Erving Goffman (1979) vorgeführt hat:

- auf einer Party spätabends als Frage an die Gastgeberin: Vorbereitung zum Aufbruch
- zwischen zwei Agentinnen, die sich nicht kennen: „Parole"

7 Vier einfache Wahrheiten über Kommunikation

- in der Aufnahmestation einer Psychiatrie: Test des Geisteszustands einer eingelieferten Patientin.

Für das Verstehen von Äußerungen und Handlungen in Kommunikation ist also entscheidend, was für ein Kontext von den Beteiligten relevant gesetzt wird. Ein zentraler Kontextfaktor ist die Person, die eine Äußerung vollzieht – genauer: das Bild, das wir uns von dieser Person machen. Ein weiterer Faktor sind die Äußerungsumstände sowie die Äußerungsgestalt, d. h. die Art und Weise, wie die Äußerung verbal, non-verbal und paraverbal vollzogen wird. All dies nehmen wir ganzheitlich wahr. „[…] mit allen Sinnen, unter der Maßgabe, auf diese Äußerung oder Handlung bzw. ihren Aufforderungschrakter reagieren zu können" (Pfab, 2020a, S. 37), „anschließen" zu können, wie manchmal gesagt wird. Das Verstehen ist so sehr an den Kontext gebunden, dass wir in vielen Fällen gar nicht in der Lage sind, Fragen nach der Bedeutung zu beantworten, wie die sg. Krisenexperimente des USamerkanischen Soziologen Harold Garfinkel anschaulich gezeigt haben:

Garfinkel hat für diese Experimente seine Studenten instruiert, Aussagen in alltäglichen Gesprächen streng wörtlich zu nehmen und sich die Bedeutung von Wörtern genau erklären zu lassen. Ein Beispiel dessen, was dann passierte, folgt:

Einem der Studenten, Ray, begegnet ein Kommilitone auf dem Campus:

„(VP) „Hallo Ray, wie fühlt sich deine Freundin?"
(Ray) „Was meinst du mit der Frage, wie sie sich fühlt? Meinst du das körperlich oder geistig?"
(VP) „Ich meine: wie fühlt sie sich? Was ist denn mit dir los?" (Er wirkt eingeschnappt)

(Ray) „Nichts. Aber erklär' doch mal ein bißchen deutlicher, was du meinst."
(VP) „Lassen wir das. Was macht deine Zulassung für die medizinische Hochschule?"
(Ray) „Was meinst du damit: *Was sie macht?*"
(VP) „Du weißt genau, was ich meine."
(Ray) „Ich weiß es wirklich nicht."
(VP) „Was ist mit dir los? Ist dir nicht gut?" " (Garfinkel, 1973, S. 206)

Erst wenn uns in Kommunikation Kontextfaktoren fragwürdig werden, wenn etwas diese ganzheitliche Wahrnehmung behindert – z. B. der Ton einer Äußerung nicht zu ihrem verbalen Inhalt passt -, stellen wir überhaupt die Frage danach, was etwas bedeutet bzw. „was hier gerade vor sich geht".

> „Eine Vorgesetzte lobt einen Mitarbeiter überschwenglich. Ist das ironisch gemeint, echte Anerkennung, bei ihr nichts Besonderes, eigentlich als Kritik Dritter gedacht …? Oder – um ein Beispiel aus dem Bereich ‚Sexuelle Belästigung' zu geben – ein Vorgesetzter sagt zu einer Mitarbeiterin: „Sie sind heute richtig sexy angezogen!" Ist dies schmierig, ironisch, kritisierend, bewundernd, flirtend gemeint? Die Analyse von Mobbing-Fällen zeigt immer wieder, dass es nicht einfach ist, Übereinstimmungen in der Bedeutungszuweisung zu erreichen!" (Neuberger, 1995, S. 130)

Ein relevanter Kontextfaktor für das Verstehen einer Handlung kann auch die Position dieser Handlung in einem übergeordneten Handlungsrahmen sein, z. B. ein Kuss im Rahmen eines *courship patterns:*

7 Vier einfache Wahrheiten über Kommunikation

„Unter den während des Krieges in England stationierten amerikanischen Soldaten war die Ansicht weit verbreitet, die englischen Mädchen seien sexuell überaus leicht zugänglich. Merkwürdigerweise behaupteten die Mädchen ihrerseits, die amerikanischen Soldaten seien übertrieben stürmisch. Eine Untersuchung, an der u. a. Margaret Mead teilnahm, führte zu einer interessanten Lösung dieses Widerspruchs. Es stellte sich heraus, dass das Paarungsverhalten *(courtship pattern)* vom Kennenlernen der Partner bis zum Geschlechtsverkehr in England wie in Amerika ungefähr dreißig verschiedene Verhaltensformen durchläuft, dass aber die Reihenfolge dieser Verhaltensformen in den beiden Kulturbereichen verschieden ist. Während z. B. das Küssen in Amerika relativ früh kommt, etwa auf Stufe 5, tritt es im typischen Paarungsverhalten der Engländer relativ spät auf, etwa auf Stufe 25. Praktisch bedeutet dies, dass eine Engländerin, die von ihrem Soldaten geküsst wurde, sich nicht nur um einen Großteil des für sie intuitiv ‚richtigen' Paarungsverhaltens (Stufe 5–24) betrogen fühlte, sondern zu entscheiden hatte, ob sie die Beziehung an diesem Punkt abbrechen oder sich dem Partner sexuell hingeben sollte. Entschied sie sich für die letztere Alternative, so fand sich der Amerikaner einem Verhalten gegenüber, das für ihn durchaus nicht in dieses Frühstadium der Beziehung passte und nur als schamlos zu bezeichnen war. Die Lösung eines solchen Beziehungskonflikts durch die beiden Partner selbst ist natürlich deswegen praktisch unmöglich, weil derartige kulturbedingte Verhaltensformen und -abläufe meist völlig außerbewusst sind. Ins Bewußtsein dringt nur das undeutliche Gefühl: der *andere* benimmt sich falsch." (Watzlawick et al., 2016, S. 20)

Lassen sich diese Kontextfragen nicht klären, bleibt das Verstehen einer Äußerung oder Handlung ambivalent oder mehrdeutig. Erving Goffman war fasziniert vom Phänomen der Mehrdeutigkeit von Situationen – und entsprechend von der Spionage, z. B. von folgender Konstellation:

> „Wenn, sagen wir, die Briten entdecken, dass einer ihrer Diplomaten ein russischer Spion ist und ihn zu vierzig Jahren Gefängnis verurteilen, der Spion aber nach fünf Jahren entkommt, was denken dann die Russen? Ist er ihr Mann, und waren die von ihm übermittelten Informationen zuverlässig? War er die ganze Zeit ein Doppelagent, der sie mit falschen Informationen gefüttert hatte und dann kurzzeitig eingesperrt wurde, um sie in der falschen Sicherheit zu wiegen, er habe nicht für die Briten gearbeitet? War er den Russen gegenüber loyal gewesen, aber von den Briten beschattet und ohne es zu bemerken mit falschen Informationen zur Weitergabe an die Russen gefüttert worden? Wurde ihm das Entkommen ermöglicht, um die Russen fälschlich glauben zu machen, er hätte tatsächlich für die Briten gearbeitet und seine Informationen seien falsch gewesen? Und die Briten selbst müssen, um zu wissen, welche Bedeutung die Russen seinen Informationen gaben, auch wissen, ob die Russen denken, ihr Mann sei wirklich ihr Mann, und, wenn ja, ob sie denken, die Briten hätten dies von Anfang an gewusst oder nicht gewusst." (Goffman, 1981, S. 64).

Das Verständnis einer Äußerung oder Handlung kann also nie allein auf seine wörtliche Bedeutung zurückgeführt werden, sondern ergibt sich stets erst aus einem Zusammenspiel der Bedeutung mit einem Komplex von Hintergrundannahmen. Diese können jedoch nicht vollständig explizit gemacht werden. Jede Erklärung von Bestandteilen des *backgrounds* würde vielmehr ihrerseits wiederum einen Interpretationshintergrund voraussetzen, auf dem diese Erklärung nur verständlich wäre, der aber in diesem Moment selbst nicht vollständig explizit gemacht werden könnte. Jeder Versuch einer vollständigen

Erklärung ist nach Searle (1984) ein hoffnungsloses Unterfangen. Wie explizit man auch immer das intendierte Verständnis eines Satzes formulieren mag, immer wäre ein davon abweichendes Verständnis möglich aufgrund von background-Elementen, die in der Erklärung gerade nicht mitberücksichtigt wurden.

Untersuchungen zum Verstehen in zwischenmenschlicher Kommunikation ergaben, dass dieses Verstehen auf eine intuitiv erfolgende Weise erfolgt, aber gleichwohl auf einer komplexen Basis. Gesprächsteilnehmer berücksichtigen eine Vielzahl unterschiedlicher Gesichtspunkte, wenn sie die Bedeutung einer Formulierung, einer Aussage oder einer Handlung bestimmen (vgl. Gumperz, 1982). Dazu gehören Annahmen über die mutmaßliche Absicht des Sprechers (Intention), Deutungen von Ausspracheeigenschaften (parasprachliche Merkmale wie z. B. Akzent Betonung, Sprechpausen), die Position der Äußerung im Gesprächszusammenhang, kulturelles Wissen etc.

In gesprächsanalytischen Untersuchungen ist man der Spur, die Wörter in Gesprächen hinterlassen, nachgegangen (vgl. Nothdurft, 1996). Die Grundüberlegung war, dass es in Gesprächen immer nur wenige Wörter sind, die wirklich als eigenständige Wörter Prägnanz erhalten, die gleichsam Schlüsselwörter des Gesprächs werden. Solche Schlüsselwörter, so konnte beobachtet werden, bilden sich im Verlauf eines Gesprächs durch eine Vielzahl unterschiedlicher Aktivitäten der Beteiligten heraus, sie werden als Wörter hervorgehoben, von anderen Gesprächsteilnehmerinnen aufgegriffen, zitiert und machen Karriere im Gesprächsverlauf. Die Bedeutung solcher Wörter schwankt und ist abhängig vom jeweiligen aktuellen Kontext. Wenn solche Schlüsselwörter eine feste Bedeutung haben, dann allenfalls am Ende einer gelungenen Karriere, es ist „ein Sinn im Entstehen" (Merleau-Ponty, 2007, S. 57).

Der Tatbestand der kontextuellen Gebundenheit von Äußerungen in zwischenmenschlicher Kommunikation sollte dazu führen, sich von der Vorstellung der kontextlosen Eindeutigkeit und Klarheit der Bedeutung von Äußerungen und der Vorstellung der wörtlichen Bedeutung zu verabschieden. Dies ist leichter geschrieben als getan, denn unsere Neigung als Kommunikationsteilnehmerinnen, das eigene Verständnis dessen, was gerade gesagt worden ist oder was gerade geschieht, für klar, sicher und für einzig möglich zu halten, ist groß. Stattdessen empfiehlt sich für das eigene Handeln in zwischenmenschlicher Kommunikation, sich auf die prinzipielle Mehrdeutigkeit dessen, was passiert, einzulassen und die Ambivalenz der Situation zu ertragen.

Angesichts des komplexen Charakters zwischenmenschlicher Kommunikation ist die Neigung verständlich, sich auf eine Deutung dessen, was etwas bedeutet oder dessen, was geschieht, festzulegen. Gleichwohl führen solche Festlegungen dazu, dass alternative Lesarten ausgeschlossen werden, die sich im Verlaufe des Geschehens als sinnvoller erweisen würden. Außerdem schränken wir durch die Fixierung auf nur eine Lesart unseren eigenen Gestaltungsspielraum dessen, was geschieht, erheblich ein. Für bestimmte Situationen ist das „jonglieren" mit verschiedenen Deutungen der Situation gerade entscheidend, z. B. beim Flirten. Aber auch bei einem Verkaufsgespräch kann das Changieren zwischen Beratungs- und Verkaufscharakter zum Erfolg des Gesprächs beitragen.

Dieses Ertragen von Ambivalenz erfordert nicht nur die Bereitschaft offenen Situationen gegenüber und die nötige Geduld, sondern auch ein gutes Gedächtnis und erhebliche Konzentration, um angesichts der Flüchtigkeit zwischenmenschlicher Kommunikation die verschiedenen Redekontexte und Lesarten gedanklich präsent zu halten bzw. wieder präsent zu machen.

7.3 In Kommunikation sind wir stets mit allen Sinnen beteiligt

Beispiel

Sie kommen im Zug mit Ihrer Nachbarin ins Gespräch. Von Anbeginn an sind Sie von ihrer Stimme fasziniert, ohne dass Sie genau sagen könnten, was es ist. Die Stimme klingt für Sie irgendwie geheimnisvoll, dunkel und schwermütig. Es geht in Ihrem Gespräch nur um Alltagsdinge, aber das Thema ist Ihnen auch gleichgültig. Sie sind von der Stimme verzaubert und haben das Gefühl, sich ihr nicht entziehen zu können.

Sie treffen eine alte Bekannte wieder und tauschen sich mit ihr über die Ereignisse der letzten Zeit aus. Sie ist zwischenzeitlich geschieden, während Sie gerade frisch verheiratet sind. Sie erzählen davon mit Begeisterung. Sie sagt: „freut mich", aber ihr Tonfall macht Ihnen deutlich, dass Freude mit Sicherheit das letzte Gefühl ist, das sie angesichts Ihrer Nachricht empfindet.

Eine pakistanische Mitarbeiterin im Schnellrestaurant des Londoner Flughafens Heathrow fragt beim Servieren mancher Speisen nach, ob die Gäste noch Soße dazu haben wollen. Dazu stellt sie nur die einfache kleine Frage: „gravy?". Aber sie sagt es im Tonfall ihrer Heimatsprache und da geht bei einer Frage die Stimme nicht nach oben, wie es im Deutschen oder Englischen der Fall ist, sondern die Stimme geht leicht nach unten. Die englischen Gäste hören daher die Äußerung nicht als freundliche Frage: „Möchten Sie vielleicht noch Soße dazu?", sondern entsprechend ihren Hörgewohnheiten als barsche Aufforderung: „Nun nehmen Sie schon Soße!" und sind entsprechend pikiert. (nach: Gumperz, 1982).

Finnische Geschäftsleute beschweren sich nach Verhandlungen mit deutschen Handelspartnerinnen über deren unhöflich-brüskierenden Kommunikationsstil. Ihre deutschen Gesprächspartnerinnen beklagten sich dagegen über die Unklarheit finnischer Gesprächsbeiträge. Video-Analysen ergaben als Erklärung, dass die finnischen Gesprächspartnerinnen es gewohnt waren, in ihren Redebeiträgen immer wieder Sprechpausen einzubauen, Gedankenpausen beim Sprechen. Ihre deutschen Partnerinnen nahmen fälschlicherweise an, ihre

> Partnerinnen seien mit ihren Gesprächsbeiträgen zu Ende, wunderten sich über die Unklarheit der Aussagen und ergriffen selbst das Wort. Auch schwedische Geschäftsleute sollen ganz ähnliche Probleme mit deutschen Geschäftspartnerinnen haben.
> Der Historiker Robert Darnton schreibt in Bezug auf das Erzählen von Märchen:

„Das größte Hindernis liegt in der Unmöglichkeit, den Geschichtenerzählern selbst zu lauschen. Wie akkurat die aufgezeichneten Versionen der Märchen auch immer sein mögen, sie können nicht jene Wirkungselemente vermitteln, durch die im 18. Jahrhundert die Geschichte zum Leben erwacht sein dürfte: die dramatischen Pausen, die verstohlenen Blicke, den Gebrauch von Gesten, um Schauplätze zu umreißen – ein Schneewittchen am Spinnrad, ein Aschenputtel, das seine Stiefschwester laust – und den Einsatz von Geräuschen, um Geschehnisse zu unterstreichen – ein Pochen an der Tür (das oftmals ausgeführt wurde, indem man einen Zuhörer an die Stirn klopfte) oder eine Prügelei oder ein Furz. All diese Mittel geben der Bedeutung der Erzählung Gestalt." (Darnton, 1989, S. 27).

In allen diesen Beispielen geht es um sinnliche Qualitäten von Kommunikation, d. h. Aspekte aus dem Bereich von Ausdrucksqualitäten in zwischenmenschlicher Kommunikation, jener Qualitäten, die nicht aufgrund ihrer inhaltlichen, wörtlichen Bedeutung bestimmbar sind, sondern aufgrund von Eindrücken, Empfindungen und sinnlichen Erlebnissen wirken.

„In Gesprächen hat die Stimme und die Gestik ihr eigenes Gewicht. Die Stimmqualität, die Tönung der Stimme, ihre Lautstärke, ihre Dramatik, ihr Tempo und ihr Timbre bilden eine eigene Dimension des Sprechens, die den

7 Vier einfache Wahrheiten über Kommunikation

Aufbau von Deutungen, die Steuerung von Verstehen und die Herausbildung von Eindrücken und Empfindungen bis hin zu einer körperlichen Resonanz auf das Geschehen in eigener Weise beeinflusst. Zu Recht spricht man auch vom „Klangzauber" des Sprechens." (Langfeldt & Nothdurft, 2015, S. 145)

Kommunikation ist eben nicht „Austausch von Informationen", sondern körpergebundenes Geschehen, in das wir mit Leib und Seele involviert sind, von dem wir betroffen sind. Kommunikation hat für uns existentielle Qualität. „Mein Dasein steht auf dem Spiel", schreibt der Sozialphilosoph Helmuth Plessner 1924 in seiner „Ästhesiologie des Geistes" (1980, S. 120). Diese Körpergebundenheit von Kommunikation akzentuiert Zumthor gegenüber gängigen Vorstellungen von Kommunikation: „[...] den Vorrang des Rhythmus, die Unterordnung des Sprechens unter das Atmen, der Wiedergabe unter die Handlung, des Begriffs unter die Haltung, der Bewegung des Gedankens unter die des Körpers [...]" (Zumthor, 1990, S. 31).

In der sprachtheoretisch fixierten Forschung zu zwischenmenschlicher Kommunikation ging es lange Zeit um Aspekte einer linguistisch bestimmten Bedeutung kommunikativen Handelns. Es galt als ausgemacht, dass non-verbale und paraverbale Aspekte nur Begleiterscheinungen verbaler Kommunikation sind und weitgehend vernachlässigt werden können. Erst in den letzten Jahren ist die Bedeutsamkeit des Ausdrucksgeschehens in und für Kommunikation wieder stärker in den Mittelpunkt der Forschung geraten. Der Psychologe Adam Kendon (2000) z. B. hat in Untersuchungen zum Gestikulieren von Sprechern festgestellt, dass diese durch bestimmte nonverbale Gesten markieren, wie der Inhalt ihrer sprachlichen Äußerungen verstanden werden soll (z. B. als Warnung, als Übertreibung, als Ironie). In Studien, die unter dem Stichwort „Multimodalität" erfolgen, wird das Ausdrucksgeschehen allerdings seiner existentiellen Qualität beraubt: Zeichentheoretisch orientierte Ansätze behandeln das Ausdrucksgeschehen wie ein System einzelner, isolierter Zeichen, denen eine feststehende Bedeutung zugeordnet ist (die „Sprache" der Gesten, Körper-„Sprache") (vgl. z. B. Kress, 2010). Instrumentell orientierte Ansätze behandeln das Ausdrucksgeschehen als Repertoire von Mitteln, mit denen Interaktionsaufgaben bewältigt werden sollen (vgl. z. B. Mondada & Schmitt, 2010). Entsprechend orientiert man sich hier an einer Klassifikation, die rhetorischen Zwecken der Erzeugung von Wirkung verpflichtet ist: „Zu den unterschiedlichen Dimensionen […] gehören beispielsweise (sic!) Verbalität […], Vokalität, Blick, Kopfbewegung, Mimik, Gestikulation, Körperpositur, Bewegungsmodus […]" (Mondada & Schmitt, 2010, S. 24 f.). Beide, sowohl zeichentheoretische wie auch instrumentelle Ansätze ignorieren die existentielle Qualität des Ausdrucksgeschehens. Zwar trifft es zu, dass es einzelne Ausdrucksbewegungen gibt, denen eine – kulturspezifische -Bedeutung zugeschrieben wird – das Heben der Augenbrauen als Zeichen des Erstaunens, das Zeigen des „Stinkefingers" als Zeichen der Verachtung, aber der ganz überwiegende Teil unserer körperlichen Ausdrucksbeweglichkeit lässt sich nicht in dieser Weise erfassen (deswegen hat man lange Zeit in der Forschung ja auch einen Bogen darum gemacht). Und es trifft auch zu, dass wir bei bestimmten Gelegenheiten einzelne Körperbewegungen zweckgerichtet einsetzen, z. B. während eines Gesprächs mit der Hand wedeln, um zu Wort zu kommen, aber auch hier handelt es sich um spezielle Situationen. Der überwiegende Teil unserer Kommunikation wird von dieser Sichtweise nicht erfasst.

7 Vier einfache Wahrheiten über Kommunikation

Demgegenüber gilt es, die *sinnliche* Qualität des *gesamten* Ausdrucksgeschehens in Kommunikation in den Blick zu nehmen, in das wir mit Leib und Seele involviert sind. Es geht um die psychosoziale Dimension der Sinne. (Physiologische Untersuchungen können dazu wenig beitragen, wohl aber historische Untersuchungen, denn das Ausdrucksgeschehen und seine Wahrnehmung über die Sinne unterliegen jeweiligen historisch kontingenten Ausdrucksregimes. So charakterisiert der Psychologe Karl Bühler das Ausdrucksregime in der Zeit der Weimarer Republik durch das Unterlassen aller Arten von Gebärden, die „[…] als selbstzweckdienlich ausdruckshaltig und darum losgelöst vom sachbezogenen Handeln und vom sachlich darstellenden Sprechen hervorgebracht" werden (1968, S. 52).

Die Grundlagen für eine solche Betrachtungsweise sind bereits in den 20er Jahren von dem deutschen Psychologen Erwin Straus (1978, urspr. 1935) und den Sozialphilosophen Helmuth Plessner (1981, urspr. 1924) und Max Scheler (1973, urspr. 1924) gelegt worden. Sie sind dann durch eine sprachfixierte Perspektive auf Kommunikation verdrängt worden (und ihre Autoren durch die nationalsozialistische Vernichtungspolitik ihres wissenschaftlichen Kontextes beraubt worden). Der Kommunikationswissenschaftler Jens Löhnhoff hat an die Bedeutung der Arbeit von Straus erinnert (2001). Gegenwärtig widmen sich v. a. die Arbeiten des Philosophen Hermann Schmitz diesem Thema (z. B. 2018).

Für Straus stand außer Frage, dass Sprechen stets eingebunden ist „[…] in ein Ensemble vielfältiger kommunikativer Aktivitäten eines Menschen wie „sich bewegen", „gestikulieren", „blicken", „mit Sachen hantieren". „Sprechen" erfährt seine Bedeutung in einem solchen Ensemble und aus ihm heraus, und zwar stets als Äußerung eines Menschen (Straus, 1935)." (Pfab, 2020a, S. 76).

Die Arbeit von Straus ist unter mehreren Gesichtspunkten für das Verständnis der Sinnlichkeit von Kommunikation von Bedeutung, die im Folgenden thesenartig zusammengestellt sind:

- Das Erleben der Ausdrucksqualitäten von Kommunikation ist strikt an den kommunikativen Kontext gebunden, in dem dieses Erleben erfolgt, insbesondere an die eigene Person. „Auch das ursprüngliche Ausdruckverständnis des Menschen ist ein solch unmittelbares, ganz an die eigene Aktion und Gerichtetheit gebundenes Erfassen." (Straus, 1978, S. 201), an die "Interessenssphäre des Aufnehmenden und Ausdruckssphäre des Redenden oder Handelnden" (1925, S. 13). Der Psychologe Klaus Holzkamp betont: „Wir erleben also niemals einfach ‚Traurigkeit', sondern immer schon die Traurigkeit eines ganz bestimmten Individuums, quasi als Variation seiner dauernden Eigenarten." (Holzkamp, 1957, S. 301). Die Kundgabe begründet „[...] den Zusammenhang zwischen der Äußerung und dem Äußernden, sie macht die Mitteilung zu *seiner* Mitteilung, macht das Wort zu einem *Teil der redenden Person.*" (Straus, 1925, S. 16, 2. Hv. W.P.). Die Operation, ein Wort, eine Äußerung oder Handlung von der äußernden Person zunächst zu trennen, als Objekt zu isolieren und sich dann zu fragen, wie die Bedeutung wohl zustande käme, stellt für Straus einen „Treppenwitz" dar (Straus, 1925, S. 17).
- Zwischen dem „Verstehen" eines Ausdrucks und dem „Erfassen" dieses Ausdrucks muss scharf getrennt werden. Sinnliches Erleben hat die Qualität des „Erfassens". „Das Verstehen ist eine Art des Erkennens. Aber auf der Stufe des Ausdrucks-Erfassens wird nichts erkannt." (Straus, 1978, S. 206)

7 Vier einfache Wahrheiten über Kommunikation

- Die Qualität des Ausdrucksgeschehens ist eine *personale* Qualität, d. h. als eine, die nicht von der Person dessen, der das Ausdrucksgeschehen erlebt, getrennt werden kann. „Subjekt des Erlebens ist nicht ein Bewußtsein, […] es ist dieses einmalige leibhafte lebendige Wesen, in dessen lebensgeschichtliches Werden die Ereignisse eindringen" (Straus, 1978, S. 121 f.). Am Phänomen des Duftes kann man verdeutlichen, wie man sich diese Verbindung von Erleben und Person vorstellen kann. Dieses personale Moment betont auch Georg Simmel, wenn er schreibt: „Wir erleben [einen Satz] in den natürlichen Einstellungen als eine Darstellung des Wesens der fremden Person, als einen Teil, der […] das Ganze der Person gibt." (Simmel, 2001, S. 16 f.). Es wäre allerdings ein Fehlschluss, aus dieser personalen Gegebenheit zu folgern, dass „jeder es eben anders" erlebt. Menschen in Kommunikation sind gesellschaftlich bestimmt und dies gilt auch für ihr Erleben. Natürlich erfolgt dieses auf dem Hintergrund von Ausdrucksregimes und „habituellen Gemeinsamkeiten" (Merleau-Ponty, 2007).
- Grunddimensionen des Ausdruckserlebens sind das Verlockende und das Schreckende.

„Das Empfinden ist also ein sympathetisches Erleben. Es ist auf die physiognomischen Charaktere des Lockenden und Scheuchenden gerichtet. Es hat den Charakter des ‚mit' in seiner Entfaltung des ‚auf zu' und des ‚von weg'. Nichts liegt mir ferner, als das Sympathetische des Empfindens in sentimentaler Weise als Ausdruck einer universellen Harmonie zu deuten. Das Sympathetische ist der weitere Begriff, der beides, das Trennen und das Einigen, das Flüchten und das Folgen, das Schrecken und das Locken, also das Sympathische und das Antipathische umfaßt." (Straus, 1978, S. 207)

und an anderer Stelle, sie seien „Maßstab des Gefallens und Mißfallens, des Anziehens und Abstoßens, des Nutzens und Schadens." (Straus 1925, 14).
Prägnant wird dies in der Sinnesmodalität des Riechens erlebt. Riechen „[…] gewährt Einblick in den ursprünglichen Charakter sinnlicher Erfahrung: das Beherrschtsein durch Anziehung und Abstoßung." (Straus, 1980, S. 158). Die Bedeutsamkeit dieser Dimension des Attraktiven und des Abstoßenden betont in heutiger Zeit die Sprachphilosophin Sybille Krämer, wenn sie schreibt, in Kommunikation erfolgt „[…] eine sympathische oder antipathische Bezugnahme auf den Anderen, ein Begehren oder eine Abwehr, welche Gemeinschaftlichkeit stiftet oder unterläuft , […]". (Krämer, 2006, S. 7). Straus selbst bezieht sich auf Goethe:

„Sobald der Mensch die Gegenstände um sich her gewahr wird, betrachtet er sie in bezug auf sich selbst, und mit Recht. Denn es hängt sein ganzes Schicksal davon ab, ob sie ihm gefallen oder mißfallen, ob sie ihn anziehen oder abstoßen, ob sie ihm nutzen oder schaden." (Goethe, zit. in Straus, 1925, S. 14).

Die Dimension des Lockenden und Schreckenden spielt auch eine wesentliche Rolle in den Arbeiten der Gruppe „*Collège de Sociologie*" aus den 1930er Jahren (vgl. Hollier, 2012; Möbius, 2006).
- Ausdrucksgeschehen hat die Qualität der Unmittelbarkeit, Gewissheit und Komplexität. Das Ausdrucksgeschehen wird ohne zwischengeschaltete psychische Prozesse (Schlüsse, Inferenzen, Wissensreproduktion) erlebt (s. o. 2.1). Das Geschehen hat die Qualität von Gegenständlichkeit. Wir erleben das Ausdrucksgeschehen im Modus der Gewissheit.

- Zwischen dem Erleben des Ausdrucksgeschehens und der Reflexion herausgegriffener Aspekte dieses Erlebens auf kognitiver Ebene besteht eine wesentliche Diskrepanz.

„Wir reagieren im Umgang mit anderen Menschen auf ungezählte Ausdrucksmoment, ohne daß wir wissen, worauf wir reagieren, ja man könnte besser sagen, ohne zu wissen, daß wir reagieren. Es wird zu keinem Wissen, weil es an die Unmittelbarkeit und Jeweiligkeit des eigenen Agierens geknüpft ist und bleibt. Die Dürftigkeit unseres beliebig und willkürlich demonstrierbaren und reproduzierbaren Wissens vom Ausdruck steht in einem krassen Gegensatz zu dem Reichtum, der Sicherheit und der Abgestuftheit unserer Reaktionen." (Straus, 1978, S. 201 f.)

In diesem Sinne ist auch Zumthor zu verstehen, wenn er über die Stimme schreibt: „Das Bild der Stimme wurzelt in einer Zone des Erlebten, die den begrifflichen Formulierungen entgeht, die man nur ahnen kann." (Zumthor, 1990, S. 12).
- Ausdruckserleben erfolgt ganzheitlich und einheitlich. Diese Einheitlichkeit beruht auf meiner personalen Existenz: „Ermöglicht wird die Vereinigung dadurch, daß ich in der Vielheit meiner Sinne als ein und derselbe auf das Andere gerichtet bin." (Straus, 1978, S. 129).
- Die unterschiedlichen Sinnesqualitäten, in denen Kommunikation erlebt wird, sind unterschiedliche Kommunikationsweisen, in denen Ich und Welt miteinander verbunden sind (vgl. Straus, 1978, S. 210).

Eine wichtige Folgerung aus diesen Forschungserkenntnissen sollte sein, sensibel zu werden für den „Klangzauber" des Sprechens, dafür also, dass beim Sprechen der Ton die Musik macht. Damit einher geht dann die Erkenntnis, dass miteinander Reden mehr ist als nur der Austausch von Botschaften oder Mitteilungen. Diese Fixierung auf den Inhalt führt nämlich im Zweifelsfall (nur) dazu, dass man auf den Klang, die Zwischentöne und das Augenzwinkern beim Sprechen nicht genau genug achtet und damit seine eigenen Interpretationen des Gesagten nicht genau genug verfolgt.

„Das Empfinden ist ein sympathetisches Erleben. Im Empfinden erleben wir uns mit und in unserer Welt. Das ‚Mit' ist nicht zusammengesetzt aus einem Erlebnisstück ‚Welt' und einem Erlebnisstück ‚Ich'. Das einheitliche Empfinden entfaltet sich stets nach den Polen der Welt und des Ich. Die Beziehung des Ich auf seine Welt ist im Empfinden eine Weise des Verbundenseins, die von dem Gegenüber des Erkennens scharf zu scheiden ist. Darum müssen wir es auch durchaus verwerfen, zum Subjekt des Empfindens ein Bewußtsein zu machen, das Empfindungen als vereinzelte in sich hat, die vereinzelten durch einen Prozess des Denkens vereinigt oder das Getrennte durch das Bindemittel der Gewohnheit (custum and habit) zusammenkittet und schließlich das so Vereinigte denkend aus sich heraussetzt." (Straus, 1978, S. 208).

7.4 Wir sind in Gespräche verstrickt

Beispiel

Im Verlauf eines Gesprächs mit einer Freundin sind Sie mit dieser in einen Streit geraten. Am meisten regen Sie sich über eine Bemerkung auf, die diese vor einigen Minuten gemacht hatte. Sie halten ihr diese Bemerkung vor, doch sie bestreitet, sie so gemacht zu haben. Sie erinnern sich aber ganz genau und betrachten ihr Verhalten nun als

> unehrlich und feige, wodurch der Streit zusätzliche Schärfe erhält.
> In Ihrer Abteilung findet eine Arbeitsbesprechung statt. Sie und Ihre Kolleginnen beteiligen sich rege, wenn auch nicht sehr aufs Thema konzentriert, an dem Gespräch. Es geht eine Weile hin und her, bis irgendwann niemand mehr durchblickt, um was es eigentlich geht.
> Sie versuchen, Ihre Kollegin von Ihrer Projektidee zu begeistern, merken aber, dass sie den Clou Ihrer Idee nicht erkennt. Sie versuchen es noch einmal auf eine andere Weise, aber ebenfalls ohne Erfolg. Sie machen einen dritten Anlauf, doch auch diesmal reagiert sie verständnislos. Sie beginnen, an ihrem guten Willen zu zweifeln.

Mit der Formulierung „in Gespräche verstrickt sein" soll vor allem hervorgehoben werden, dass es sich bei Fällen von Kommunikation um nicht vollständig voraussehbare oder planbare Ereignisse handelt, um Ereignisse, die ihre eigene Dynamik entfalten, die zudem flüchtig sind und in vielen Fällen nicht überschaubar.

„Nichts bleibt in Gesprächen, wie es ist, jeder weitere Redebeitrag kann die Gesamtkontur eines bis dahin abgelaufenen Gesprächs verändern, Äußerungen, Bemerkungen, einzelnen Wörtern eine neue, ungeahnte Bedeutung verleihen, Verhältnisse auf den Kopf stellen, für Überraschungen sorgen, dem Gespräch eine neue Wendung geben." (Langfeldt & Nothdurft, 2015, S. 143)

Im Gegensatz zu Texten sind Gespräche essentiell offen in dem Sinne, dass der weitere Verlauf eines Gesprächs unabsehbar ist. Zeitlichkeit des Sprechens bedeutet auch Vergänglichkeit des Sprechens, ein Umstand, der dazu führt, dass wir in Gesprächen meist auf unsere subjektiven Gedächtnisleistungen angewiesen sind und diese können deutlich von den Erinnerungen anderer Teilnehmerinnen abweichen.

> „Wer kann schon von sich beanspruchen, genau zu wissen, was vor ein paar Minuten in einem Gespräch gesagt worden ist? [...] Zeitlichkeit bedeutet auch Unübersichtlichkeit – wir sind beim Miteinander-Reden in unserer Aufmerksamkeit gefangen von dem, was gerade gesagt wird und was gerade vor sich geht, und verlieren oft den Zusammenhang, der sich im Gesprächsverlauf entwickelt, aus den Augen – und da das Sprechen vergänglich ist, haben wir keine Chance, „noch einmal nachzublättern", wo wir gerade sind. Es ist leicht, den Faden zu verlieren. Gleichzeitig messen wir zeitlichen Prozesse aber auch Bedeutung bei. Dies gilt vor allem für Wiederholungen: wir machen einen Unterschied, ob wir etwas zum ersten Mal gesagt haben, zum zweiten Mal oder zum dritten Mal – der Prozess des Sprechens selbst bestimmt die Bedeutung dessen, was wir sagen, mit." (Langfeldt & Nothdurft, 2015, S. 143)

Der Kommunikationswissenschaftler Thomas Wägenbaur charakterisiert Kommunikation entsprechend als mehrfach „lückenkonfiguriert" (Wägenbaur, 2000, S. 125), zum einen aufgrund der Tatsache, dass die Beteiligten keine vollständige Kenntnis voneinander haben, zum zweiten, weil das Geschehen nicht vollständig, sondern in „[...] simultaner Synthese" (s. o.) erlebt und wahrgenommen wird und zum dritten, weil das Geschehen im Moment des Auftretens auch schon wieder verschwindet – der Ton im Vergehen, die Bewegung im Tun.

Ein Gespräch entwickelt aufgrund seiner Eigendynamik eine Zugkraft, der wir uns nur schwer entziehen können und die die Art unserer weiteren Beteiligung an dem Gespräch mitbestimmt – wir müssen das Spiel, wenn es einmal begonnen hat, zu Ende spielen. „In Gespräche verstrickt sein" – eine solche Formulierung erscheint anfangs vielleicht etwas fremd und gekünstelt, wenn nicht gar verdreht, weil wir aufgrund unserer individuumzentrierten Sozialisation und unserer metapragmatischen Einstellungen gewohnt sind, Kommunikation vom einzelnen Individuum her zu denken. Gleichwohl haben wir alle schon unsere Erfahrungen mit Systemeigenschaften zwischenmenschlicher Kommunikation gemacht. Wenn in einem Streitgespräch die Wogen höher schlagen und ein Wort das andere ergibt, stellen wir plötzlich erschreckt fest, dass wir uns „durch den Gang der Ereignisse" haben zu Äußerungen hinreißen lassen, die wir gar nicht wollten. In solchen Eskalationsprozessen entfaltet sich eine systemeigene Dynamik, der man sich als Beteiligte nur schwer entziehen kann.

Darüber hinaus kann die Formulierung auch so verstanden werden, dass unsere Identität in Kommunikation, wer wir sind, wesentlich an die jeweilige Kommunikationssituation gebunden ist – eine Auffassung, die u. a. der US-amerikanische Psychologe Kenneth Gergen vertritt (1996).

Zwischenmenschliche Kommunikation hat Ereignis-Charakter. Alles, was geschieht, geschieht aus dem Fluss des Ereignisses heraus und ist auf dieses bezogen. Kommunikation entfaltet sich aufgrund der Eigendynamik durch das Zutun aller Beteiligten in nicht vollständig vorhersehbarer Weise. In Kommunikation kann etwas entstehen „[...] ohne dass es vorhersehbar gewesen wäre, auch wenn sein Auftauchen im Nachhinein plausibel escheinen mag." (Fischer-Lichte, 2012, S. 76). Darin liegt das kreative Potential, das jedem Kommunikationsereignis innewohnt, das Potential für Neues, Innovation, Überraschendes. Aus dem Fluß der Interaktion heraus bilden sich – auf den Fluß bezogen – Gestalten, Formen, Figuren, Muster oder etwas ähnliches, was uns an Erlebtes erinnert, Gewußtes wachruft, Phantasierte evoziert. In der

Improvisation greifen wir zu Versatzstücken, die wir in den Fluß der Interaktion einbauen, integrieren, ihm entgegensetzen, ihn blockieren.

Wir haben es in Kommunikation mit komplizierten Zeitverhältnissen zu tun, die sich mit der Vorstellung eines Zeitstrahls oder einer Produktionslogik (s. o. Abschn. 5.6) nicht erfassen lassen. Jede kommunikative Handlung in einem Gespräch ist bestimmt durch das Erleben dieser Handlung, dem simultan stattfindenden anderen Ereignissen, insbesondere den auf diese Handlung bezogenen, dem selbst-Erleben dieser Handlung (s. o. Abschn. 5.5) im Zusammenhang mit prospektiven Erwartungen des weiteren Geschehens und retrospektiven Erinnerungen an vergangenes Geschehen, z. B. „ähnliche Situationen". Gleichzeitig ist jede Handlung eingebunden in den bis dahin abgelaufenen Geschehenszusammenhang und folgt dessen Ablauflogik

Die reumütige Beichte eines sexuellen Fehltritts eines Ehegatten seiner Angetrauten ist bestimmt vom unmittelbaren Rückbezug dieser Beichte auf ihn selbst („Was bin ich doch für ein Schuft!"), dem Erleben der Fassungslosigkeit seiner Ehefrau („Sie scheint es wirklich nicht geahnt zu haben."), den Erwartungen ihrer Reaktion auf seine Beichte („Sie wird mir eine Szene machen.") und seinen Erinnerungen an frühere Geständnisse („Komme mir vor wie damals, als ...").

Gleichwohl ist diese Logik nicht determinierend zum einen aufgrund der Lückenkonfiguration (s. o.), zum anderen aufgrund der Komplexität der verschiedenen Kommunikationsebenen (s. o. Kap. 6) und des Wechselspiels zwischen diesen.

Lange stand in der kommunikationswissenschaftlichen Forschung der Aspekt der Struktur im Vordergrund des Interesses. Der Kommunikationswissenschaftler Sawyer

(2001) hält dies für eine Überschätzung, „[...] die aufgrund retrospektiver Betrachtung von Fällen sozialer Interaktion zustande kommt – nachträglich erscheint das Geschehen kohärenter, als es tatsächlich, im Vollzug gewesen ist, wobei die gesellschaftliche Dominanz der Kategorie des ‚Ziels' eine wesentliche Rolle spielt – nachträglich werden Verhaltensweisen als zielbestimmt gedeutet bzw. erinnert, die in ihrem Vollzug keine Zielorientierung aufgewiesen haben." (Pfab, W., 2019, S. 60).

Wie man mittlerweile erkannt hat, betrifft der Ereignischarakter von Kommunikation selbst so „harte" Aspekte wie grammatische Strukturen: Linguisten haben festgestellt, dass wir als Gesprächsteilnehmerinnen aus dem Prozess des Sprechens heraus gleichsam *on-line* auf grammatische Konstruktionen zurückgreifen (vgl. Hopper, 2011; Breyer et al., 2011).

Nothdurft und Schwitalla (1995) und Pfab, W. (2019) greifen, um diesen prozessualen Charakter von Kommunikation zu betonen, auf das Bild des Gemeinsamen Musizierens bzw. die Metapher der Improvisation zurück. „Miteinander-Sprechen ist im Gegensatz zum Schreiben kein planbarer [...] Prozess. Miteinander-Sprechen ist offen, immer gut für überraschende Wendungen, ungeahnte Entwicklungen und Verstrickungen. Antizipation von Zukünftigem, Planung, Steuerung und systematisches Vorgehen ist nur in sehr begrenztem Maße möglich. Interaktion vollzieht sich entsprechend als ‚intuitive Improvisation des Gesprächs und der Beteiligung von Moment zu Moment' (Erickson, 1988, 1086, u.Ü.)." (Nothdurft & Schwitalla, 1995, S. 34). Dieser improvisatorische Charakter ist die Grundlage dafür, dass sich in Kommunikation eine besondere Qualität von Kreativität entwickeln kann (vgl. Joas, 1992) und es zu *flow*-Erlebnissen kommen kann, wie sie ähnlich von Jazz-Musikerinnen beschrieben werden (vgl. Pfab, W., 2019, S. 55 ff.).

Dieser Ereignis-Charakter bestimmt die Arbeitsbedingungen des Sprechens wie des Hörens. Die Prozessualität gilt schon für den Sprechvorgang selbst. Niemand hat dies besser beschrieben als der Dichter Heinrich von Kleist in seinen Text „Allmähliche Verfertigung der Gedanken beim Reden":

„Aber weil ich doch irgend eine dunkle Vorstellung habe, die mit dem, was ich suche, von fern her in einiger Verbindung steht, so prägt, wenn ich nur dreist damit den Anfang mache, das Gemüt, während die Rede fortschreitet, in der Notwendigkeit, dem Anfang nun auch ein Ende zu finden, jene verworrene Vorstellung zur völligen Deutlichkeit aus, dergestalt, dass die Erkenntnis, zu meinem Erstaunen, mit der Periode fertig ist … Mir fällt jener ‚Donnerkeil' des Mirabeau ein, mit welchem er den Zeremonienmeister abfertigte, der nach Aufhebung der letzten monarchischen Sitzung des Königs am 23. Juni, in welcher dieser den Ständen auseinander zu gehen anbefohlen hatte, in den Sitzungssaal, in welchem die Stände noch verweilten, zurückkehrte, und sie befragte, ob sie den Befehl des Königs vernommen hätten? ‚Ja', antwortete Mirabeau, ‚wir haben des Königs Befehl vernommen', ich bin gewiss, dass er bei diesem humanen Anfang noch nicht an die Bajonette dachte, mit welchen er schloss: ‚ja, mein Herr', wiederholte er, ‚wir haben ihn vernommen', man sieht, dass er noch gar nicht recht weiß, was er will. ‚Doch was berechtigt Sie', fuhr er fort, und nun plötzlich geht ihm ein Quell ungeheurer Vorstellungen auf ‚uns hier Befehle anzudeuten? Wir sind die Repräsentanten der Nation.' Das war es, was er brauchte! ‚Die Nation gibt Befehle und empfängt keine.' um sich gleich auf den Gipfel der Vermessenheit zu schwingen.

7 Vier einfache Wahrheiten über Kommunikation

‚Und damit ich mich ihnen ganz deutlich erkläre' und erst jetzo findet er, was den ganzen Widerstand, zu welchem seine Seele gerüstet dasteht, ausdrückt: ‚so sagen Sie Ihrem Könige, dass wir unsre Plätze anders nicht, als auf die Gewalt der Bajonette verlassen werden.' Worauf er sich, selbstzufrieden, auf einen Stuhl niedersetzte." (v.Kleist, 1964, S. 54 f.).

Ein Moment dieser Prozessualität ist die Flüchtigkeit des Sprechens. Die Sprecherin kann sich – im Gegensatz zu einer Schreiberin – nicht darauf verlassen, dass ihre Botschaft schon irgendwann wirken wird – sie muss vielmehr unmittelbar wirken: „Daher bedarf es (...) einer besonderen Beredsamkeit, einer Mühelosigkeit der sprachlichen Gestaltung, einer eindringlichen Suggestivkraft und einer durchweg herrschenden Rhythmisierung. Dem folgt der Hörer; zurückbleiben kann er nicht. Die Botschaft muss unmittelbar wirken, was immer ihr angestrebter Effekt ist." (Zumthor, 1995, S. 703). „Dem folgt der Hörer" – damit sind auch die Arbeitsbedingungen des Hörens bestimmt:

„Der rasche Rhythmus der Rede verlangt vom Hörer, dass er, wenn er schon nicht alle, so doch den überwiegenden Teil der Elemente erfasst, um die Aussage verstehen zu können. Bewusst werden die Wörter dem Hörer erst dann, wenn die Einheiten, aus denen sie sich zusammensetzen, schon ausgesprochen worden sind. Und ebenso nimmt er erst nachträglich die Sätze auf, wenn die Wörter, aus denen sie gebildet worden sind, bereits zurückliegen. Er muss seine Aufmerksamkeit auf den Redefluss richten und ihm im selben Augenblick die für das Verständnis des Ganzen unentbehrlichen Elemente entnehmen. Vor genau hundert Jahren hat dies der russische Neurologe und Psychologe I. M. Secenov [...] als "simultane Synthese" bezeichnet.

Dabei werden die Elemente, die der unmittelbaren Wahrnehmung schon nicht mehr zugänglich sind, sondern im Kurzzeitgedächtnis gespeichert werden, zu immer größeren Einheiten verbunden – die Laute zu Wörtern, die Wörter zu Sätzen und die Sätze zu ganzen Aussagen." (Jakobson & Pomorska, 1982, S. 65).

Die Eigenschaft der *Prozessualität* des Geschehens führt dazu, dass das Gesprächsgeschehen nicht auf Dauer fixiert ist (im Gegensatz zu einem schriftlichen Text). Gesprächsteilnehmer müssen daher dazu fähig sein, das vergängliche Geschehen durch besondere (metakommunikative) Ordnungsanstrengungen für die Beteiligten sicherzustellen, Gesprächen Gestalt zu verleihen und Gedächtnisfähigkeiten ausbilden, die es ihnen erlauben, vergangenes Geschehen sich selbst und anderen Gesprächsbeteiligten wieder vor Augen zu führen.

7.5 Zusammenfassung

Statt einer inhaltlichen Zusammenfassung dieses Kapitels soll Ihnen an dieser Stelle die Problemkontur vor Augen geführt werden, die sich aus den vier Erkenntnissen über zwischenmenschliche Kommunikation ergibt (Abb. 7.2). Diese Problemkontur entsteht aufgrund der vier Erkenntnisse einerseits und geläufigen Erwartungen und Vorstellungen gegenüber zwischenmenschlicher Kommunikation andererseits. Für jedes der Spannungsverhältnisse wird ein Beispiel angeführt und für jedes der Spannungsverhältnisse wird dann ein „praktischer Imperativ" formuliert, mit dessen Hilfe diese Spannung produktiv bewältigt werden können soll.

7 Vier einfache Wahrheiten über Kommunikation

Dimension	metapragmatische Einstellung	praktischer Imperativ
Interaktive Bezogenheit z.B. Sprecher-Hörer-System	Überschätzung des Sprechens	Beziehungs- gestaltung
Kontextuelle Gebundenheit z.B. Interpunktion von Ereignisfolgen	Bedeutungsfixierung	Bedeutungs- gestaltung
Prozessualität z.B. sich im Kreise drehen	Ergebnisfixierung	Verlaufs- gestaltung
Materialität z.B. Klangzauber	Fixierung auf Inhalt	Sprechgestaltung

Abb. 7.2 Die Problemkontur Verbaler Interaktion

8

Fünf kommunikative Anforderungen

Der Gedanke, der zum Abschluss des vorigen Kapitels leitend war, wird in diesem Kapitel weiter ausgeführt. Was ergibt sich aus dem, was man nun über Kommunikation weiß, an praktischen Folgerungen für eine produktive und befriedigende Gesprächsgestaltung? Womit also kann man rechnen, was muss man befürchten, worauf darf man hoffen? In diesem Kapitel geht es um kommunikative Anforderungen, denen man sich als Kommunikationsteilnehmer stellen muss und mit denen man im praktischen Handeln umgehen muss. Fünf solcher Anforderungen werden in den Mittelpunkt dieses Kapitels gestellt: Umgang mit Abhängigkeit Umgang mit Fremdheit Umgang mit Täuschung Umgang mit Komplexität Umgang mit Paradoxien

8.1 Umgang mit Abhängigkeit

Die Erkenntnis, dass wir in Kommunikation von Anderen in unserem Erleben und Handeln abhängig sind (s. o. Abschn. 7.1), bringt uns in eine schwierige Lage, denn für unser Selbstverständnis ist der Gedanke der Selbstständigkeit, der Autonomie und Unabhängigkeit von zentraler Bedeutung, ebenso wie der Gedanke der Kontrolle. Diesen festverankerten Vorstellungen setzt die moderne Psychologie (z. B. Gergen, 1996; Hermans & Kempen, 1993) allerdings den Gedanken entgegen, dass wir in unserem Selbstverständnis womöglich in einem wesentlich stärkeren Maße von anderen Menschen und von den Beziehungen zu diesen bestimmt werden als wir uns gemeinhin vorstellen. Laut der Beziehungspsychologie von Boszormenyi-Nagy (1975) spielen für unser Selbstverständnis so genannte Abgrenzungsleistungen eine zentrale Rolle. Wir verstehen uns in der Begegnung mit anderen Menschen aufgrund von Abgrenzungsleistungen, mit denen wir uns von anderen Menschen abgrenzen. In welcher Weise diese Abgrenzung erfolgt, hängt von der jeweiligen Begegnung ab. Stets aber ist die konkrete Abgrenzung gebunden an die Präsenz Anderer, die gleichsam den Hintergrund (Kontextverankerung) darstellen, von dem ich mich selbst als Figur abheben kann.

„Ein menschliches Leben hat sein Zentrum stets außerhalb seiner selbst, obgleich es sicherlich auf eine Menge unterschiedlicher äußerlicher Interessen konzentriert sein kann. Es kann auf ein geliebtes Wesen konzentriert sein und mit dem Verschwinden des geliebten Wesens zu einer traurigen Karikatur seiner selbst reduziert werden; es kann auf etwas Triviales konzentriert sein, auf einen Sport wie die Jagd, auf ein Laster wie das Glücksspiel; es kann auf irgendeine höhere Tätigkeit konzentriert sein wie forschende oder schöpferische Arbeit. Doch jeder von uns kann sich, wie eine Figur in einem meiner Stücke, fragen: „Wodurch lebe ich?" Und hier geht es nicht um einen Endzweck, auf den das Leben hingelenkt werden mag, als ob es der geistige Brennstoff wäre, der der Lebensflamme tagtäglich Nahrung gibt". (Marcel, zit. in Boszormenyi-Nagy, 1975, S. 54)

Je nachdem wie die Abgrenzungsleistung erfolgt, definiere ich mich als strikt unterschiedlich von meinem Gegenüber („ich bin ganz anders"), profiliere mich ihm gegenüber („so bin ich"), erhöhe ich mich ihm gegenüber („der kann das nicht –ich aber schon"), erniedrige mich („ich bin schlechter als der"), begebe mich in Abhängigkeit („ich brauche dich") oder identifiziere mich mit ihm („wir"). Der Psychologe Fenichel hat dies auf die Formel gebracht: „Wir sind in dem Ausmaß Individuen, als wir uns von Anderen getrennt und unterschieden empfinden" (Fenichel, zit. in Boszormenyi-Nagy, 1975, S. 57). Die Abgrenzungsleistungen sind an die Besonderheiten der jeweiligen Begegnung gebunden; das bedeutet, dass jede Begegnung aufs Neue die Persönlichkeitsgrenzen bestimmt. Diese Abgrenzung macht den „Beziehungssinn" (Boszormenyi-Nagy, 1975, S. 57) einer Begegnung aus.

> So hat zum Beispiel eine von außen als endlose Serie sinnloser böser Sticheleien zwischen Eheleuten erscheinende Interaktion ihren Beziehungssinn in den Abgrenzungsleistungen, durch die die beiden Beteiligten sich ihrer Selbstdefinition (als „gut") vergewissern.

Auch der Stellenwert einer Abgrenzungsleistung variiert mit der jeweiligen Begegnung. Wir alle haben „relevante Andere", Menschen, die für uns in besonderem Maße wichtig sind, das heißt über die wir uns in besonderem Maße definieren, das heißt abgrenzen. Relevante Andere sind daher in zweifacher Weise für mein Selbstverständnis wichtig: Zum einen als Bestandteil meiner inneren Selbsterfahrung und zum zweiten als reale Personen in der Kommunikation. Dies gilt auch oder gerade für die Abwesenheit Relevanter Anderer:

> Verlässt der von mir gehasste Kollege das Team, fehlt mir eine wichtige Person, über die ich mich definieren, profilieren, als besser oder untadeliger, moralischer etc. darstellen kann.

Abgrenzungsleistungen sind für die Persönlichkeitsentwicklung in zweifacher Weise von entscheidender Bedeutung – zum einen entstehen innere Konstrukte, die ihrerseits weitergehende Abgrenzungsleistungen unterstützen (z. B. das Konstrukt des „anständigen Menschen", mit dessen Hilfe es gelingt, sich einem anderen Menschen gegenüber zu profilieren); zum anderen werden Bilder von Anderen als Moment von Abgrenzungen verinnerlicht und auf zukünftige Beziehungen übertragen. „Von da an übt der verinnerlichte Beziehungskomplex einen selektiven Einfluss auf die Auswahl neuer äußerer Beziehungen aus. Jeder innere Andere [...] ist ein Derivat von zusammengesetzten Erinnerungsspuren an verschiedene frühere Partner" (Boszormenyi-Nagy, 1975, S. 60). So wie wir uns von Anderen abgrenzen und diese für eine Bildung unseres Selbstverständnisses als Objekte benutzen, ebenso erfüllen wir selbst für Andere die gleiche Funktion. „Ein Teil unserer Beziehungen mit anderen beruht auf unserem Nutzen für ihre Selbstabgrenzung" (Boszormenyi-Nagy, 1975, S. 61).

8.2 Umgang mit Fremdheit

Wir alle kennen Momente in Kommunikation, in denen wir ein tief greifendes Unverständnis empfinden angesichts des Verhaltens unserer Gegenüber. Eine typische Reaktionsweise auf diese Grunderfahrung zwischenmenschlicher Kommunikation ist ein „Wie kannst du nur...". In dieser Reaktionsweise spiegelt sich deutlich, dass es sich nicht nur um ein „normales" Missverständnis handelt, sondern dass die Voraussetzungen für ein gegenseitiges Verstehen bzw. Vertrautheit in diesem Moment infrage stehen. Solche Momente tief greifenden Unverständnis finden wir z. B. in Konfliktgesprächen, wenn unser Gegenüber ein bestimmtes Verhalten in einer Weise interpretiert, die für uns so gar nicht nachvollziehbar ist, in Momenten also, in denen wir nicht nur anderer Meinung sind, sondern nicht nachvollziehen können, wie man zu der fremden, geäußerten Meinung überhaupt kommen kann. In solchen Momenten erleben wir die prinzipielle Andersartigkeit des Anderen deutlich als Fremdheit: der Andere ist uns fremd. Dass andere Menschen uns fremd sind, lässt sich mit Hilfe von Überlegungen des Konstruktivismus verständlich machen: Andere Menschen schaffen sich in ihren Sinngebungsleistungen eine eigene Welt, die sich von derjenigen, die wir uns selbst erschaffen, in wesentlichen Momenten beziehungsweise Konstruktionsleistungen unterscheiden kann. Der Kommunikationswissenschaftler Gerold Ungeheuer erläutert sehr genau, wie die „individuelle Welttheorie" die Erfahrung eines Menschen steuert:

> „Was meine Erfahrung steuert... eine Vielfalt von Gefühlen und Anmutungen mit ihren Repräsentationen, dann auch Gedanken, in Systemen zusammengefasst oder wie isoliert herumtreibend, in allen Modifikationen des Vermutens

von lustvoller Fiktion bis zu ernstem Realitätswissen, eine sehr breite Schicht von Annahmen über die Welt, über die Praxis des Lebens, über die Vergangenheit und die Zukunft, Annahmen auch über mich selbst, über meinen Innenbereich, über seine Gliederung, über die Klassifikation der dort möglichen Ereignisse und Bewegungsformen (ob ich einen Verstand habe und eine Vernunft, ob meine Gefühle, die bekannten, die immer wiederkehrenden, und die ephemeren, naturgegeben sind oder nach meinem Willen veränderbar), schließlich meine ich, gehört zu dieser bizarren Architektur ein verzweigtes Regelsystem, das meine eigene Arbeit an diesem Bauwerk und meine Wanderungen in ihm kontrolliert, einiges zulässt und anderes als unzulässig verwirft. Und alles dieses ist mir mit unterschiedlichen Graden der Gewissheit in allen Aggregatformen der Deutlichkeit oder Bewusstheit vorgegeben." (Ungeheuer, 2010, S. 32)

Spontan wird man an interkulturelle Begegnungen denken, wenn es um die Erfahrung von Fremdheit geht und in der Tat ergeben sich aus kulturell unterschiedlichen Deutungsmustern Momente in solchen Begegnungen, denen man irritiert, verunsichert, fasziniert, abgestoßen oder fassungslos gegenübersteht.

> **Beispiel**
>
> Ein hübsches Beispiel ist die Geschichte, die die Anthropologin Laura Bohanan darüber erzählt, wie sie im Zuge einer Expedition einmal Angehörigen der westafrikanischen Ethnie der *Tiv* Shakespeares Drama Hamlet erklären wollte. Ihre Zuhörer inkorporierten die Geschehnisse um Hamlet kurzerhand und umstandslos in ihre eigene Vorstellungswelt und korrigierten ungerührt und souverän Details in der Erzählung einer immer konfuser, gereizter und verzweifelter werdenden Laura Bohannan, deren Deutung der Ereignisse um Hamlet sich zunehmend in Rauch auflöste. Einer der Zuhörer beschließt die Zusammenkunft:

"You must tell us some more stories of your country. We, who are elders, will instruct you in their true meaning, so that when you return to your own land your elders will see that you have not been sitting in the bush, but among those who know things and who have taught you wisdom." (Bohannan, 1966, S. 32).

> Aber das Erleben von Fremdheit kann sich auch in „unverdächtigen" Situationen einstellen, z. B. in Projektbesprechungen, an denen Mitarbeiter mit unterschiedlichen professionellen Hintergründen teilnehmen, z. B. aus Entwicklungsabteilung, Marketing, Design und Controlling. Hier ist es die unterschiedliche Denkweise, die zu Fremdheitserfahrungen führen kann, unterschiedlichen Relevanzdeutungen („das spielt keine Rolle", „das ist nicht wichtig"), unterschiedlichen Handlungsinstruktionen („das machen wir anders", „so geht das nicht") etc.

Baudrillard gibt zu bedenken, dass der Umgang mit Fremdheit in Zeiten der Hyperrealität besonders schwierig ist, weil Fremdheit stets mit dem Moment des Unbekannten verknüpft ist (Baudrillard, 2012, S. 38 f.).

Schließlich ist mit jeder Begegnung mit einem Anderen aufgrund seines „Andersseins" das Moment von Fremdheit verbunden. Den deutschen Dichter Georg Büchner hat dieser Gedanke in besonderem Maße umgetrieben: „Jeder Mensch ist ein Abgrund, es schwindelt einem, wenn man hinabsieht." (Büchner, 1967, S. 31).

Für den französischen Philosophen Jean-Paul Sartre (1962) ist schon der kleinste Moment zwischenmenschlicher Begegnung, der Blick auf den Anderen, mit dem Erleben von Fremdheit verbunden.

Das Erleben tief greifenden Unverständnisses ist typischerweise mit zwei Empfindungen verbunden, mit dem Bedrohungsgefühl der Angst und mit Verzweiflung

– Angst, ausgelöst durch das Erleben von Fremdheit, und Verzweiflung, ausgelöst durch das Erleben, den Anderen nicht (mehr) erreichen zu können.

8.3 Umgang mit Täuschung

Werte wie Aufrichtigkeit, Wahrhaftigkeit und Ehrlichkeit sind hohe Güter unserer Kommunikationsmentalität und – moral (s. o. Kap. 4). Gleichzeitig sind Momente der Täuschung allgegenwärtig in unserem kommunikativen Alltag. Es beginnt schon mit dem, was Erving Goffman (1967) „Informationskontrolle" genannt hat: Aktivitäten, mit denen man diskreditierende persönliche Eigenschaften verbirgt. Es geht weiter mit Ehrbezeugungen aus Höflichkeit, z. B. Komplimente, Inszenierungen, mit denen man Andere beeindruckt, Techniken der Selbstdarstellung, mit denen man sich selbst ins beste Licht rückt, u. a.m. Und wir sind Meister darin, Andere zu belügen, Dinge zu beschönigen, Andere zu täuschen, Informationen zu verheimliche, uns zu verstellen, Anderen eine Falle zu stellen, und Anderen etwas vorzuspielen. Und wir müssen damit rechnen, dass Andere uns gegenüber das Gleiche tun. Der Bereich kommunikativer Täuschungen geht also weit über die von unserer konventionellen Moral achselzuckend tolerierte „Notlüge" oder „white lie" hinaus.

> Die Mehrzahl der Englisch (oder auch Deutsch) Sprechenden beispielsweise ist außerordentlich erfinderisch, wenn es darum geht, andere irrezuführen: durch Verschweigen oder gezieltes Betonen, durch Verkürzen, richtiges Timing oder kalkuliertes Nuscheln, durch schlaues Mißverstehen oder präzise Fehlformulierungen, durch nonchalantes Nicken, bedeutungsvoll nichtssagende Ausdrucksweise und andere Mittel." (Nyberg, 1994, S. 141).

8 Fünf kommunikative Anforderungen

Für bestimmte Kommunikationsformate gehört es zum Erwartungshorizont, getäuscht zu werden, z. B. für das Format der Verhandlung:

„Wer mit einer ‚verständigungsorientierten' Haltung in eine Verhandlung eintritt, macht sich – bei allen Beteiligten! – eher lächerlich. Wer das Instrument der Verhandlung zu spielen weiß, gilt nicht als Basisregelverletzer, sondern – bewundert oder gefürchtet – als geschickter Verhandlungspartner." (Dieckmann & Paul, zit. in Nothdurft, 1997, S. 117)

Goffman konstatiert lapidar, „[...] daß jede religiöse Zeremonie die Möglichkeit einer schwarzen Messe enthält" (Goffman, 1971, S. 95). Die Fähigkeit und Praxis des Täuschens, des Hintergehens und Verheimlichens ist konstitutiv für das Selbstverständnis des modernen Menschen und keineswegs eine Verirrung oder Abartigkeit oder ein Missbrauch, so hatte Peter v.Matt argumentiert (s. o. Abschn. 4.1) und dieser Gedanke soll hier noch einmal aufgegriffen werden. Bei Hofe hätte man sich über eine solche Auffassung „missbräuchlicher Kommunikation" fürstlich amüsiert.

Sosehr die Haltung des Vertrauens für Kommunikation unerlässlich ist, sosehr ist angesichts der Alltäglichkeit von Täuschungsphänomenen zugleich Argwohn als Grundhaltung in Kommunikation angebracht, genauer: ein Changieren zwischen Vertrauen und Misstrauen, das je nach Situation, Person, Thema, Atmosphäre und Eindruck variiert von „blindem Vertrauen" bis hin zu äußerstem Argwohn. Die Gesprächsanalytikerin Karin Birkner hat dies für den Fall von Bewerbungsgesprächen gezeigt (Birkner, 2011). Ein weiteres typisches Beispiel ist die Situation eines Laien in der Kommunikation mit einem Experten. Hier besteht eine „[...] dialogische Beziehung zwischen Systemvertrauen und Expertenskepsis." (Rexroth, 2012, S. 21).

„Diese Skepsis ist nicht als Gegenteil von Vertrauen zu verstehen, sondern als eine notwendige Begleiterscheinung von Vertrauen. ‚Vertrauen […] ist mit sozialen Praktiken des Misstrauens durchmischt […].' (Mulsow, 2012, S. 261)." (Pfab, 2020a, S. 49).

8.4 Umgang mit Komplexität

Um es in einer griffigen Formel zu fassen: Zwischenmenschliche Kommunikation ist riskante Kommunikation. Sie steckt voller Unsicherheiten, Unwägbarkeiten, aber auch Offenheiten, Chancen und Überraschungen und ist nur in begrenztem Maße planbar und voraussehbar (s. o. Abschn. 7.4). In solchen Situationen haben wir als Beteiligte allerdings ein erhöhtes Sicherheitsbedürfnis. Angesichts der hohen Umgebungsunsicherheit neigen wir dazu, Sicherheiten in dem Bereich zu suchen, den wir noch am ehesten kontrollieren und überschauen können: uns selbst. Dies wäre nicht weiter der Rede wert, wenn nicht gerade diese Neigung zu einer verhängnisvollen Fehlhaltung zwischenmenschlicher Kommunikation gegenüber führen würde. Die ersehnten Sicherheiten erweisen sich nämlich allzu oft als trügerisch und als Fallstricke, denen wir dann leicht zum Opfer fallen. Die Gefahr von Mißverstehensspiralen oder Konflikteskalationen lauert insbesondere dann, wenn von diesen trügerischen Sicherheiten ausgegangen wird. Sie können insbesondere dazu führen, dass alle Anstrengungen, die Kommunikation zu verbessern, ins Gegenteil verkehrt werden.

Im Folgenden eine Zusammenstellung typischer trügerischer Sicherheiten.

Aussagensicherheit

Es besteht eine Tendenz, die Verständlichkeit und Überzeugungskraft der eigenen Aussage zu überschätzen. Wenn wir mit anderen sprechen, ist uns selbst in der Regel klar, was wir sagen wollen, und wir sind von dem, was wir sagen, im Regelfall überzeugt. Wir halten unsere eigene Aussage für vernünftig, gut begründet und klar. Dabei formulieren wir unsere Auffassungen zu Gesprächsthemen meistens auf der Grundlage eines Geflechts von Annahmen, Glaubenssätzen, vagen Vermutungen und schwer zu erläuternden Überzeugungen. Dieses Geflecht ist für uns selbst überzeugend – „es kann gar nicht anders sein". Umso größer ist dann die Überraschung, wenn unser Gegenüber die Dinge ganz anders sieht. Selbst in Fällen, in denen wir ein kontroverses Gespräch erwarten, sind wir oft doch davon verblüfft, welche Aspekte unserer Aussagen von unserem Gegenüber in Frage gestellt werden. In Debatten z. B. ist immer wieder zu beobachten, dass die Gesprächsteilnehmer nicht die Aussagen ihrer Kontrahenten selbst aufs Korn nehmen, sondern die Annahmen und Voraussetzungen, auf denen die Aussagen selbst beruhen. Attackiert wird mit anderen Worten gerade das, was uns selbst in dem Moment so selbstverständlich erscheint und auf dessen Verteidigung wir nicht vorbereitet sind – so dass dieser Bereich dem anderen „schutzlos ausgeliefert ist".

Diese subjektive Hintergrundgewissheit, die uns selbst die Dinge so sicher macht, führt dazu, dass wir unsere eigenen Aussagen für klar und verständlich halten – während sie für unser Gegenüber eher den Charakter eines 'Insider-Monologs' haben, aus Fachwörtern oder Andeutungen bestehen. Zwangsläufig muss man sich bei einem Gespräch darauf verlassen, dass die Anderen die eigenen Wörter schon so verstehen, wie man selbst auch. Kein Gespräch käme voran, wenn man nur damit beschäftigt wäre, bis ins Einzelne zu erklären, was man mit den Wörtern, die man verwendet, meint. Aber dennoch passiert es immer wieder, dass wir bei dieser Annahme „die Rechnung ohne den Wirt gemacht haben".

Kommt es dann zu Missverständnissen, neigen wir aufgrund unserer Gewissheit, uns klar und deutlich ausgedrückt zu haben, dazu, diese Missverständnisse unserem Gegenüber und seiner Unfähigkeit oder seinem Unwillen anzulasten: „Er will mich nicht verstehen, obwohl ich mich doch klar und deutlich ausgedrückt habe". In solchen Momenten wird eine entscheidende Weiche zur Entwicklung von Vorurteilen und Feindbildern gestellt, durch die die Chancen zur produktiven Kommunikation verringert werden.

Verstehenssicherheit
Es existiert eine überzogene Sicherheit, die Anderen richtig verstanden zu haben. Hier handelt es sich praktisch um das Gegenstück zur Aussagensicherheit. Mündliche Kommunikation ist flüchtiges Augenblicksgeschehen. Ein Redebeitrag ist in dem Moment, in dem er gesagt wird, auch schon wieder verschwunden. Zwangsläufig bildet man sich sein "Verständnis" dessen, was die Anderen sagt, bereits während man ihm zuhört. Man meint dann schon zu wissen, worauf der andere hinaus will, noch bevor er mit seinem Beitrag zu Ende ist. Oft liegen wir damit richtig und können das Ende seines Beitrags schon vorweg formulieren. Es kann aber auch passieren, dass wir ihm schon nicht mehr weiter zuhören und eine entscheidende Wendung in dem, was er sagt, nicht „mitbekommen". Wir haben in solchen Fällen zu früh unsere Ohren „auf Durchzug" gestellt. Dies geht bis zu Fällen, in denen wir glauben zu wissen, was der Andere sagt, noch bevor er seinen Mund aufgemacht hat.

Handelt der andere im weiteren Gesprächsverlauf in einer Weise, die von unserer Wahrnehmungsweise abweicht, neigen wir aufgrund unserer Sicherheit, ihn verstanden zu haben, dazu, ihm Inkonsequenz, Wankelmütigkeit, Unzuverlässigkeit, unlogisches Verhalten, Widersprüchlichkeit, Unaufrichtigkeit etc. anzulasten. „Vorhin haben Sie aber etwas ganz anderes behauptet." Diese Zuschreibung negativer Eigenschaften erschwert es ausgerechnet, dem Anderen möglichst aufmerksam und sensibel zuzuhören – was gerade in solchen Momenten besonders wichtig wäre.

Ein Zweites kommt hinzu: Dadurch, dass wir unser Verständnis dessen, was der andere sagt, gleichsam im „On-line-Betrieb" entwickeln müssen, „füttern" wir unsere eigenen Interpretationen zu; wir ergänzen Andeutungen, vervollständigen abgebrochene Sätze insgeheim für uns, beziehen Wörter auf uns und uns vertraute Hintergrundinformationen usw. „Verstehen" heißt zwangsläufig: hinzukonstruieren.

Imagesicherheit/Überschätzen des Selbstbildes
Selbstsicherheit beruht oft auf einem überstabilen Selbstbild. In aller Regel differiert das Bild, das wir von uns selbst haben, erheblich von dem, das andere sich von uns machen.

Wenn wir anderen Menschen begegnen, dann tun wir dies auch auf der Grundlage eines Bildes, das wir uns von uns selbst machen. Wir halten uns für unwiderstehlich, charmant, höflich, hart etc.; wir betrachten uns als eiskalten Verhandler, professionellen Manager, väterlichen Vorgesetzten etc. Wir können ein positives Bild von uns haben oder ein negatives – aber wir haben eines; wir können das Bild mögen oder nicht mögen – aber wir haben das Bild. Das Bild sagt uns, wer wir sind – und verleiht unserem Auftreten Sicherheit. So fallen wir denn auch aus allen Wolken, wenn wir erfahren (was selten passiert), was andere von uns halten, was für ein Bild sie von uns haben (Fremdbild). Dabei muss man gar nicht an Fälle extremer Abweichung von Selbst- und Fremdbild denken; interessanter sind die Fälle, in denen beide Bilder eine Art gemeinsamen Kern haben – und dennoch ganz anders aussehen. Ein solches Fremdbild zu akzeptieren fällt schwer: „Wie kann der mich nur für einen ... halten?"

Handlungssicherheit/Selbstüberschätzung
Selbstüberschätzung beruht auf einem übersteigerten Leistungsanspruch an sich selbst ("Ich muss das doch können"). Der Anspruch, allein mit allem fertig werden zu können, ist verständlich, weil er mit dem Gefühl der Herausforderung und der Bewährung verbunden ist. Es gibt aber in Kommunikationssituationen eine Neigung, die eigenen Handlungsmöglichkeiten und -wirksamkeiten zu überschätzen bzw. die Abhängigkeit vom Verhalten der anderen zu unterschätzen (vgl. Kahneman, 2012). Man will zu oft mit dem Kopf durch die Wand. Eine Folge ist, dass man in Situationen, in denen das eigene Handeln sich aufgrund der Reaktionen der anderen gegen einen verkehrt, unter der empfundenen Abhängigkeit leidet und die anderen nur als Störenfriede für die eigenen Pläne betrachtet. Geradezu ein Eigentor kann die Überschätzung eigener Handlungsmöglichkeiten in Fällen von Selbstverpflichtung werden, z. B. bei Drohungen.

Soweit zu der Tendenz, sich in Kommunikationssituationen in Sicherheit zu wiegen.

Neben der Tendenz, sich in Sicherheit zu wiegen, existiert – gleichsam ergänzend – auch eine Tendenz zur *Verdrängung von Unsicherheit*. Auch diese Tendenz erklärt sich aus der überkomplexen Situation zwischenmenschlicher Kommunikation. Angesichts der Unübersichtlichkeit neigt man dazu, sich an das, was man für deutlich erkennbar und stabil hält und was einem Sicherheit verleiht, zu klammern und Unklarheiten, Undeutlichkeiten, Zwischentöne aus der eigenen Wahrnehmung auszublenden. Doch stellt man sich damit gleichsam selbst ein Bein, denn vieles von dem, was so aus dem Bewusstsein ausgeschlossen ist, kann im weiteren Kommunikationsverlauf weiter wirken. Das Tückische solcher Wirkprozesse ist, dass sie sich „am Bewusstsein vorbei" auswirken und man später fassungslos vor Resultaten, wie z. B. völlig festgefahrenen Streitsituationen steht, ohne sich erklären zu können, wie diese zustande gekommen sind.

Im Einzelnen können folgende Verdrängungstendenzen unterschieden werden:

Fixierung auf das Deutliche
Zwischenmenschliche Kommunikation ist stets komplexes, mehrdeutiges Geschehen. Für jede Botschaft, die wir empfangen, sind stets mehrere „Lesarten" möglich. Welche wir wählen, hängt wesentlich von der Gefühlshaltung ab, mit der wir dem anderen begegnen: Hören wir seine Rede wohlwollend an, hören wir etwas anderes, als wenn wir sie misstrauisch auf Tücken hin „abklopfen". Sind wir unaufmerksam, hören wir etwas anderes, als wenn wir jedes Wort auf die Goldwaage legen. Welche Hörhaltung wir auch wählen, wir neigen dazu, uns auf sie festzulegen. Angesichts der komplexen Aufgabenstruktur zwischenmenschlicher Kommunikation können wir es uns meistens auch gar nicht leisten, groß darüber nachzudenken, ob etwas nicht vielleicht auch ganz anders gemeint gewesen sein könnte; oft würden wir sonst in der Vielfalt möglicher Deutungen untergehen.

Fixierung auf das Gewünschte/Erwartete
In Untersuchungen zu Verstehensprozessen in mündlicher Kommunikation zeigt sich immer wieder als stabiles

Resultat: Wir hören, was wir hören *wollen;* wir verstehen, was wir verstehen *wollen.* Unsere Wünsche, Erwartungen, Hoffnungen steuern unsere Verstehensvorgänge. Aufmerksam registrieren wir bei der Rede des anderen das, womit wir rechnen, was wir erwarten, was uns geläufig ist; meisterhaft überhören wir Zwischentöne, die uns nicht ins Konzept passen, Darstellungen, die sich nicht ins Bild fügen, Nuancen, die uns zur Revision unserer Vorstellungen bewegen könnten. Wir neigen dazu, das „herauszuhören", was uns bestätigt, und das, was uns unbequem ist, im Fluss des Gesprächs versickern zu lassen.

Fixierung auf den Inhalt
Zwischenmenschliche Kommunikation ist ein multimediales Ereignis – menschliche Rede besteht nicht nur aus dem Inhalt der Wörter, sondern auch aus dem Eindruck, den der Klang, die Sprechgeschwindigkeit, der Dialekt hinterlassen – es ist eben der Ton(fall), der die Musik macht. Außerdem redet man nicht nur mit der Stimme, sondern auch mit Händen und Füßen. Hinzu kommt die Ausdrucksqualität des Blicks. Gerade diese nichtsprachliche Kommunikation trägt wesentlich zum Gesprächsklima bei und steuert unser Verständnis dessen, was wir von unserem Gegenüber hören, erheblich mit. Gleichzeitig ist dieser nichtsprachliche Bereich aber sehr schwer in Worte zu fassen. Abgesehen von einigen Gesten, deren Bedeutung klar ist („Stinkefinger", „Vogel zeigen") handelt es sich eben nicht um einzelne Informationseinheiten, wie es Wörter für uns sind. Das macht es schwer, diese Momente dingfest zu machen. Wir können unser Gegenüber eher darauf festlegen, *was* er gesagt hat (welche Wörter er benutzt hat), als darauf, *in welchem Tonfall* er das gesagt hat – und welche Bedeutung dies hat. Nichtsprachliche Kommunikation ist gleichsam ein unsicherer

Kantonist und daher haben wir eine Neigung, diesen Bereich aus unserem Bewusstsein auszublenden.

Fixierung von Deutungen
Sich in Kommunikation zu befinden ist in gewisser Weise, als befände man sich in einem Fluss mit starker Strömung. Alles verändert sich von Moment zu Moment, alles verschwindet irgendwie und bleibt doch irgendwie gleich, und man hat Probleme, in der Strömung seinen Stand zu halten oder seine Richtung zu verfolgen. Alles geschieht aus diesem Fluss, diesem Zusammenhang heraus. Dieser Kontext, aus dem die Ereignisse entstehen und in dem sie stehen, ist aber schwer greifbar, und so neigen wir dazu, Ereignisse aus dem Zusammenhang herauszulösen und sie so zu betrachten, als hätten sie ihre Bedeutung und ihr Gewicht in sich selbst. So sind wir pikiert über eine flapsige Bemerkung uns gegenüber – und vergessen die lockere Gesprächsstimmung, in der die Bemerkung erfolgte; so sind wir verletzt über einen persönlichen Angriff in einer politischen Debatte und berücksichtigen nicht, dass die Debatte für ein Publikum inszeniert ist und der Angriff eine Vorführung für das Publikum ist und mit uns persönlich nicht viel zu tun hat. Gerade in Kontroversen lauern wir förmlich darauf, dass der andere das falsche Wort sagt, damit wir nach dem Motto „jetzt habe ich dich!" unsere Attacke gegen ihn führen können. Gerade in Situationen, in denen wir uns unsicher fühlen und wenig Halt haben, tendieren wir dazu, das, was der andere sagt, „auf die Goldwaage zu legen" und den Zusammenhang, die Stimmung, die Umstände nicht mit zu berücksichtigen. Gerade in solchen Fällen kann dies aber zu Eskalation, Verhärtung und Klimaverschlechterungen führen.

Fixierung auf die erste Lösung

Jeder kennt die Situation, dass angesichts eines schwierigen oder lästigen Problems krampfhaft nach einer Lösung gesucht wird. Da hat jemand eine Idee. Heilfroh, endlich einen Ausweg gefunden zu haben, und die Aussicht vor Augen, das Problem vom Hals zu haben, stürzen sich alle vehement auf diese Lösung und arbeiten sie aus. Die Lösungssuche selbst wird abrupt abgebrochen und man ist auf die erste Lösung fixiert. In Gesprächen passiert ähnliches. Man sitzt einer bestimmten Frageformulierung auf, ohne zu prüfen, ob die Formulierung angemessen ist, man engt das Themenspektrum auf den erstgenannten Aspekt ein, man beißt sich an einer Formulierung fest. Unsere Neigung, die Fahrt der Lösungssuche nicht zu verlängern und nicht eine Vielzahl von Alternativen zu entwickeln, ist angesichts der Belastetheit der Situation verständlich, jedoch in Fällen, in denen es um viel geht, nicht optimal.

Schwarz-weiß-Denken oder: der Satz vom ausgeschlossenen Dritten

Das Verführerische am Schwarz-weiß-Denken ist, dass mit dieser Haltung – vermeintlich – „alles klar ist": Wer nicht für mich ist, ist gegen mich, entweder Ökologie oder Ökonomie, Freiheit oder Sozialismus, für Müllverbrennung oder dagegen – dritte, andere Lösungen oder Auffassungen sind ausgeschlossen. Alternativen haben etwas enorm Suggestives – sie suggerieren Wahlfreiheit und kommen damit unserem Bedürfnis nach Selbstbestimmung und Entscheidungsfreiheit entgegen, und sie präsentieren uns gleichsam auf einem silbernen Tablett Orientierungslinien, an die wir uns bei unserer Antwort halten können. Dass es jenseits dieser „mundgerecht" präsentierten Alternativen auch noch andere Möglichkeiten, Perspektiven, Antworten, Ansichten etc. geben könnte, liegt jenseits der Scheuklappen, die durch die Alternative geschaffen werden. Besonders verhängnisvoll wirkt sich das Schwarz-weiß-Denken in der sogenannten Illusion der Alternativen aus, d. h. der (falschen) Annahme, dass man in einer bestimmten Situation zwischen zwei Antworten oder Lösungen wählen könne oder müsse. Der Witz bei der Frage „Haben Sie endlich aufgehört zu trinken?" ist ja gerade, dass *beide* alternative Antworten – ja oder nein – etwas voraussetzen, was möglicherweise bzw. hoffentlich gar nicht der Wahrheit entspricht. Lässt man sich auf die Alternativfrage ein, ist es egal, was man antwortet; in jedem Fall hat man zugegeben, getrunken zu haben.

Abarbeiten am Gegner/imaginärer Gegner
Beobachtet man Konfliktgespräche, fragt man sich immer wieder verwundert, mit wem die Kontrahenten sich eigentlich auseinandersetzen. Da fallen Formulierungen wie „ich möchte der Behauptung, dass (x), energisch widersprechen" – aber niemand hatte die Behauptung (x) aufgestellt, oder: „Ich verwahre mich gegen den Vorwurf, ich hätte ..." – aber niemand hatte einen solchen Vorwurf formuliert. Man setzt sich mit einem „imaginären Gegner" auseinander, d. h. mit einem Gegner, den man sich selbst „schnitzt". Arthur Schopenhauer hat in seinen Notizen zu „Eristik und Dialektik" diese und andere Formen des un-integren Argumentierens zusammengestellt (2014). Wichtig ist dabei, dass dieser imaginäre Gegner Positionen vertritt, die man selbst gut aushebeln kann, dass er Auffassungen hat, die man leicht widerlegen kann, dass er Äußerungen formuliert, die man elegant entkräften kann. Ob unser Gegenüber diese Positionen tatsächlich vertritt, diese Auffassung wirklich hat oder diese Äußerungen überhaupt formuliert hat, ist dabei unwichtig. Der imaginäre

Gegner erlaubt es uns, uns mit unserem Gegenüber auseinanderzusetzen, ohne uns um Differenzierungen bemühen zu müssen, und dabei immer auf der sicheren Seite zu sein.

8.5 Umgang mit Paradoxien

Diese Anforderung ergibt sich aufgrund der Tatsache, dass sehr viele Kommunikationsverhältnisse in unserer Gesellschaft in sich widersprüchlich und oft auch paradox angelegt sind.

Auf die Tatsache, dass Paradoxien ein wichtiges Moment von Kommunikation darstellen, haben zum ersten Mal die Kommunikationsforscher Watzlawick, Beavin und Jackson in ihrem Klassiker „Menschliche Kommunikation" aufmerksam gemacht: „[…] besonders paradoxe Handlungsaufforderungen kommen in der Tat viel häufiger vor, als man zunächst annehmen würde." (Watzlawick, Beavin & Jackson, 2016, S. 179).

Sie sprachen von „pragmatischen Paradoxien" und gaben folgende Beispiele:

> „a) ‚du solltest mich lieben.'
> b) ‚Ich möchte, dass du mich mehr beherrscht.' (Forderung einer Frau an ihren passiven Gatten.)
> c) ‚Es sollte dir ein Vergnügen machen, mit den Kindern zu spielen – wie anderen Vätern.'
> d) ‚Sei nicht so gehorsam!' (Eltern zu ihrem Kind, das sie für zu nachgiebig halten.)
> e) ‚Du weißt, dass es dir freisteht, zu gehen; kümmere dich nicht, wenn ich zu weinen beginne.' (Aus einem Roman von W. Styron) […]" (Watzlawick et al, 2016, S. 184)

8 Fünf kommunikative Anforderungen

Paradoxien schaffen, wie die Autoren zu Recht betonen, „unhaltbare Situationen" (Watzlawick et al., 2016, S. 180) – und doch muss man sich ihnen gegenüber verhalten.

Ein Paradoxon erzeugt aufgrund seiner Logik in uns das starke Bedürfnis, es auflösen zu wollen. Indes – es will nicht gelingen.

> Ein bekanntes Paradoxon ist der Barbier von Sevilla: Der Barbier von Sevilla rasiert alle Anwohner Sevillas, die sich nicht selbst rasieren. Nun ist die Frage: Rasiert er sich? Nein, denn er rasiert nur diejenigen, die sich *nicht* selbst rasieren. Also er rasiert sich nicht selbst! Doch, denn er rasiert alle, die sich nicht selbst rasieren. Aber wenn er sich selbst rasiert, dann ... usw.

Für Paradoxien ist charakteristisch, dass sie Widersprüche sind, die nicht lösbar sind.

Aus einer Vielzahl paradoxer kommunikativer Strukturen einige Beispiele:

> **Beispiel**
>
> In sozialrechtlichen Beratungsgesprächen z. B. gibt es das Paradoxon von Therapie und Recht (s. o. 6.4): Ziel eines solchen Gesprächs ist es, eine für das Problem des Klienten individuelle optimale Lösung zu entwickeln. Indem man sich aber an diesem Ziel orientiert, gibt man das gleichermaßen geltende Ziel einer Gleichbehandlung aller Klienten auf. Orientiert man sich jedoch an dieser Zielsetzung, wird man der zuerst formulierten Zielsetzung nicht mehr (vollständig) gerecht.
>
> Für Teamarbeit findet sich das Paradox von Individualität und Team: Teams arbeiten genau dann am effektivsten, wenn die einzelnen Teammitglieder ihre jeweiligen, spezifischen Kompetenzen und Stärken in die Teamarbeit einbringen können, d. h. wenn sie sich in ihrer speziellen Professionalität einbringen. Indem sie dieses aber tun,

> stellen sie den Grundgedanken von Teamarbeit, das Miteinander, das Aufeinander-Eingehen, infrage. Teamarbeit beruht darauf, die Gesichtspunkte der anderen Teammitglieder gelten zu lassen und eigene Vorstellungen hinten an zu stellen. Indem man dies aber tut, beschneidet man die eigene, individuelle Leistungsfähigkeit (vgl. Smith & Berg, 1987).
> Generell gilt darüber hinaus für soziales Zusammenleben das Paradox von Autonomie und Abhängigkeit: Um mich als selbstständig und autonom erleben zu können, bedarf ich der Anerkennung anderer Menschen als selbstständig und autonom. Indem ich mich in meinem Autonomiegefühl jedoch von diesen abhängig mache, bin ich nicht mehr autonom, sondern abhängig (vgl. Nothdurft, 2007b). Dieses Paradoxon kennt jedes Kind: „Das Paradoxon besteht darin, daß das Kind nicht nur unabhängig werden will, sondern auch als unabhängig anerkannt werden will – und zwar genau von der Person, von der es am meisten abhängig ist." (Benjamin, 2004, S. 68).

In Paradoxien zeigt sich die Grunderfahrung der Widersprüchlichkeit kommunikativer Situationen. Es gibt für sie keine Lösung. Sie lösen zu wollen wäre deshalb gerade nicht professionell – es geht vielmehr darum, die Spannung, die durch sie erzeugt wird, auszuhalten bzw. aufrechtzuerhalten.

> Ein spezielles Beispiel, was anderenfalls passieren kann, erörtert der Psychoanalytiker Ralf Zwiebel (2010). Zwiebel hält eine bestimmte paradoxe Struktur für eine Ursache eines merkwürdigen (in der Branche tabuisierten) Phänomens in therapeutischen Gesprächen: eine plötzlich auftretende Müdigkeit des Therapeuten. Zwiebel hält für – psychoanalytische – Therapie eine bestimmte Haltung für wesentlich, der er eine paradoxe Struktur bescheinigt. In Fällen situativer Zuspitzung kann der Therapeut die Spannung, die dieser Haltung inhärent ist, nicht mehr aufrechterhalten. Da entzieht sich der Therapeut der Spannung durch eine Müdigkeitsreaktion.

Es gibt zwar unterschiedliche Versuche, in paradoxen Situationen eine Lösung herbeizuführen (vgl. Pfab, 2020a, S. 60 f.):

- ein Paradox kaschieren: sich für einen der Pole entscheiden und den anderen ausblenden, so z. B. in Hinblick auf das Paradox von Autonomie und Abhängigkeit (s. o.) den Anspruch auf eigene Autonomie aufzugeben und sich z. B. zu entscheiden, sich in der Rolle eines Adepten bewundernd einer Führungsperson zu unterwerfen, oder – andersherum – die Abhängigkeit von Anderen zu leugnen und das Dasein eines Asketen zu wählen, einen „[…] Rückzug in sich selbst" (Todorov, 1996, S. 120);
- ein Paradox überspielen: z. B. eine ironische Haltung gegenüber dem einen Pol einnehmen, so z. B. in der sozialrechtlichen Beratung, wenn mit dem Paradox von Therapie und Recht (s. o.) durch den Berater so umgegangen wird, dass er dem Klienten gegenüber den Pol des Rechts augenzwinkernd für nichtig erklärt und damit mit ihm eine heimliche Komplizenschaft eingeht;
- ein Paradox wegschieben, das Paradox auf eine andere Ebene verlegen, so z. B. ein Paradox in der Interaktion auf die Ebene organisatorischer Strukturen zu verlagern und dort seine Auflösung verlangen.

Bei all diesen Umgangsformen wird versucht, das Paradox aufzulösen, durch Vereinseitigung, Ignoranz, Delegation. In vielen, gerade professionell geprägten Fällen erweist sich dies als kontraproduktiv. Zwiebel beobachtet im therapeutischen Prozess „[…] voreilige und einseitige Interventionen […], die den analytischen Prozess aufhalten, verkomplizieren und manchmal sogar in eine Sackgasse führen." (Zwiebel, 2010, S. 44 f.). Das Paradox kommt zurück. Im Diskurs professionellen Handelns wird daher nahegelegt, das Paradox auszuhalten, d. h.

„[…] sich in der jeweiligen Situation im Spannungsfeld fachlicher professioneller Anforderungen und Standards gekonnt, kritisch-reflektiert und verantwortungsbewusst zu bewegen, sich nicht einseitig dem einen oder anderen Pol des Spannungsfeldes zu verschreiben […]. ‚Paradoxien auszuhalten gehört zum Kern von Professionalität' (Nadai/Sommerfeld 2005, 200)." (Pfab 2020a, S. 61)

Zwiebel bestimmt in Hinblick auf die therapeutische Situation eine „[…] Toleranz der basalen Paradoxie der analytischen Situation als die zentrale psychische Arbeit des Analytikers." (Zwiebel, 2010, S. 44).

Diese Konstellation wird zugespitzt aufgrund des interaktiven Charakters der Kommunikation und dem Verhalten der anderen Kommunikationsteilnehmer.

Auch der Klient arbeitet daran, die Paradoxien und Spannungen aufzulösen, zu reduzieren etc. Für den Professionellen stellt dies ein Moment der Verführung dar, dem er widerstehen muss.

Simmel hatte bereits in der „Philosophie des Geldes" erkannt:

„[…] es ist ja gar nicht der Sinn des Lebens, die Dauer versöhnter Zustände, nach der es strebt, auch wirklich zu erlangen." (Simmel, 1989, S. 674)

8.6 Zusammenfassung

Die praktische Gestaltung von Kommunikation stellt uns vor besondere Herausforderungen, mit denen wir uns in unserem kommunikativen Handeln auseinandersetzen müssen: Umgang mit Abhängigkeit, Fremdheit,

Täuschung, Komplexität und Paradoxien. Diese Herausforderungen berühren uns in hohem Maße emotional – viele davon sind unbehaglich: Irritationen, Spannungen, Unsicherheiten und Ängste. Produktive Gesprächsgestaltung erfordert, diese Emotionen auszuhalten und ihnen nicht durch einfache, aber kontraproduktive „Lösungen" auszuweichen.

9

Neun rote Fäden im Stoff des Buches

Zum Abschluss dieses Buches sollen einige Themen und Gesichtspunkte, die mehrere Kapitel gleichsam wie rote Fäden durchzogen haben, noch einmal zusammengestellt werden.

9.1 Der existentielle Charakter von Kommunikation

Kommunikation ist für uns von existentieller Bedeutung. Kommunikation ist weit mehr al nur ein Instrument, ein Mittel zum Zweck. In Kommunikation und durch Kommunikation mit anderen Menschen finden wir zu unserer Identität; in ihr und durch sie wandelt und verfestigt sie sich. In ihr und durch sie erfahren wir Anerkennung und Missachtung, Zuwendung und Abweisung, Liebe und Hass.

Wir vergewissern uns unserer Existenz durch Sprechen. Wir sind in Kommunikation mit Leib und Seele involviert.

9.2 Die Wiederentdeckung der Unmittelbarkeit

Kommunikative Ereignisse tangieren uns in direkter, unmittelbarer Weise; wir werden von ihnen gerührt, sie machen uns betroffen, sie langweilen oder erzürnen uns, wir werden in ihnen verführt oder abgestoßen, sie erheitern uns oder drücken auf die Stimmung. Sie wirken durch Klangzauber, *speech appeal*, Ausdrucksgestalt, Suggestivität und Charme.

Zu Beginn des 20. Jhdts. wussten dies Forscher wie Max Scheler, Helmuth Plessner oder Erwin Straus. Es lohnt, an ihren Erkenntnissen anzuknüpfen.

9.3 Die Nützlichkeit des Philosophierens

Viele Vorstellungen über Kommunikation beruhen auf technischen Modellen oder der Vorstellung von Kommunikation als Mittel oder Instrument. So gelangt der existentielle Charakter von Kommunikation nicht in den Blick. Man muss schon tiefgründiger an die Sache selbst herangehen, um die Natur von Kommunikation bestimmen und verstehen zu können. Philosophische Beiträge können uns helfen, unsere Denkvoraussetzungen beim Nachdenken über Kommunikation zu klären und ein angemessenes Bild kommunizierender Menschen zu entwickeln.

9.4 Die Ehrenrettung der Täuschung

In der höfischen Kultur waren Täuschung und Verstellung selbstverständliche Momente von Kommunikation. Erst die bürgerliche Kommunikationskultur gab sie der Verachtung preis. Dessen ungeachtet blieben sie allgegenwärtige Momente von Kommunikation – und sind es auch heute. Neben vielen Gründen gibt es einen guten Grund dafür: Aktivitäten der Täuschung und Verstellung vermitteln uns ein besonderes Gefühl der Macht über andere Menschen und stärken damit unser Autonomie-Gefühl, ein Gefühl, das für uns in unserer gesellschaftlichen Verfasstheit unverzichtbarer Bestandteil unseres Selbstverständnisses ist.

9.5 Die Gesellschaftlichkeit des Kommunizierens

Die Weisen und Formen, in denen wir kommunizieren, sind das Resultat sozio-kultureller und technologischer Rahmenbedingungen. Dies gilt für alle Epochen und auch für die Jetztzeit. Unter den aktuellen gesellschaftlichen Bedingungen gewinnt Kommunikation eine besondere Bedeutung als dasjenige Medium, über das soziale Beziehungen reguliert werden und die moralische Ordnung einer Gesellschaft aufrechterhalten wird. Deutlich wird dies zum einen am gesellschaftlichen Segment der Arbeit, die zunehmend zu kommunikativ vermittelter Arbeit wird (mit entsprechenden Widersprüchen) und zum anderen am Status des individuellen Subjekts als modernem Heiligtum. Die Weisen und Formen des Kommunizierens sind gesellschaftlichen Moden unterworfen und werden durch Programme und Paradoxien be- und überansprucht.

9.6 Der Reichtum der Geschichte

Unsere heutigen Vorstellungen von Kommunikation erklären sich aus historischen Zusammenhängen. Stets waren diese Vorstellungen eingebunden und passend zu den jeweiligen gesellschaftlichen Bedingungen und deren Ausdruck. Gesellschaftliche Veränderungen führten zu Umschreibungen, Verwerfungen und Verdrängungen früherer Vorstellungen. Eine Archäologie dieser Vorstellungen kann den ganzen Reichtum kommunikativer Erscheinungen wieder ans Licht bringen.

9.7 Die Bedeutsamkeit des Erlebens

Wir erleben Kommunikation. Diese Tatsache gilt es ausdrücklich zu formulieren angesichts des Befundes, dass wissenschaftliches Nachdenken über Kommunikation sich ganz überwiegend mit unseren Reflexionen über Kommunikation beschäftigt, mit den Konstruktionen 1. Ordnung, wie es manchmal heißt. (Das wissenschaftliche Nachdenken erfolgt dann in den Konstruktionen 2. Ordnung.)

Das Erleben ist wirkungsmächtig. Es bestimmt in erheblichem Masse unsere Existenz in Kommunikation. Gleichzeitig ist es „leider stumm", wie der Psychologe Erwin Straus schreibt. Es muss also darum gehen, Darstellungsweisen zu erfinden, die diesem Erleben Ausdruck verleihen können. Dies ist eine Herausforderung für die kommunikationswissenschaftliche Forschung.

9.8 Der poetische Zauber des Sprechens

Das Moment des Spielerischen ist ein wesentliches Moment zwischenmenschlicher Kommunikation. Die höfische Kultur sprach noch davon und wusste von der Spannung zwischen spielerischer Leichtigkeit und folgenschwerem Ernst. Wirksam ist dieses Moment des Spielerischen immer gewesen und die Spannung spüren wir auch heute. Kommunikation ist schöpferisch, in ihr entstehen Welten. Kommunikative Rituale mit ihrer magischen bzw. sakralen Wirkung sind ein Beispiel. Dieses Moment des Schöpferischen geht über Vorstellungen von Produktion und Herstellung hinaus. Es geht um Schönheit, Vergnügen und Vollendung.

9.9 Der Charme der Interaktivität

Wir sind in Kommunikation verstrickt, wir bewegen uns in ihr, in diesem lückenkonfigurierten Ereignis mit Ungewissheiten und ihrem Potential für überraschende Wendungen. In manchen Fällen erleben wir die Verstrickung wie einen Tanz mit Rhythmus, Geschmeidigkeit, Stimmigkeit und Harmonie, in anderen geben wir uns der Verführung hin, oder der Eskalation, in anderen geraten wir in Situationen, in denen wir weder aus noch ein wissen. Stets sind wir bezogen auf die Menschen, mit denen wir in Kommunikation zusammen sind – und von ihnen im Gelingen unseres Tuns abhängig.

Literatur

Adler, J. (1987). *"Eine fast magische Anziehungskraft" – Goethes "Wahlverwandschaft" und die Chemie seiner Zeit*. Beck.
Anderson, B. (2005). *Die Erfindung der Nation: Zur Karriere eines folgenschweren Begriffs*. (2. Aufl.). Campus.
Austin, J. (1986). *Gesammelte philosophische Aufsätze*. Reclam.
Averbeck-Lietz, S. (2015). *Soziologie der Kommunikation*. Oldenbourg.
Barber, B. (1994). *Starke Demokratie. Über die Teilhabe am Politischen*. Rotbuch.
Baudrillard, J. (2012). *Von der Verführung*. Matthes & Seitz.
Bauman, Z. (1995). *Postmoderne Ethik*. Hamburger Edition.
Bauman, Z. (1997). *Flaneure, Spieler und Touristen. Essays zu modernen Lebensformen*. Hamburger Edition.
Beebe, B., & Lachmann, F. (2004). *Säuglingsforschung und die Psychotherapie Erwachsener. Wie interaktive Prozesse entstehen und zu Veränderungen führen*. Klett-Cotta.
Beebe, B., Cohen, P., & Lachmann, F. (2019). *Bindung im Werden. Mikroanalyse der Mutter-Kind-Interaktion*. psychosozial.

Beetz, M. (1990). *Frühmoderne Höflichkeit*. Metzler.
Beetz, M. (2005). Die Höflichkeit des Körpers. Zum Wandel von Interaktionsnormen in der vormodernen Gesellschaftsethik. In H. Krauss, C. Losefeld, K. van der Maar, & A. Wortmann (Hrsg.), *Psyche und Epochennorm* (S. 205–226). Winter.
Benjamin, J. (2004). *Die Fesseln der Liebe. Psychoanalyse, Feminismus und das Problem der Macht* (3. Aufl.). Stroemfeld.
Benjamin, W. (1982). Das Passagenwerk. In W. Benjamin & R. Tiedemann (Hrsg.), *Gesammelte Schriften, Bd. 5.1*. Suhrkamp.
Benjamin, W. (1990). Über den Begriff der Geschichte. In W. Benjamin, R. Tiedemann, & H. Schweppenhäuser (Hrsg.), *Gesammelte Schriften, Bd. I.2* (3. Aufl., S. 691–704). Suhrkamp.
Berne, E. (2002). *Spiele der Erwachsenen* (21. Aufl.). Rowohlt.
Bettighofer, S. (2016). *Übertragung und Gegenübertragung im therapeutischen Prozess* (5. Aufl.). Kohlhammer.
Birdwhistell, R. (1970). *Kinesics and Context*. University of Pennsylvania Press.
Birkner, K. (2011). *Bewerbungsgespräche mit Ost- und Westdeutschen*. deGruyter.
Böhle, F. (2010). Erfahrungswissen und subjektivierendes Handeln – verborgene Seiten professionellen Handelns. In S. Busse & S. Ehmer (Hrsg.), *Wissen wir, was wir tun?* (S. 36–54). Vandenhoek & Ruprecht.
Boettcher, W., & Bremerich-Vos, A. (1986). Pädagogische Beratung: Zur Unterrichtsnachbesprechung in der 2. Phase der Lehrerausbildung. In W. Kallmeyer (Hrsg.), *Kommunikationstypologie* (S. 245–279). Schwann.
Bohannan, L. (1966). Shakespeare in the Bush. *National History. August/September, 1966*, 28–33.
Bolte, A. (2008). *Die alltägliche Last der Kooperation*. sigma.
Borges, J. (1991). Autobiographischer Essay. In G. Haefs & F. Arnold (Hrsg.), *Borges lesen* (S. 7–73). Fischer.
Borscheid, P. (2004). *Das Tempo-Virus. Eine Kulturgeschichte der Beschleunigung*. Campus.
Boston Change Process Study Group. (2010). *Change in Psychotherapy*. Norton.

Boszormenyi-Nagy, I. (1975). Eine Theorie der Beziehungen: Erfahrung und Transaktion. In I. Boszormenyi-Nagy & J. Framo (Hrsg.), *Familientherapie. Theorie und Praxis. Bd.1* (S. 51–109). Rowohlt.

Boszormenyi-Nagy, I., & Spark, G. (1993). *Unsichtbare Bindungen. Die Dynamik familiärer Systeme* (4. Aufl.). Klett-Cotta.

Bourdieu, P. (1990). *Was heißt Sprechen?* Braunmüller.

Bowlby, J. (1975). *Bindung. Eine Analyse der Mutter-Kind-Beziehung.* Fischer.

Bowlby, J. (2001). *Das Glück und die Trauer. Herstellung und Lösung affektiver Bindungen.* Klett-Cotta.

Braungart, G. (1988). *Hofberedsamkeit.* Niemeyer.

Breyer, T., Ehmer, O., & Pfänder, S. (2011). Improvisation, temporality and emerging constructions. In P. Auer & S. Pfänder (Hrsg.), *Constructions: Emerging and emergent* (S. 186–217). deGruyter.

Bröckling, U. (2017). *Gute Hirten führen sanft. Über Menschenregierungskünste.* Suhrkamp.

Buchegger, O. (1996). *Die Kunst der Klugheit. Lebensweisheiten nach Baltasar Gracián zu neuem Leben erweckt.* Gabler.

Büchner, G. (1967). *Sämtliche Werke und Briefe. Bd 1.* Hamburg.

Bühler, K. (1968). *Ausdruckstheorie. Das System an der Geschichte neu aufgezeigt* (2. Aufl.). Fischer.

Bühler, K. (1982). *Sprachtheorie.* Fischer.

Campe, R. (1990). *Affekt und Ausdruck: zur Umwandlung der literarischen Rede im 17. und 18. Jahrhundert.* Niemeyer.

Castiglione, B. (1996). *Der Hofmann.* Wagenbach.

Cialdini, R. (2002). *Die Psychologie des Überzeugens* (2. Aufl.). Huber.

Clark, C. (2020). *Von Zeit und Macht. Herrschaft und Geschichtsbild vom Großen Kurfürst bis zum Nationalsozialismus.* Pantheon.

Cleve, I. (1996). *Geschmack, Kunst und Konsum.* Vandenhoek & Ruprecht.

Cook-Gumperz, J., & Gumperz, J. (1984). The politics of a conversation. *Berkeley Cognitive Studies Report 23*. University of California.

Darnton, R. (1989). *Das große Katzenmassaker*. Hanser.

Diderot, D. (2008). *Rameaus Neffe: Ein Dialog*. Fischer.

Dornes, M. (2004). *Der kompetente Säugling* (11. Aufl.). Fischer.

Eberle, T. (2000). *Lebensweltanalyse und Handlungstheorie*. Konstanz Universitätsverlag.

Eco, U. (2011). *Die Insel des vergangenen Tages*. Hanser.

Ehler, K. (1996). *Höfische Gesprächskultur als Modell für den Fremdsprachenunterricht*. judicium.

Ehlich, K., & Rehbein, J. (1986). *Muster und Institution. Untersuchungen zur schulischen Kommunikation*. Narr.

Erickson, E. (1978). *Kinderspiel und politische Phantasie*. Suhrkamp.

Erickson, F. (1991). They know all the lines: Rhythmic organization and Contextualization in a Conversational Listing Routine. In P. Auer & A. deLuzio (Hrsg.), *The contextualization of language* (S. 365–397). Benjamins.

Fahlenbrach, K. (2019). *Medien, Geschichte und Wahrnehmung*. Springer VS.

Findeisen, H.-V., & Kersten, J. (1999). *Der Kick und die Ehre. Vom Sinn jugendlicher Gewalt*. Kunstmann.

Fischer-Lichte, E. (2012). *Performativität. Eine Einführung*. transkript.

Flichy, P. (1994). *Tele. Eine Geschichte der modernen Kommunikation*. Campus.

Föllmer, M. (2004a). *Sehnsucht nach Nähe*. Steiner.

Föllmer, M. (2004b). Einleitung: Interpersonale Kommunikation und Moderne in Deutschland. In M. Föllmer (Hrsg.) *Sehnsucht nach Nähe* (S. 9–44). Steiner.

Formigari, L. (1993). *Signs, science and politics*. Benjamins.

Forrester, M. (2017). Participation and engagement. Some possible challenges for research on early social interaction. *Research on Children and Social Interaction, 1*, 55–76.

Frake, C. (1964). How to ask for a drink in Subanum. *American Anthropologist 66 (6, Part 2)*, 127–132.

Frake, C. (1975). How to enter a Yakan house. In M. Sanchez & B. Blount (Hrsg.), *Sociocultural dimensions of language use* (S. 25–40). Academic.

Fuchs, T. (2009). *Das Gehirn – ein Beziehungsorgan. Eine phänomenologisch-ökologische Konzeption* (2. Aufl.). Kohlhammer.

Gallagher, S. (2005). *How the body shapes the mind.* Oxford University Press.

Garfinkel, H. (1973). Das Alltagswissen über soziale und innerhalb sozialer Strukturen. In Arbeitsgruppe Bielefelder Soziologen (Hrsg.), *Alltagswissen, Interaktion und gesellschaftliche Wirklichkeit. Bd. 1* (S. 189–262). Rowohlt.

Geertz, C. (1983a). Dichte Beschreibung. Bemerkungen zu einer deutenden Theorie von Kultur. In C. Geertz (Hrsg.), *Dichte Beschreibung* (S. 7–43). Suhrkamp.

Geertz, C. (1983b). Blurred Genres. The refiguration of social thought. In C. Geertz (Hrsg.), *Local knowledge* (S. 19–35). Basic Books.

Geertz, C. (1990). *Die künstlichen Wilden. Der Anthropologe als Schriftsteller.* Hanser.

Gergen, K. (1996). *Das übersättigte Selbst. Identitätsprobleme im heutigen Leben.* Auer.

Gibson, J. (1982). *Wahrnehmung und Umwelt: Der ökologische Ansatz in der visuellen Wahrnehmung.* Urban & Schwarzenberg.

Giddens, A. (2008). *Konsequenzen der Moderne* (3. Aufl.). Suhrkamp.

Gigerenzer, G. (2007). *Bauchentscheidungen.* Bertelsmann.

Göttert, K.-H. (1998). *Geschichte der Stimme.* Fink.

Göttert, K.-H. (2009). *Zeiten und Sitten. Eine Geschichte des Anstands.* Reclam.

Goffman, E. (1967). *Stigma. Über Techniken der Bewältigung beschädigter Identität.* Suhrkamp.

Goffman, E. (1971). *Interaktionsrituale.* Suhrkamp.

Goffman, E. (1973). *Interaktion.* Piper.

Goffman, E. (1978). Response cries. *Language, 54,* 787–815.

Goffman, E. (1979). Footing. *Semiotica, 25,* 1–29.

Goffman, E. (1981). *Strategische Interaktion.* Hanser.

Goffman, E. (1971). *Relations in Public. Microstudies of the Public Order*. Penguin Books.

Goffman, E. (2001). Die Interaktionsordnung. In E. Goffman (Hrsg.), *Interaktion und Geschlecht*. Campus.

Goldstein, K. (2014). *Der Aufbau des Organismus*. Fink.

Goodwin, C. (2003). Conversational Frameworks for the Accomplishment of Meaning in Aphasia. In C. Goodwin (Hrsg.), *Conversation and brain damage* (S. 90–116). Oxford University Press.

Goodwin, C. (2007a). Participation, stance and affect in the organization of activities. *Discourse & Society, 18*(1), 53–73.

Goodwin, C. (2007b). Interactive footing. In E. Holt & R. Clift (Hrsg.), *Reporting talk* (S. 16–46). Cambridge University Press.

Gracián, B. (2015). *Handorakel und Kunst der Weltklugheit*. Reclam.

Greenfield, P., & Bruner, J. (1973). Culture and cognitive growth. In D. Goslin (Hrsg.), *Handbook of socialization theory and research* (S. 633–657). Rand Mc.Nally.

Gumperz, J. (1982). *Discourse strategies*. Cambridge University Press.

Harsdörffer, G. P. (1968). *Frauenzimmer-Gesprächsspiele. 8 Teile*. Niemeyer.

Hemel, U. (2008). *„Sich vor dem Siege über Vorgesetzte hüten" - Gracián für Manager*. Hanser.

Hénaff, M. (2009). *Der Preis der Wahrheit. Gabe, Geld und Philosophie*. Suhrkamp.

Hermans, H., & Kempen, H. (1993). *The dialogical self*. Academ.

Hirschauer, S. (1999). Die Praxis der Fremdheit und die Minimierung von Anwesenheit. Eine Fahrstuhlfahrt. *Soziale Welt, 50*, 221–246.

Hirschauer, S. (2001). Ethnographisches Schreiben und die Schweigsamkeit des Sozialen. *Zeitschrift für Soziologie, 30*, 429–451.

Hirschman, A. (1980). *Leidenschaft und Interesse. Politische Begründungen des Kapitalismus vor seinem Sieg*. Suhrkamp.

Hochschild, A. (2006). *Das gekaufte Herz*. Campus.

Hoffmann, L. (1995). *Grundlagen der Familientherapie* (3. Aufl.). iskopress.

Hoffmann, L., & Nothdurft, W. (1989). Kommunikation und Kommunikationsprobleme in Institutionen. In J. Förster, E. Neuland, & G. Rupp (Hrsg.), *Wozu noch Germanistik?* (S. 118–132). Metzler.

Hollier, D. (2012). *Das Collège de Sociologie*. Suhrkamp.

Holzkamp, K. (1957). Ausdrucksverstehen als Phänomen, Funktion und Leistung. *Jahrbuch für Psychologie und Psychotherapie, 4,* 298–323.

Hopper, P. (2011). Emergent grammar and temporality in interactional linguistics. In P. Auer & S. Pfänder (Hrsg.), *Constructions: Emerging and emergent* (S. 22–44). deGruyter.

Hopper, R. (1992). *Telephone Conversation*. Indiana University Press.

Husserl, E. (1995). *Cartesianische Meditationen*. Meiner.

Illouz, E. (2007). *Gefühle in Zeiten des Kapitalismus*. Suhrkamp.

Inoue, M. (2002). Gender, language, and modernity. *American Ethnologist, 29,* 382–422.

Jakobson, R., & Pomorska, K. (1982). *Poesie und Grammatik*. Suhrkamp.

Joas, H. (1992). *Die Kreativität des Handelns*. Suhrkamp.

Kahneman, D. (2012). *Schnelles Denken, langsames Denken*. Siedler.

Kapp, V. (1990). Die Lehre von der actio als Schlüssel zum Verständnis der Kultur der frühen Neuzeit. In V. Kapp (Hrsg.), *Die Sprache der Zeichen und Bilder* (S. 40–64). Hitzeroth.

Keller, R., Knoblauch, H., & Reichertz, J. (Hrsg.). (2013). *Kommunikativer Konstruktivismus. Theoretische und empirische Arbeiten zu einem neuen wissenssoziologischen Ansatz*. Springer VS.

Kendon, A. (200). Language and gesture: Unity or duality? In D. McNeill (Hrsg.), *Language and gesture* (S. 47–63). Cambridge University Press.

Kiesel, H. (1979). *„Bei Hof, bei Höll". Untersuchungen zur literarischen Hofkritik von Sebastian Brand bis Friedrich Schiller.* Niemeyer.

Kieser, A. (1996). Moden und Mythen des Organisierens. *Die Betriebswirtschaft, 1*(1996), 21–39.

Kleist, H. v. (1964). Über die allmähliche Verfertigung der Gedanken beim Reden. In H. v. Kleist (Hrsg.), *Dtv Gesamtausgabe. Bd. 5* (S. 53–58). dtv.

Klemm, M., & Pfab, W. (2020). „Communicative realism" and the crisis of globalization narratives. In Trans/Wissen (Hrsg.), *Wissen in der Transnationalisierung.* (S. 183–199). transkript.

Koen, B. (1991). *Definition of the Engineering Method.* American School of Engeneering.

Koschorke, A. (2003). *Körperströme und Schriftverkehr* (2. Aufl.). Fink.

Krämer, S. (1998). Sprache – Stimme – Schrift: Sieben Thesen über Performativität als Medialität. In E. Fischer-Lichte & D. Kolesch (Hrsg.), *Kulturen des Performativen* (S. 33–57). Akademie.

Krämer, S. (2006). Die ‚Rehabilitierung der Stimme' über die Oralität hinaus. In S. Krämer & D. Kolesch (Hrsg.), *Stimme. Annäherungen an ein Phänomen* (S. 269–295). Suhrkamp.

Krämer, S., & Stahlhut, M. (2001). Das „Performative" als Thema der Sprach- und Kulturphilosophie. *Paragrana, 10,* 35–64.

Kress, G. (2010). *Multimodality. A social-semiotic approach to communication.* Taylor & Francis .

Krippendorff, K. (1990). Der verschwundene Bote. *Medien und Kommunikation. Konstruktionen von Wirklichkeit. Studienbrief, 3,* 11–50.

Langfeldt, H. P., & Nothdurft, W. (2015). *Psychologie. Grundlagen und Perspektiven für die Soziale Arbeit* (5. Aufl.). Reinhardt.

La Rochefoucauld, F. (2008). W. Kraus (Hrsg.), *Denken mit La Rochfoucauld.* Diogenes.

Latour, B. (1995). *Wir sind nie modern gewesen. Versuch einer symmetrischen Anthropologie.* Akademie.

Lefebvre, H. (1991). *The production of space*. Blackwell.
Lethen, H. (1994). *Verhaltenslehren der Kälte. Lebensversuche zwischen den Kriegen*. Suhrkamp.
Lessing, G. E. (1962). *Minna von Barnhelm*. Reclam.
Lindenberger, T. (1995). *Straßenpolitik. Zur Sozialgeschichte der öffentlichen Ordnung in Berlin 1900–1914*. Dietz.
Lindner, R. (2011). Georg Simmel, die Großstadt und das Geistesleben. In H. Mieg, A. Sundsboe, & M. Bieniok (Hrsg.), *Georg Simmel und die aktuelle Stadtforschung* (S. 29–39). Springer VS.
Linke, A. (1996). *Sprachkultur und Bürgertum: Zur Mentalitätsgeschichte des 19. Jahrhundert*. Metzler.
Linke, A. (2008). Kommunikation, Kultur und Vergesellschaftung. Überlegungen zu einer Kulturgeschichte der Kommunikation. In H. Kämper & L. Eichinger (Hrsg.), *Sprache – Kognition – Kultur* (S. 24–50). deGruyter.
Löhnhoff, J. (2001). *Die kommunikative Funktion der Sinne*. Konstanz Universitätsverlag.
Luckmann, T. (1988). Kommunikative Gattungen im kommunikativen Haushalt einer Gesellschaft. In G. Smolka-Koerdt, P., M. Spangenberg, & D. Tilmann-Bartylla (Hrsg.), *Der Ursprung von Literatur. Medien, Rollen, Kommunikationssituationen zwischen 1450 und 1650* (S. 279–288). Fink.
Luhmann, N. (1980). Interaktion in Oberschichten. In N. Luhmann *Gesellschaftsstruktur und Semantik* (S. 72–161). Suhrkamp.
Machiavelli, N. (1986). *Der Fürst*. Reclam.
MacIntyre, A. (1995). *Der Verlust der Tugend. Zur moralischen Krise der Gegenwart*. Suhrkamp.
Malettke, K. (2018). *Richelieu*. Ferdinand Schöningh.
Manheim, E. (1933). *Die Träger der öffentlichen Meinung. Studien zur Soziologie der Öffentlichkeit*. Rohrer.
Matt, P. v. (2006). *Die Intrige. Theorie und Praxis der Hinterlist*. Hanser.
Mattelart, A. (1996). *The invention of communication*. University of Minneapolis Press.

Mattelart, A. (1999). *Kommunikation ohne Grenzen? Geschichte der Ideen und Strategien globaler Vernetzung.* Avinus.

Mauss, M. (2019). *Die Gabe. Form und Funktion des Austauschs in archaischen Gesellschaften.* Suhrkamp.

Mead, G. H. (1983). C. Morris (Hrsg.), *Geist, Identität und Gesellschaft aus der Sicht des Sozialbehaviorismus.* (5. Aufl.). Suhrkamp.

Merleau-Ponty, M. (2007). *Zeichen.* Meiner.

Merleau-Ponty, M. (1984). *Die Prosa der Welt.* Fink.

Möbius, S. (2006). *Die Zauberlehrlinge.* Konstanz Universitätsverlag.

Mondada, L., & Schmitt, R. (2010). Zur Multimodalität von Situationseröffnungen. In L. Mondada & R. Schmitt (Hrsg.), *Situationseröffnungen. Zur multimodalen Herstellung fokussierter Interaktion.* (S. 7–52). Narr.

Nancy, J.-L. (2014). *Zum Gehör.* Diaphanes.

Neuberger, O. (1995). *Mikropolitik. Der alltägliche Aufbau und Einsatz von Macht in Organisationen.* Enke.

Nieß, M. (2016). *Partizipation aus Subjektperspektive. Zur Bedeutung von Interessenvertretung für Menschen mit Lernschwierigkeiten.* Springer VS.

Nothdurft, W. (1985). „Schilderung von Beschwerden" in ärztlichen Sprechstundengesprächen – die interaktive Konstitution des klinischen Sachverhalts. In P. Löning & S. Sager (Hrsg.), *Kommunikationsanalysen ärztlicher Gespräche* (S. 17–38). Buske.

Nothdurft, W. (1989). Interaktive Paradoxa konsensueller Konfliktlösung. Der Fall des ‚Schiedsmanns'. In L. Hoffmann (Hrsg.), *Rechtsdiskurse* (S. 197–215). Narr.

Nothdurft, W. (1996). Schlüsselwörter. Zur rhetorischen Herstellung von Wirklichkeit. In W. Kallmeyer (Hrsg.), *Gesprächsrhetorik* (S. 351–418). Narr.

Nothdurft, W. (1997). *Konfliktstoff. Gesprächsanalyse der Konfliktbearbeitung in Schlichtungsgesprächen.* deGruyter.

Nothdurft, W. (1998). Eine kurze Geschichte der langen Suche nach dem Verstehen. In T. Borsche, J. Kreuzer, C., & Strub (Hrsg.), *Blick und Bild* (S. 131–147). Fink.

Nothdurft, W. (2001). Die Mode der Mediation – unzeitgemäße Betrachtungen zur aktuellen Entwicklung unserer Gesprächskultur. *Der Deutschunterricht, 6*(2001), 38–47.

Nothdurft, W. (2002). Die poetische Dimension alltäglichen Streitens. In I. Keim & W. Schütte (Hrsg.), *Soziale Welten und kommunikative Stile* (S. 473–498). Narr.

Nothdurft, W. (2007a). Kommunikation. In J. Straub, A. Weideman, & D. Weidemann (Hrsg.), *Handbuch Interkulturelle Kommunikation und Kompetenz* (S. 24–35). Metzler.

Nothdurft, W. (2007b). Anerkennung. In J. Straub, A. Weideman, & D. Weidemann (Hrsg.), *Handbuch Interkulturelle Kommunikation und Kompetenz* (S. 110–122). Metzler.

Nothdurft, W. (2013). Kommunikationsmentalitäten. Kommunikationsgeschichte als Beitrag zur Untersuchung natürlicher Gesprächsleitbilder. In A. Deppermann & M. Hartung (Hrsg.), *Gesprochenes und Geschriebenes im Wandel der Zeit* (S. 304–315). Institut für Gesprächsforschung.

Nothdurft, W. & Schwitalla, J. (1995). Gemeinsam musizieren. Plädoyer für ein neues Leitbild für die Betrachtung mündlicher Kommunikation. *Der Deutschunterricht, 1*(95), 30–42.

Nothdurft, W. & Spranz-Fogasy, T. (1986). Der kulturelle Kontext von Schlichtung. Zum Stand der Schlichtungsforschung in der Rechts-Anthropologie. *Zeitschrift für Rechtssoziologie, 7,* 31–52.

Nussbaum, M. (2001). Disabled lives who cares? *New York Review of Books.* 11.Jan. 2001.

Nyberg, D. (1994). *Lob der Halbwahrheit. Warum wir so manches verschweigen.* junius.

Osterloh, K.-H. (1976). Die Entstehung der westlichen Industriegesellschaft und die Revolution der Interaktionsweisen. *Archiv für Kulturgeschichte, 58,* 340–370.

Owzar, A. (2006). *Reden ist Silber, Schweigen ist Gold. Konfliktmanagement im Alltag des wilhelminischen Obrigkeitsstaates.* Konstanz Universitätsverlag.

Perkins, L. (2003). Negotiating Repair in Aphasic Conversation. In C. Goodwin (Hrsg.), *Conversation and Brain Damage* (S. 147–162). Oxford University Press.

Peters, J. (1999). *Speaking into the Air. A History of the Idea of Communication.* University of Chicago Press.

Peters, J. (2000). Das Telefon als theologisches und erotisches Problem. In S. Münker & A. Roesler (Hrsg.), *Telefonbuch* (S. 61–82). Suhrkamp.

Pfab, A. (2018). Übergangsrituale im Coaching: Bedeutung und Einsatzmöglichkeiten. *Organisationsberatung – Supervision – Coaching 25* (S. 487–500).

Pfab, A. (2019). „...muss man im Kontext sehen!" – Professionalität im Umgang mit Kontextvielfalt im Coaching. In A. Pfab (Hrsg.), *Inspiriertes Coaching. Neun Impulse erfahrener Coaches in Zeiten der Transformation* (S. 155–183). Vandenhoek & Ruprecht.

Pfab, A. (2021). *Die Bedeutung von Übergangsritualen in reflexiver Beratung.* Springer.

Pfab, W. (2018). Konfliktkommunikation in Jugendgruppen – Diskursmatrix eines Forschungsprogramms. In E. Neuland & P. Schlobinski (Hrsg.), *Handbuch Sprache in sozialen Gruppen* (S. 420–438). deGruyter.

Pfab, W. (2019). Improvisation im Coaching. In A. Pfab (Hrsg.), *Inspiriertes Coaching. Neun Impulse erfahrener Coaches in Zeiten der Transformation* (S. 53–78). Vandenhoek & Ruprecht.

Pfab, W. (2020a). *Kompetent beraten in der Sozialen Arbeit.* Reinhardt.

Pfab, W. (2020b). *Kommunikation in der Arbeitswelt.* Springer essentials.

Pfab, W., & Klemm, M. (i. V.) *Einführung in den kommunikativen Realismus.* Springer VS.

Plessner, H. (1980). Die Einheit der Sinne. Grundlinien einer Ästhesiologie des Geistes. In H. Plessner, G. Dux, O. Marquard, & E. Ströker (Hrsg.), *Gesammelte Schriften. Bd. III* (S. 7–315). Suhrkamp.

Plessner, H. (1981). Grenzen der Gemeinschaft. Eine Kritik des sozialen Radikalismus. In H. Plessner, G. Dux, O. Marquard, & E. Ströker (Hrsg.), *Gesammelte Schriften. Bd V* (S. 7–133). Suhrkamp.
Rexroth, F. (2012). Systemvertrauen und Expertenskepsis. In B. Reich, F. Rexroth, & M. Roick (Hrsg.), *Wissen, maßgeschneidert* (S. 12–44). Oldenbourg.
Sacks, O. (1997). *Eine Anthropologin auf dem Mars. Sieben paradoxe Geschichten* (8. Aufl.). Rowohlt.
Sacks, O. (2008). *Der Mann, der seine Frau mit einem Hut verwechselte*. Rowohlt.
Sartre, J.-P. (1962). *Das Sein und das Nichts*. Rowohlt.
Sawyer, R. (2001). *Creating Conversations. Improvisation in everyday discourse*. Hampton.
Schechner, R. (1988). *Performance Theory*. Routledge.
Scheffers, H. (1980). *Höfische Konvention und die Aufklärung*. Bouvier.
Scheler, M. (1955). Die Idole der Selbsterkenntnis. In M. Scheler (Hrsg.), *Gesammelte Werke, Bd. 3* (S. 213–291). Franke.
Scheler, M. (1973). Wesen und Formen der Sympathie. In M. Scheler (Hrsg.), *Gesammelte Werke, Bd. 7*. Franke.
Schieffelin, E. (1985). Performance and the cultural construction of reality. *American Ethnologist, 12*, 707–724.
Schivelbusch, W. (1990). *Das Paradies, der Geschmack und die Vernunft. Eine Geschichte der Genußmittel*. Fischer.
Schivelbusch, W. (1993). *Geschichte der Eisenbahnreise*. Fischer.
Schivelbusch, W. (2001). *Die Kultur der Niederlage* (2. Aufl.). Fest.
Schmitz, H. (2018). *Wozu philosophieren?* Alber.
Schön, D. (1983). *The reflective practitioner*. Basic Books.
Schopenhauer, A. (2014). *Die Kunst, recht zu behalten*. Reclam.
Schwitalla, J. (1992). Über einige Weisen des gemeinsamen Sprechens. Ein Beitrag zur Theorie der Beteiligungsrollen im Gespräch. *Zeitschrift für Sprachwissenschaft 11*, 68–98.
Schwitalla, J. (1998). Die vom Körper gelöste Stimme. Literarische Verarbeitungen des neuen Mediums ‚Telefon'.

In W. Holly & B.U. Biere (Hrsg.) *Medien im Wandel*. (S. 13–34). Westdeutscher.

Schwitalla, J. (2002). Komplexe Kanzleisyntax als sozialer Stil. In I. Keim & W. Schütte (Hrsg.), *Soziale Welten und kommunikative Stile*. (S. 379–398). Narr.

Schwitalla, J. (2006). Gespräche über Gespräche. Nach- und Nebengespräche über ausgeblendete Aspekte einer Interaktion. *Gesprächsforschung, 7*, 229–247.

Searle, J. (1984). *Geist, Hirn und Wissenschaft*. Suhrkamp.

Sennett, R. (1995). *Fleisch und Stein. Der Körper und die Stadt in der westlichen Zivilisation*. Berlin Verlag.

Sennett, R. (1996). *Verfall und Ende des öffentlichen Lebens. Die Tyrranei der Intimität*. Fischer.

Shakeseare, P. (1998). *Aspects of confused speech. A study of verbal interaction between confused and normal speakers*. Erlbaum.

Shakespeare, W. (1994). *König Richard III*. Reclam.

Siller, G. (2010). Eckpfeiler der Supervision und Perspektiven für die Supervisionsforschung. *Supervision, 2*, 14–21.

Simmel, G. (1989). Philosophie des Geldes. In G. Simmel & O. Rammstedt (Hrsg.), *Gesamtausgabe, Bd. 6* (S. 9–716). Suhrkamp.

Simmel, G. (1995). Die Großstädte und das Geistesleben. In G. Simmel & O. Rammstedt (Hrsg.), *Gesamtausgabe, Bd. 7* (S. 116–131). Suhrkamp.

Simmel, G. (2001). Das individuelle Gesetz. In G. Simmel & O. Rammstedt (Hrsg.), *Gesamtausgabe Bd 12*. (S. 417–470). Suhrkamp.

Smith, K., & Berg, D. (1987). *Paradoxes of group life*. Jossey-Bass.

Soeffner, H.-G. (2012). Der Eigensinn der Sinne. In N. Schröer, V. Hinnenkamp, S. Kreher, & A. Poferl (Hrsg.), *Lebenswelt und Ethnographie* (S. 461–474). oldib.

Stern, D. (2009). *Tagebuch eines Babys. Was ein Kind sieht, spürt, fühlt und denkt*. Piper.

Stierlin, H. (1978). *Delegation und Familie*. Suhrkamp.

Stierlin, H. (2007). *Gerechtigkeit in nahen Beziehungen* (2. Aufl.). Auer.

Stone, D., Patton, B., & Heen, S. (2010). *Difficult Conversations*. Penguin.
Straus, E. (1925). Wesen und Vorgang der Suggestion. *Abhandlungen aus der Neurologie, Psychiatrie, Psychologie und ihren Grenzgebieten, 28,* 1–86.
Straus, E. (1978). *Vom Sinn der Sinne* (2. Aufl.). Springer.
Straus, E. (1980). Der Seufzer. Einführung in eine Lehre vom Ausdruck. In W. Bräutigam (Hrsg.), *Medizinisch-psychologische Anthropologie* (S. 145–168). Wissenschaftliche Buchgesellschaft.
Suchman, L. (1987). *Plans and Situated Actions. The Problem of Human-Machine Communication.* Cambridge University Press.
Taylor, C. (1994). *Quellen des Selbst.* Suhrkamp.
Taylor, T. (1992). *Mutual Misunderstanding. Scepticism and the Theorizing of Language and Interpretation.* Duke University Press.
Todorov, T. (1996). *Abenteuer des Zusammenlebens. Versuch einer allgemeinen Anthropologie.* Wagenbach.
Trilling, L. (1989). *Das Ende der Aufrichtigkeit.* Fischer.
Ungeheuer, G. (2010). *Einführung in die Kommunikationstheorie.* Nodus.
Vogl, J. (2011). *Kalkül und Leidenschaft* (4. Auf.). diaphanes.
Wägenbaur, T. (2000). Emergenz der Kommunikation. In T. Wägenbaur (Hrsg.), *Blinde Emergenz?* (S. 123–141). Synchron.
Walpole, H. (1988). *Hieroglyphische Geschichten.* Rowohlt.
Watzlawick, P., Beavin, J., & Jackson, D. (2016). *Menschliche Kommunikation. Formen, Störungen, Paradoxien* (13. Aufl.). Hogrefe.
Wedekind, E. (1988). *Beziehungsarbeit. Zur Sozialpsychologie pädagogischer und therapeutischer Institutionen* (2. Aufl.). Brandes & Apsel.
Weick, K. (1985). *Der Prozess des Organisierens.* Suhrkamp.
Wernher der Gärtner. (1986). *Meier Helmbrecht.* Reclam.
White, H. (1994). *Metahistory. Die historische Einbildungskraft im 19. Jahrhundert in Europa.* Fischer.

Wiedemann, P. & Nothdurft, W. (1997). Alle Macht den Diskursen? Über Mißverständnisse von Diskursen am Beispiel von umweltbezogenen Mediationsverfahren. In S. Köberle, F. Gloede, & L. Hennen (Hrsg.), *Diskursive Verständigung? Mediation und Partizipation in Technikkontroversen* (S. 175–188). Nomos.

Zakharine, D. (2005). *Von Angesicht zu Angesicht. Der Wandel direkter Kommunikation in der ost- und westeuropäischen Neuzeit.* Konstanz Universitätsverlag.

Zimmermann, E. (2000). *Kulturelle Mißverständnisse in der Medizin.* Huber.

Zumthor, P. (1990). *Einführung in die mündliche Dichtung.* Akademie.

Zumthor, P. (1995). Körper und Performanz. In H. Gumbrecht & K. Pfeiffer (Hrsg.), *Materialität der Kommunikation* (2. Aufl., S. 703–713). Suhrkamp.

Zwiebel, R. (2010). *Der Schlaf des Analytikers. Die Müdigkeitsreaktion in der Gegenübertragung* (3. Aufl.). Klett-Cotta.

GPSR Compliance
The European Union's (EU) General Product Safety Regulation (GPSR) is a set of rules that requires consumer products to be safe and our obligations to ensure this.

If you have any concerns about our products, you can contact us on

ProductSafety@springernature.com

In case Publisher is established outside the EU, the EU authorized representative is:

Springer Nature Customer Service Center GmbH
Europaplatz 3
69115 Heidelberg, Germany

www.ingramcontent.com/pod-product-compliance
Lightning Source LLC
LaVergne TN
LVHW020343260326
834688LV00045B/1494